魏志倭人伝・卑弥呼・日本書紀を
つなぐ糸

野上道男著

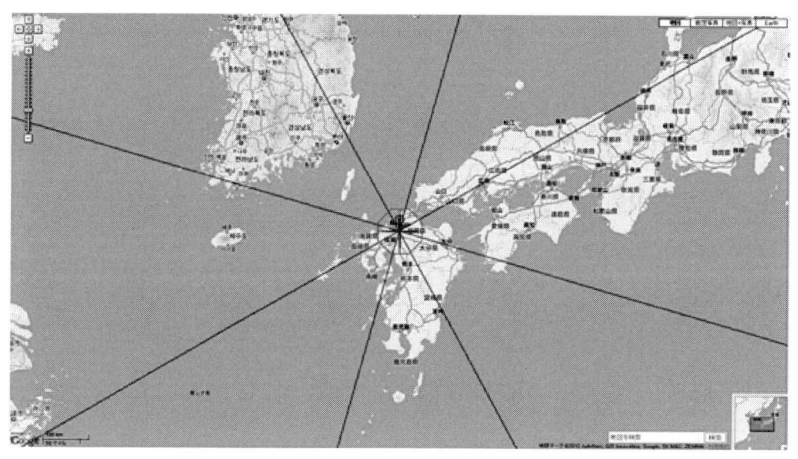

古今書院

Connection of the Book of Wei (volume Japan),
Empress Himiko and Nihon-shoki
by NOGAMI Michio

ISBN978-4-7722-3145-9
Kokon-Shoin Publishers, Tokyo 2012

目次

第 *0* 章　はじめに・・・・・*1*

第 *1* 章　卑弥呼を日本書紀に位置づける試み・・・・・*10*

　　　　魏志倭人伝の内容は地誌／奈良盆地の初期王権の特徴／日本書紀の古墳時代／地理情報・歴史情報とは／干支／日本書紀の年代表／日本書紀の年代操作の目的と結果／日本書紀と古事記の干支／（1）継体天皇から仁徳天皇まで／（2）仁徳天皇から神功皇后まで／卑弥呼と神功皇后／倭の五王問題／（3）成務天皇から崇神天皇まで／年代測定法／崇神5年の天変地異／崇神5年記事がタウポ噴火232年であった場合の検討／倭王卑弥呼の同定説の検討／

第 *2* 章　魏志東夷伝倭人を読む・・・・・*40*

第 *3* 章　九州島の地形・・・・・*47*

　　　　海原族が見た九州の地形／海原族から見た山道／湿地族が見た九州の地形／水田の適地：棚田と扇端湧き水帯／大規模な水田地帯／対馬と壱岐島の地形／北九州の大地形と奈良盆地の地形／

第 *4* 章　九州島の気候・・・・・*64*

　　　　人間の能力と渡海／風向と航海／古気候／寒冷な気候／稲作と寒冷な気候／文明と定住／水田農業と社会／暖かさの指数と植生・農業／農業と冬の気温／

第 *5* 章　魏志倭人伝時代の国とは・・・・・*74*

　　　　国という概念／国の継続性／国境／国と国の距離／

第6章　末蘆国・伊都国・奴国・不弥国はどこか・・・・・80

第一案　東周回コース／第二案　有明海南下コース／第三案　末蘆は唐津、松浦川コース／第四案　末蘆は唐津、脊振山山麓コース／各行路案の比較／

第7章　北九州から投馬国・邪馬壱国へ・・・・・93

経由して次に行くという考え方／東海岸周回案／有明海南下案／邪馬壱国／投馬国／陸行1ヶ月は九州縦断山岳ハイウェー／

第8章　古事記の神の方向音痴・・・・・101

地理が乱れている？／神武の東征という神話／伊都国はどんな国か／魏志倭人伝と古事記の神話は絡み合うか／旅行中に知ることのできない方位や距離の記述／

第9章　魏志倭人伝の方位・・・・・112

方位とは／航海中の方位と距離／歩きながらの方位と距離／異なる方位系発見の発端／風向きと方位／風の地方名だけではなかった／変則方位系／変則方位系の根拠／他にも変則方位系による記述はあるか／風土記の方位系／まだまだある変則方位系／変則方位系と地割り／

第10章　魏志倭人伝の100里・・・・・131

倭の地は島国／帯方郡―狗邪韓国7000余里／行路距離はフラクタル／倭人伝の陸上距離も直線距離／記述の距離と実距離／1000里67kmの根拠／100里6.7kmの適合性検討／

第11章　帯方から倭国へ・・・・・145

帯方郡はどこか／自郡至女王国萬二千余里／狗邪韓国／里程の記述文／倭国の港／魏使の行動範囲／往路と復路／念には念を／伊都国の所在地／奴国と不弥国／通常方位系でも検討／邪馬壱国・投馬国はどこか／邪馬壱国の範囲／

目次

第12章　古代の天文測量・・・・・169

暦／日時計／月の盈ち虧け／2年暦問題／1寸千里法／ピンホール付きノーモン／北極星の高度測定／天文測量／天文測量の可能性例示／北極星高度角の測定器／

第13章　国見の話・・・・・180

鳥居／真来通ると真来向かう／関東地方の例／山当てに使える距離／山当てと生活／山当てと航海／三角網測量／韓国と北九州の国見／面積の求め方／距離計算の例／我古代にありせば／ラスタ型地理情報と斐秀／

第14章　倭の国々地名考・・・・・201

不弥国／投馬国／対海国／末蘆／奴国／一大国／外交／

第15章　邪馬壱国・伊都国の地名考・・・・・219

邪馬壱国か邪馬台国か／東鯷人／伊都国／倭の5国＝伊都国／

第16章　倭国という呼称・・・・・227

倭国／ヰグサの国／中国からみた倭・倭・日本／隋使の行程の謎／日本／倭と倭の統合／

第17章　旁国はどこか・・・・・235

1 斯馬国／2 巳百支国／3 伊邪国／4 郡支国／5 弥奴国／6 好古都国／7 不呼国／8 姐奴国／9 対蘇国／10 蘇奴国／11 呼邑国／12 華奴蘇奴国／13 鬼国／14 為吾国／15 鬼奴国／16 邪馬国／17 躬臣国／18 巴利国／19 支惟国／20 烏奴国

第18章　狗奴国との対立・・・・・247

狗奴国という地名／山並みハイウェーの封鎖が対立の原因？／

第19章　倭国の隣国・・・・・249

　　東夷伝の国々／倭人の習俗／隋書流求国／南方ルート

第20章　倭人伝を読みながら考えたこと・・・・・254

　　古事記・魏志倭人伝の和語／道の語源／呉音を用いた漢字表記／2言語が混合した古代和語／弥生語？／天下り／山戸と谷戸／海のナ／田のタ／稲イネの関連語／タヒラ／タカチホとは？／和語のエピソード／金属関連の和語／数の数え方／魏志倭人伝の地名／地名のコピー／国のシンボルカラー／古墳について／戦争について／生活用具／農民の耕作面積の単位／諏訪神社／鉾と測量と祭事／水田と相撲／

第21章　おわりに・・・・・289

　　日本書紀の年代／魏志倭人伝の行程の方位と距離／1000里は67km／地標間距離の測定／三角網測量／魏使の航路について／12000里問題／旁国20国の位置／

参考文献・・・・・296

索引・・・・・299

第0章　はじめに

　2011年7月に、大学時代の仲間を富士山の周辺に案内する必要が生じ、さらに浅間神社を詣でたいとのことで、自分の専門地理学以外のこととして、北口と富士宮の浅間神社、三島大社などのことを調べた。それまで、群馬県の浅間山(あさまやま)と同じ名前の神社が富士山にあるが、アサマではなくセンゲンと読まれることぐらいは知っていた。また昔富士山に登ったとき、「六根清浄」と唱えながら白装束で杖をついて登山する修験道の人を見かけたことがあった。登ったことのある木曽の御嶽山や郷里の八海山（酒の銘柄で有名）と同じとみた。また東京には富士見坂という地名が多いし、銭湯の壁絵はほとんど富士山だったので、東京では富士山は大人気と理解した。後で富士講や富士塚のことを知った。私が東京に出てきたころは高度成長期が始まるころで大気汚染がひどかったこともあり、富士山は東京からはほとんど見えなかった。

　東京都立大学がいまの八王子市南大沢に移転するとき、設計事務所から細長いキャンパスの軸となる道路を富士山の方向に設定したいという提案があった。移転委員だった私は（丹沢山地に隠れて）あまり見えない富士山にこだわるより、機能性を重視したらどうかという発言をした。そのとき設計事務所の説明では何もない無垢(むく)の所に計画するときは、最初に何か理念があった方が良い。それに合わせて機能はいくらでも配置できる、とのことであった。ブラジルの首都ブラジリア（1960年完成）は半乾燥の無人の地に、合流する谷をせき止めて湖を作り、その両岸に羽ばたく鳥のように官庁機能や市街地を展開するという構想であった。院生の時（1966年）、そこを訪れたことがあったので、地標として富士山の見える道という発想の説明は納得できるものであった。富士山を遠景に手前の地標を重ねて、配置を決める発想はここにあった。

　浅間神社(せんげん)についてインターネットでちょっと調べただけで、アサマ神社は律

令時代に、火山活動鎮撫のために、神話の神コノハナサクヤヒメを祭神として、新たに設立されたという起源を持つことがわかった。さらに、現在の富士宮浅間大社は冨知神社の跡地に建てられたという。そこで、自然崇拝の対象としての地元の冨知神社を集権国家の浅間神社が追い出した、と私なりに理解した。ところが自然崇拝の宗教では、固定した施設はありえず、あっても拝殿だけだという説を知った。そうだとすると少なくとも浅間神社より古く、フジ山の名前とゆかりのありそうなフクチ（福智、冨地、福知、など様々なあて字があり、古語ではフジとも読むらしい）とはどんな神社か、インターネットで検索をかけたところ、全国で富士やフクチの地名はいくらでも見つかった。

　その中で、私が着目したのが香春(かわら)（福岡県田川郡）のそばの福智山（901m）である。何故かと言えば、香春は古代から銅の生産地であったというからである。銅の融点は1085℃。銅（Cu）に錫（Sn、融点232℃）を混ぜれば、青銅(ブロンズ)（砲金）ができる。錫の割合を多くすると黄金色となり更に多くすると白銀色になるが、その代わりもろくなるという。そこで適当な所で妥協して磨いて鏡などを作った。また純銅は金ほどではないが、たたくと伸びるので、板金細工が可能である。私の高校の美術の先生が変わった方で、銅の板金細工を教材にしてくれた。思い思いにいろいろなものを作り、さらに硫酸でエッチングして楽しんだ。考古遺物に伸銅製品やエッチング製品はないのであろうか。青銅製品が鋳物だけだとすると、原料の青銅から錫を取り除くことができなかったのかも知れない。

　銅に亜鉛（Zn、融点420℃）を混ぜると黄銅となり、やはり混合率を変えて色や用途も変えられる。真鍮(しんちゅう)はその一種である。弥生時代や古墳時代の遺物に黄銅はないのであろうか。アンデス文明ではいろいろな銅合金が使われており、鉄鋳物・鋼こそ無かったが、かなり高度な冶金・金属加工（叩き延ばし）技術が発達していたようである。ちなみに溶岩の温度は900〜1100℃、陶器の焼成温度は800〜1200℃、磁器は1300℃位であり、金属の冶金や鋳物が火山溶岩と関係することが納得できた。

　この付近には平尾台（福智山から東へ7〜8km）があり、石灰岩が広く分布し、セメントを始め窯業が盛んである。石灰岩を焼いて作る「生石灰」は水を加えて風化させ、灰を肥料にしたり、それを練って漆喰壁などに用いるさまを子供

のころ見て知っていた。強化剤として入れられる植物繊維などは「スサ」と呼ばれる。ことば遊びを楽しめば、神話（出雲系）で国津（土着の）神の祖とされるスサノウノ命はスサブ（荒ぶる）神ではなく、「藁の男」だったのかも知れない。ついでながら車の商品名になっている「藁の男」はスペイン語国ではあまり良い意味ではないらしい。もちろんセメントの生産は近代になってからであるが、私がここで注目したのは、古代の銅の溶鉱炉＝火山の溶岩、という連想が浮かんだからである。なお古代では銅は貴重品で、矛を八千も持っているお金持ちは神（お上）になれたらしい。しかし、北九州の地名を富士山に持ってきたのは誰か、という疑問が残る。

　フクチとは地（溶岩・火山灰など）が噴く（自動詞）、ことを意味している。自然の神が主語なら地を噴くでも良い。フクチとは驚くべき正確な造語である。ちなみに現代語では噴火なので、これでは溶岩が流れだし、火山砕屑物が飛び出して空中に散り、降って地になる、という意味にはなっていない。私は最初、フクは火を吹いて火勢を強めることだと思い込んでいた。子供の頃かまどの火を強めるために、竹製の（火）吹き棒という器具があった。それを機械化したものが「ふいご」や「たたら」だと思っていた。酸素（空気）を送ることで温度を上げられるからである。噴かせるために吹いていたことになる。フクには噴き出すという意味もあったことを見落としていた。

　広域に火山灰を撒き散らすプリニー式噴火でなければ、特に富士山ではそのマグマの性質から、火山活動の被害は局地的である。災害という視点だけなら、遙か離れた地方にある律令国家が関心を持つほどのことではない。しかしそれは火山と全く関係ない地方でも大事件と受け止められた。なぜか。火と地が合体した現象だからである。生活に密着している土器などの焼きもの、金属器の製造（精錬・冶金・鋳造）に通ずる火と土（地）のおりなす自然現象を畏怖したのである。つまり自然の神がやっていることと同じことを、人間が人為的に吹くことで起こさせることが許されるのだろうかと畏怖したのであろう。焼きものや金属器は使い続けたい、そのために神に祈って（神をなだめて）許して貰おう、と思ったのに違いない。残念ながら3.11の大惨事に至った原子力発電関係者にはこの精神は欠けていた。もちろん発電所の中に神棚を設置せよと言っているのではない。神の領域の多くは現代では科学の領域になっている。

その科学（特に地に関わる科学）を尊重してほしかった、と言っているつもりである。地中海の神話ではイタリア・エトナ山の地下にはウルカヌス（ボルカン）の神の冶金場があるとされている。東西通ずるものがある。

　フクから導かれる意味に、金属を融かして鋳物を作ることがある。鋳型で鐘を作ることを「鐘をフク」という。さらにフクは伊吹（いぶき）にも通じるという。銅やその合金（青銅など）は融点が低いので、原材料さえあれば、陶器や鉄より低い温度で、つまり吹いたり息吹いたりする程度のことで火勢を強め金属を溶かして金属器を作れるのだ。銅の原料産地でなくても、燃料さえあれば、フクチやイブキの場所を作ることができる。

　なお鋳ものは鋳型を作れば同じももものをいくつでも作ること（大量生産）ができる。黒曜石や翡翠などは模造ができないが、銅製品の場合は、本物から鋳型を作れば、レプリカを簡単に作れるという特徴がある。鏡や鉾・鐸などの銅製品の考古学ではきっとこの特性が考慮にされているに違いない。

　このことから古代（弥生時代も）にはこのような鋳物工場は多くの場所にあったと思われる。それでフクチ（山）やイブキ山という地名が全国にばらまかれたのであろう。富士宮（静岡県）の福智神社も、溶岩を頻繁に流し出していた自然への崇拝を形にした神社ではなく、もとをただせば、溶鉱炉か竈の神社だったのではないか（祭神は大山祇命、つまり国津神である山の神）。郷里の我が家の屋号は「金屋（かなや）」といい、地図にはでない小字は金屋方（かなやがた）という。江戸中期ごろからの記録でも鍛冶屋だったことはなく、「金屋の神」も祭っていなかった。年に１回、菩提寺から宝珠さま（真言宗のお寺の院号）がきて、火伏せの「お祓い」をしていた。後に神社でお祓いをしているのを見て、アレ、神社もお祓いをするのかと驚いたことがある。井の中の蛙の話であるが、田舎では神仏分離も徹底していなかったようである。

　元祖は火山の富士山であろうが、岩木の富士、蝦夷の富士、タコマの富士、チリの富士まである。讃岐の富士は形が似ているだけで火山ではない。もちろん福智山も火山ではない。それらを含めて、富士山という地名は多い。そして富士山の元祖は火山ではなかった。

　古事記・日本書紀では元の地名とコピー地名を区別せず神々が巡り歩き、飛び回るから合理的でない神話になってしまうのだろう。しかしコピーされる前

の地名で神話を見直すと、古代の神話は具体的な「場」に展開できる歴史になるのではないかと考えている。逆にいえば、日本の古代史が教科書に載せられないほど混乱している原因は、古事記・日本書紀のコピー地名の問題が解決していないからだ、と考えられる。

　ながながと書いてきたが、そのようなわけで一夏の夢を見ようと、手始めに古事記でも読もうと初めから読み始めた。しかし神話は、抽象的に読むべきであるとは知りながら、何らかの出来事を語っているはずだと思ってしまう。自然科学者のつもりでいる私の素人目にはどうもよく分からない非合理なことが多い。そんなことなら神話と関係ない本当の「歴史書」の方が良いと思い、魏志倭人伝を読むことにした。そこでとりあえず岩波文庫本を買ってきた。
　魏志倭人伝はたった2000字くらいの短い文書であるが、漢文はともかく、地名・人名などの和語を漢字の音で表現している。幸い、読み下し文や現代語訳がある。しかしそれには、当然訳者の解釈が入っているので、原文（簡単な漢文）もチェックしなくてはならない。そこで漢和辞典（漢字源：学研、新字源：角川）で呉音読み・漢音読み、平仄などをチェックした。とにかく訳注を見ながら、文庫本の魏志倭人伝（読み下し文、現代語訳、原文）を読んでみた。魏志倭人伝は我が国に関するほとんど最初の歴史（文書記録）とされているが、内容はおおむね地理書（地誌）である。そして解読上の最大の問題点は地名であることを知った。
　魏志倭人伝の倭国はどこにあったのか、古事記の葦原中国とはどこのことか、神武天皇の東征とはどこからどこへのことか、推理小説を読むような気持ちでいる私の楽しい作業が済んでから、私の推理とこれまでの文献を比較してみたい。中東で行われるサッカー試合のテレビ録画を見るに、結果を知ってから見るのでは楽しみは半減である。だから私の楽しい夢を覚まさせるような実証的な文献は最初は無視したことになる。
　そのような次第で、この本は学術書のつもりはなく、科学的随筆というようなスタンスで執筆した。根拠のない想像・空想を語っている部分もある。私は歴史家でもないし、考古学も専門外である。証拠に基づいて論文を書く仕事はそれらのプロにお任せして、私は夢は語りたい。専門家でないから夢を語る資

格があると思っている。これからの記述が、これまでの研究成果と重複することが多いことは恐れる。しかし私の発想の幾つかが、あるいは1つでも、いささかでも、新しい視点を提供できればと思い、大方のお許しを願いたい。

「地理学の衰退」は地理屋が大好きな言葉である。外圧のせいにすれば心安らぐが、そうではない。知的好奇心をそそられるようなテーマを探さないからである。体験し観察し考える。地理屋は体験し観察するために考える足でなければならない。そして考えて合理的だと理解できたことを知識として蓄える。これが原点である。データはきちんとしている、ただしあまり考えない、考えは他人のそれを借用する、これでは科学かも知れないが面白くもなんともない。

地理学は（歴史学も道連れにすれば）科学より古いのだから科学の範疇に入らなくても良い。科学的でない（アカデミズムに入らないともいう）として、面白い部分を切り捨てたのでは、衰退するのは当然である。ただし若い世代のことを考えて、地理学・歴史学が政府支給の「研究費の対象となる科学」でなければならないことは十分理解している。

魏志倭人伝のデータは約 2000 字で記述されている。データが少ない方が考えられる、というより、考えざるを得ない。これが民間歴史家に人気がある原因であろう。ついでながら地理屋といい歴史家という。合わせて家屋である。縦糸（時間）・横糸（空間）ともいう。交差しないことには、作品（織物）はできない。

地理学科の学生だったころから物馴れた「読図」ではなく、「読文」に用いたのは岩波文庫に収録されている魏志倭人伝の読み下し文、現代語訳、原文である（2010 年第 80 刷、初版は 1951 年）。この本には中国正史日本伝として他の書（後漢書倭伝・宋書倭国伝・隋書倭国伝）も抜粋掲載されている。またこの本には豊富な注釈があり、読み進め理解を深めるのに有効であった。この書の本文の箇所を参照するときは（魏 p.XX）として示した。読みかけて途中で止めた本は、やはり岩波文庫の古事記である（2010 年第 79 刷、初版は 1963 年）。この本を引用するときは（記 p.XX）として示した。

同じ場所の地名が時代と共に変わることは十分あり得る。地名の大きな改変は、漢字のよい2文字に変えよなどという乱暴な改変命令と、最近の市町村合併によるものである。前者は国名や郡名など大きい地名のみで、小さな範囲を

示す地形地名には影響が小さい。風土記や古事記の記事で改名の経緯や古事つけが分かる場合が多い。市町村合併は最近のことであるので、各自治体のホームページなどで詳細に確認できる。しかも地図が付いていることが多いのでわかりやすい。風土記は岩波書店（1958年）版を用い、参照箇所を示すときは、（風 p.XX）として示した。

　文庫本の訳注のうち、魏志倭人伝に記された地名を現在の地名に対比（比定に相当する地理用語）する部分はほとんど無視した。ただし、風土記や古事記の地名の方が現在のそれより時代的に近いものを表していると思い、なるべく参照した。ただし風土記や古事記で魏志倭人伝に合うように古事付けられた地名はどうしようもない。

　日本の古代（律令国家成立以前）の歴史について、その時代から現在に至るまで、その時々の国を精神的にまとめるという使命を持った歴史書や解説（訳注）には、それなりの作為が存在し続けなければならないと理解している。日本の歴史における皇国史観は、地理学における戦争協力（大東亜共栄圏の地政学など）と同じ時代的産物である。敗戦後はその反動から、教育の場で、考古学と交差する古代史をまともに扱えなくなり、地理学では自然と人間の関係という地理学本来の課題を避けるようになってしまった。これは乱暴な要約だとは分かっているが、真実の一面であると信じている。

　他の資料としては日本地図センター：全国20万分の1地図（帳）（1988年、280頁）を使用した。さらに広域を参照する必要があるときは、100万分の1地図を用いた。現在の行政地名については平成の大合併で大きな変更があったが、あまり履歴を吟味せず用いている。また狭い地域を見る必要があるときは、電子国土ポータルのサイト

　　　http://portal2.cyberjapan.jp/site/mapuse/index.html

の「測定」の項目を用いて、クリックしながら曲がりくねった道程や直線の距離測定を行い、さらに収録されている2.5万分の1地形図で地形や（現在の）地名、植生、土地利用などを読図した。またさらに詳細な地表の状況を観察するには空中写真（下記）を用いた。

　　　http://archive.gsi.go.jp/airphoto/

　古い時代の空中写真ほど土地の改変が少ないので、なるべく撮影年が古いも

のを選んだ。外国の地図などについては Google Map を用いた。また 2 種のブラウザを使って隣り合わせの 2 枚の写真を同時にディスプレイし、その間隔をマウスで調整してステレオ視することも行った。立体視することで、地形などについては情報が急増する。米軍撮影の写真（モノクロ）と比べるとその後の高度成長期の国土改変はすさまじいことがわかる。

その他、参考にした文献書籍の幾つかを最後にかかげる。私の夢を壊した文献でもある。ただし、学術書ではないので、引用部分をいちいち指定することはしなかった。またその本の内容を肯定したものだけを参考文献にあげたわけではない。考え方が全く違う本も参考文献として掲げている。お許し願いたい。

魏志倭人伝は日本の地誌に関する最初の文書である。位置は方位や里程（行程）で示されており、しかもその定義が示されていないので、記事の地名がどこに相当するかについて、様々な説がある。日本では倭（ヰ）国をワ国と読み、東遷を神話時代とする元祖ヤマト近畿説の日本書紀がある。中国では随書の倭国伝・旧唐書の倭国伝・新唐書の日本伝に混乱した記述がある。江戸時代には新井白石／本居宣長（18 世紀初頭／紀末）の研究があり、明治時代を経て皇国史観の呪縛を離れたはずの現在に至るまで、いわゆる邪馬台国論争として決着がついていない。そして現在では所在地論は大きく近畿説と九州説に分けられ、観光（町おこし）と結びついて、ご当地争いが激化し、学術的な論争の域を越える状況にある。

このように数あまたある邪馬台国所在地論の系譜のなかに本書の所在地論を位置づけると、次のようになる。ただし邪馬壱（台）国は「卑弥呼が女王であった国」と読んでおり、邪馬台国≠倭国としたので、邪馬台国所在地論ではなく「倭国所在地論」であることを最初にお断りしておきたい。

1）倭（人）国の範囲は朝鮮半島南部の島（狗邪韓国）から九州島南部である。里程・方位や植生に関する記事から倭国近畿説はあり得ない。
2）里程はすべて（山あてに使われた）地標間の直線距離であり、万二千余里の数字は行程距離の総和ではなく、天文測量の成果であろう。
3）狗邪韓国から伊都国（倭国の首都、北九州）までの行程は魏使来倭の経路である。

4）魏使が滞在した伊都国から不弥国・奴国は目視可能な距離であるが、観察記事がないのでそこには行っていないと判断している。
5）伊都国付近からみて投馬国・邪馬壱（台）国は筑後川から有明海を経由した先の南九州にあり、また川のない陸路（分水嶺道路）で行くこともできた。
6）「女王国」はもちろん正式な国名（地名）では無く、前後の文脈からその箇所ごとに、倭国（共立された王は卑弥呼）あるいは邪馬壱国（以前に卑弥呼が王だった）と解釈する必要がある。
7）狗奴国は北を倭国の奴国、南を邪馬壱国に挟まれた熊本平野にあった。
8）旁国（友好国20）は邪馬壱国より北にあり、大部分は九州島の東部にあった。南から次々に順序よく記述されている。

なお1章は、卑弥呼の倭国の年代が日本書紀のどこに当たるか探しているうちに、その編纂者がどのような手法で年代を操作したか判読できたので、それを記述したものである。タウポ大噴火（ニュージーランド北島）が崇神紀の記事に対応していることがわかれば、私の（補正）年代表の確実な裏付けとなる。

2章に魏志倭人伝の全文を、私が入れた段落・句読点を付けて収録した。私は漢文に習熟しているわけではないので、句読点の入れ方に誤りがあるかも知れない。岩波文庫本あるいは講談社学術文庫本に準拠して、段落切りの一部を変更しているだけなので、参照していただけるとありがたい。また6章と7章は私が誤った考えに基づいて魏志倭人伝の里程記事を読んだときの記録である。6章と7章の方位・行程（距離）の解釈は誤っている。今後の人が同じ不毛な迷路に陥らないように、あえて載せてある。ただし地形図の読図結果などは有効である。

この本は明示してないが2部構成になっている。3章から13章までは、魏志倭人伝の行程・方位・距離・測量法などを取り上げている。私が専門としてきた自然地理学に近い分野の項目である。それに対して、1章と後半の14章から後は魏志倭人伝の地名などに関わる項目で、私の推定あるいは空想に近い内容となっている。しかしこれは非常に楽しい部分であったので、私も類書の仲間入りをしようと思って書いた部分である。根拠の確実さ、論理の一貫性にも欠けていることは十分に自覚している。

第1章 卑弥呼を日本書紀に位置づける試み

魏志倭人伝の内容は地誌： 魏志倭人伝をざっと読んでみて、この書の内容はほとんど地誌であると理解した。そして有名な邪馬壱（台）国や倭国の首都らしい伊都国は直感的に九州にあったらしいと思った。これは後に確信に変わる。この問題は本書執筆の目的であるので、後で追求するとして、最初に魏志の倭国はいつ頃のことか知りたいと思った。もちろん魏志倭人伝が書かれた3世紀後半は中国では歴史時代であるので、倭の女王卑弥呼が中国と外交を行った約10年間の年代はAD239年から248年頃のことだと分かっている。この時代を扱っている我が国の歴史書としては、それから400年以上も経た後に作られた古事記・日本書紀がある。この歴史書のどのあたりに、魏志倭人伝の時代が当たるのだろうか。もちろんこれまで多くの研究があるが、私なりに最初にこの問題を追求しておきたい。

　この時代は古事記・日本書紀の神話と実在が確かな歴史のはざまに相当し、時代区分でいえば、弥生時代と古墳時代の移行期に当たっている。その意味で、民俗学と歴史学、考古学と歴史学の境界領域の問題であることが分かる。民俗学や考古学はもちろんそのデータの「場所」について問題はない（盗掘品は例外）。歴史学だけが、魏志倭人伝の場所を特定できないでいる。もちろん地理学においても、その地誌がいつの時代のものであるのかは重要である。自然はともかく、人文（人がかかわる）地理は時代と共に変わるからである。

奈良盆地の初期王権の特徴： 歴史の「場所」が特定できていないので、倭人伝の記述の歴史的位置づけはできない。私は自然地理学的知識と論理で魏志倭人伝を読み、倭国が九州以外にはあり得ないと確信するようになった。真実は1つなので、邪馬台国として知られる倭国近畿説は多くの人々の願望を担っ

ているかも知れないが、歴史資料を意図的に読んだ虚構に過ぎない、と考えている。「東遷論」は歴史が展開した場所の移動の話しである。古事記や日本書紀がいうように神武天皇が東遷したのではなく、それは卑弥呼の倭国の時代より後だと私は想定している。また東遷を否定すれば論理的に卑弥呼の倭国は近畿に存在していなければならないことになる。私はこの考えをとらない。

九州の倭国は相対的に衰退し（ただし対隋外交のころまで存続していた可能性はある）、奈良盆地纒向の地に、明治期や高度成長期の東京に似た都市、つまり地方人が移住してくる都市（ヤマト政権）が成長した。高度成長期の東京を知る人は、都市は地方からの移住者で膨張することを肌で知っている。故郷の言葉なつかし上野駅、の情景を帰郷のたびに目のあたりにしてきた私にとっては、東京についての都市地理学の研究成果を待たなくても、これは自明のことであった。出稼ぎや帰省は東京の文化を地方に伝えた。古墳時代に入るのに、地方差があまりないことが注目される。

前方後円墳造営の流行は、時間のかかる武力による地方攻略の結果ではないだろう。武力による征服で遠隔地の国土（すなわち米）を得ても、輸送コストを考えれば、ほとんど無価値であろう。古代の中央政権が広域に影響を及ぼせたのは、宗教・文化などの優位性、つまり非物質的な根拠によっていたと思われる。卑弥呼の時代の倭国においても同様であったろう。政治権力機構や経済力が京都（近畿）から東遷して、百数十年経っても、この精神的世界では京都は当分中央であり続けるであろう。

漁師たちは海底の漁場の位置を山あてで記憶する。陸地の目標（山）は多いほど位置の精度は高まる。奈良盆地纒向の都市遺跡や古墳は何重にも纒向く（後述）地として選ばれている。ただしこれはあくまで状況証拠である。内陸の奈良盆地に集まった人たちが海原族の伝統をもった各地の人たちであることを考古学が証明しているのではないだろうか。

そして奈良盆地に成立した王権はやがて強大となり律令国家へと連なった。古事記や日本書紀では、近畿にあった王権が九州を始め日本各地に支配権を拡大する歴史として描かれている。ところが堂々たる正規の遠征軍派遣の話しは全くなく、だまし討ちのような姑息な手段の記述があるのみである。記紀の編纂者達は近畿中央政権の強大化が武力によるものでないことを知っていた。女

装とか刀の取り替えとか、騙して弓の弦を切るとか、馬鹿馬鹿しい出来事だけを挙げているのは、武力による地方の征服譚が嘘だということを明言していることと同じである。日本の古代史で正規軍と思われる遠征の記事は神武天皇の東遷と神功皇后・応神天皇の近畿帰還時の戦い（なぜ凱旋に戦いがあるのかおかしいが）くらいである。

　しかし近畿の王権の影響がしだいに広域に及ぶようになると、それと反比例するように後代の天皇の行動範囲が狭くなってくることが注目される。垂仁天皇・景行天皇・神功皇后などは長期にわたって本拠地を離れており、ロジスチックス（兵站）を考えると不自然である。後代の天皇は近畿地方を離れることはほとんどなくなる。単なる推論であるが、地方を武力で征服することで中央政権が成立したというのは虚構であり、日本書紀にはその虚構を取り繕うためのさまざまな仕掛けがあり、その1つが地名や年代操作を伴う地方（例えば北九州）史の取り込みだ、と考えている。

　日本書紀の古墳時代：　日本書紀10代崇神天皇10年の項に、桜井市大市に箸墓を作ったとの記事がある（わかりやすいように天皇の漢風諡を使っている。以後同じ）。これは昼は人作り、夜は神作る、とされる巨大な前方後円墳である。この記事を素直に読めば、どう見てもこの時代はすでに古墳時代に入っていることになる。次の垂仁天皇2年に纏向（桜井市）に珠城宮という都を作ったとある（纏向の遺跡か）。古事記では崇神天皇の死去を戊寅の年としている。干支は60進法であるが、これは（AD）198年だと推定できる。もちろん、138、256、316年なども検討の対象として整合性をチェックする必要がある（後述）。暦法伝来以前であるのに、干支が与えられているのは不合理であるが、日本書紀が編纂された当時の暦の知識で、過去の歴史に干支を配したのであろう。とにかく崇神・垂仁天皇の年代は考古学では弥生時代である。日本書紀のいうように古墳時代ではない。

　ところが日本書紀は14代仲哀天皇、15代応神天皇の時代の神功皇后に倭王卑弥呼（魏志倭人伝）を想定している。日本書紀の編纂者たちは魏志などの歴史書を読みこの年代を知っていた。その上で日本書紀の天皇紀と中国の歴史記録の年代が合うように年代を操作した。ただし、いわゆる倭の五王（21代

雄略天皇まで）の外交（宋書夷蛮伝）について年代を合わせようという配慮はないように見える（後述）。

　纒向の古墳群や遺跡の年代（要するに古墳時代）が遡ることが明らかになってきたので、それらが、弥生時代末とされる女王卑弥呼の時代の遺跡である可能性が高まった、などという言説はまず日本書紀記述の年代を検討し否定してからでないと論理的説得力がない。日本書紀の記述に従えば、すでに古墳時代に入っていると信じられていた崇神・垂仁時代から200年近くも後に卑弥呼（神功皇后）を位置づけようとしている。纒向や箸墓などは日本書紀から得た地名であろう。それを使うとき、おなじデータソースの日本書紀に記述されている年代に言及がないのはおかしい。

　地理情報・歴史情報とは：　地理情報は「場所＋情報」からなる。歴史情報は「年代＋情報」であろう。この年代がでたらめであったら、その情報は無価値（偽書）となる。魏志倭人伝や日本書紀の地名や建造物（古墳）をいわばつまみ食いし、古代史を構築するくらいなら、いっそのことこれらの文献を一切なしとして、高精度 C-14 法による考古学だけで歴史を編んだ方がすっきりするのではないだろうか。文献は人類だけが残せた貴重な遺物である。いうまでもないことであるが、まず文献を尊重する。それを考古遺物で検証し、補完する。これが出発点であろう。

　地理情報の例として「その地は温暖で生の野菜が冬でも食べられる」という情報があったとしよう。「その地」がどこか特定できなければ、そんなところがどこかにあった、という程度のことであるので、情報の体をなさない。それが九州のことだと分かれば、そこに記述されているその他の情報、地形・植生・農業・動物・産業・風習などの記事が初めて意味を持つ。ただし冬の野菜生食（たぶん菜の類）が奈良盆地のことだったら、「ハウス栽培で」の一文を付け加えない限り、これも地理学の知識の蓄積（とくに古気候）から判断して正しい情報ではない。つまり記述内容の正否さえ場所が特定されていないと判断できないのである。江戸時代の江戸で書かれた日記に霜が頻繁におりるという記事があったとしよう。しかし、気象庁大手町の最近の気温データを根拠に、あるいは都心で露地のアロエが大木に育つことを根拠に、これを間違った記述だと

見なす人はいない。これから読み取れることは江戸時代からの都市気候（とくに最低気温）の温暖化という興味ある事実である。くどいようだが、日記が書かれた場所がわかり、それが大手町に近いから、そのデータに意義がある。場所や年代が明らかでない記述データからは、価値ある情報は読み取れない。

歴史情報の場合はどうか、同じように年代のない、あるいは年代の誤った情報はほとんど意味を持たないだろう。過去にそのようなできごとがあった、という程度のものであろう。どちらかといえば古事記はその例で、年代の記述は少なく、歴史書というよりは文学書という性格を感じた。それに対して日本書紀は、素人目にも歴史書とわかる書きぶりとなっている。しかし歴代天皇の歴史という形を取りながら、70年を超える在位期間（天皇の存命期間ではない）が多数例あるなど、その根幹となる年代に関しては極めて不自然である。おそらく歴史学ではこの不自然さを正す研究が進んでいると思われる。

私としては、せっかく読み解こうとしている魏志倭人伝が日本の歴史の中にどのように位置づけられるのか知りたいと思う。つまり、記紀の崇神天皇・垂仁天皇・景行天皇（九州の風土記で大活躍）・神功皇后・応神天皇の時代の、どのあたりに卑弥呼の時代が当たるのか。倭王卑弥呼については、239年頃から魏と外交関係を持ち、247年か248年に死亡したとある。この10年ほどは日本の古代史のどこに当たるのだろうか。

干支： 干支（十干十二支）は現在の生活感覚から離れているので、暗算による理解が難しい。そこでコード化して示した（表 1-1）。私が与えた干支コードは c0（甲子）から始まり、最後が c59（癸亥）である。60年で一巡するので、計算上 c60 は c0 となる。これは紀年の 60 進法である。「ゼロ戦」が作られた皇紀 2600 年は AD1940 年で、干支は庚辰（c16）である。つまり皇紀や西暦 AD の年数から干支を得る方法としては、年数から 4 を引き、60 で除した時の余りを干支のコード数とする。また干支から皇紀や AD を求める方法は、何巡目という記録はないので、原理的には不可能であるが、前後の関係から推定できることが多い。例えば庚辰生まれの老人という記述があれば（60 × n + 16 + 4）から、2000年生まれ（学童である）や 1880 年生まれ（生存者はいない）はあり得ないので、その老人は 1940 年生まれと特定できる。また西暦

表1-1 干支のコード

c0	甲子	c10	甲戌	c20	甲申	c30	甲午	c40	甲辰	c50	甲寅
c1	乙丑	c11	乙亥	c21	乙酉	c31	乙未	c41	乙巳	c51	乙卯
c2	丙寅	c12	丙子	c22	丙戌	c32	丙申	c42	丙午	c52	丙辰
c3	丁卯	c13	丁丑	c23	丁亥	c33	丁酉	c43	丁未	c53	丁巳
c4	戊辰	c14	戊寅	c24	戊子	c34	戊戌	c44	戊申	c54	戊午
c5	己巳	c15	己卯	c25	己丑	c35	己亥	c45	己酉	c55	己未
c6	庚午	c16	庚辰	c26	庚寅	c36	庚子	c46	庚戌	c56	庚申
c7	辛未	c17	辛巳	c27	辛卯	c37	辛丑	c47	辛亥	c57	辛酉
c8	壬申	c18	壬午	c28	壬辰	c38	壬寅	c48	壬子	c58	壬戌
c9	癸酉	c19	癸未	c29	癸巳	c39	癸卯	c49	癸丑	c59	癸亥

と皇紀は奇数年・偶数年が共通している。さらに干支のコードも同じである。これは空位があったときなどその判定に有効である。但し正月前後の干支は要注意である。干支がずれている可能性がある。

日本書紀では即位の年（先代の天皇紀年）と干支が記録されている。これから空位の期間に注意すれば先代の天皇の死去年あるいは交代年がわかる。つまり干支で次々に過去をたどれる。表1-2の左の欄は日本書紀の年代をそのまま示したものである。専門家はこのような年表はせいぜい継体天皇くらいまでしか作らない。それがプロの矜持だと思っているかのようである。しかし年表を作らなかった時代についても言及している。これはちょっと矛盾している。年表は歴史を理解する手段として優れている。地理の地図のようなものである。アマチュアはこれを神武天皇まで作る。間違っていても恥ずかしくないから恐れることはない。

なぜこのような表が作成可能であるのか。天智天皇即位のあたりから、干支を参照しながら、即位―死去―即位のチェーンを1320年ほど遡れば、紀元前660年の神武天皇即位にたどりつける。もちろん私は歴史のアマチュアであるので恐れることなく、継体天皇から8代孝元天皇までを表にした。そこでやめたのは紀元節問題に興味がなかったことと、中国に名前が知られ記録された日本列島最古の人、後漢書の倭国王帥升（AD107）あたりを目標にしたからである。

日本書紀の年代操作は干支一巡の60年を単位として操作が行われていると

予見して検討を進める。（太陽暦の）1年を2年に数える2年暦のような科学的に不合理な暦法は始めから検討しなかった。奇数年は冬、偶数年は夏というのだろうか、それとも1年の次は3年、5年と数えるのだろうか。こんな不合理なことはない。ついでながら、素朴に常識的なこと、科学的に単純に合理的なことは、文献に言及がなくてもよい。例えば、3尺、4尺、5尺の長さの紐で直角三角形が作られることは、古今東西普遍の（エジプトからギリシャを経て広まった）真理である。「8尺の棒を立て」などという記述があったとき、直角三角形を利用しているな、とピンとこないで、なぜ8尺なのか、前例はないかなどと文献を探すのは時間の無駄である以上に科学を無視した行為である。科学史でない限り、それが真理だと認められたときは、出典を示さないのが科学のやり方である。$f = m\alpha$（力・質量・加速度）の公式をニュートンの名を挙げずに使うことがニュートンへの尊敬を表している。

日本書紀の年代表： 具体的に、表1-2について説明する。作表の前提は「日本書紀及び古事記の干支は原則として信用する」ということである。また干支は筆写の時に数字と違って間違いにくいと考えている。文献の記事を信用しないことには、それを読んでもしかたない。

まず、各天皇の生誕・立太子・即位・死去の年とそのときの年齢を書き出して表1-2を作った。天皇の名は簡単にするために便宜上漢風諡（おくりな）を使っている。日本書紀で記述されている年代は干支に基づいている（下線を付けたコード）。日本書紀では天皇即位の年代が、古事記では死去の年代が干支で記述されている。区別するために古事記の干支は表1-2の注の欄に掲げた。

表1-2の左から第3の欄は、生誕・立太子・即位の年を先代の天皇紀で示している。死去（退位）はもちろん該当天皇の年紀である。また干支の記事がある場合は次の欄に示してある。下線が付いている年紀や干支は記事にあるもので、それ以外は前後の関係から簡単に推定される年紀あるいは干支である。日本書紀の年紀は皇紀（神武暦）で示すべきかも知れないが、なじみが無くなっているので、そのまま西暦に直した年数となっている（原年の欄）。ただしAD0年は存在しない。紀元前も後も1から始まる。したがってこの欄のマイナス記号のついた年数は紀元前ではなく、その前年が紀元前の年数となって

第1章 卑弥呼を日本書紀に位置づける試み

表1-2 日本書紀の干支をもとに復元した年表（補正に用いた古事記の干支などは注欄に掲載）

天皇		紀年	干支	原年	年齢	年齢	補正年	注
神武	即位	神1	c57	−659				（累積660年修正）
孝元	即位	孝77	c23	−213	60			後漢書：107年倭国王帥升
	死去	孝57	c19	−157	116			
開化	立太子	孝22		−192	16			
	即位	孝58	c20	−156	52			60年分のイメージ
	死去	開60	c19	−97	111		143	一書：115才 記：63才
崇神	生誕	開10	c29	−147	1	1	153	（紀に49〜59年の記事なし）
	立太子	開28	c47	−129	19	19	171	（累積300年修正）
	即位	開34	c53			25	177	後漢書：147〜189年（梁書：178〜184年）倭国乱
		開61	c20	−96				c20（144年か204年）は中国暦に合わない
		崇5	c57				181	中国：光和4年辛酉c57（177, 186年説有り）タウポ火山（NZ）大噴火噴煙成層圏へ
		崇6					182	紀：前年に続き疾疫多く百姓流離
		崇7					183	紀：豊作
		崇10					186	紀：倭迹迹日百襲姫の箸墓古墳を作る
	死去	崇22	c14	−102		47	198	記：c14戊寅168才（13年間の空位か？）
		崇68	c27	−29	120	60	211	12月（日本書紀の干支による年代）
垂仁	生誕	崇29	c48			1	172	紀：纒向宮を作った天皇との記事
	立太子	崇52	c11		24	24	195	
	即位	崇70	c28	−28	42	41	212	（累積240年修正）
			c55	−1		68	239	魏暦景初3年（己未c55）卑弥呼最初の外交
			c3	7		76	247	魏暦正始8年（丁卯c3）卑弥呼最後の外交
	死去	垂99	c6	70	140	80	250	記153才（累積180年修正）
景行	生誕	垂17	c44	48	1	1	228	紀：纒向に住む天皇との記事（風土記も）
	立太子	垂37	c4	68	21	21	248	
	即位	垂100	c7	71		24	251	垂仁40年c7に相当 垂仁紀は継続
	死去	景60	c6	130	106	83	310	記：137才 垂仁紀も終了
成務	生誕	景23	c29	93	1	1	213	景行天皇60年のイメージ（累積180年）
	立太子	景46	c52	116	24	24	236	
	即位	景61	c7	131		39	251	
	死去	成60	c6	190	107	58	310	記：c51乙卯95才（このデータ無視）
仲哀	生誕	成18	c24	148		1	268	
	立太子	成48	c54	178	31	31	298	
	即位	成62	c8	192	45	45	312	
	死去	仲9	c16	200	52	53	320	記：c58壬戌52才（このデータ無視）

神功	生誕			170	1	1	290	
	結婚	仲2	c9	193	24	24	313	
	摂政	仲10	c17	201	32	32	321	
		后34	c50	234		65	354	応神元年。その後も摂政紀は継続
		后39	c55	239			359	紀：c55 己未（景初3年）倭女王遣使（魏志）
		后40		240			xxx	紀：（正始1年）建忠校尉来倭（魏志）
		后43		243			xxx	紀：（正始4年）遣使伊声（魏志）
		后52	c8	252			372	紀：七枝刀（369年c5年製）
	終了	后69	c25	269	100		389	記：100才（后14－39年記事なし）
応神	生誕		c17	201	1	1	321	(この年生誕はやや遅い、何か事情がある？)
	立太子	后3	c19	203	3	3	323	
	即位	后70	c26	270	70	34	354	（累積84年修正）
	死去	応41	c6	310	110	74	394	記：c30 甲午130才（中2年空位）
仁徳	立太子	応40	c5	309		20	393	（仁68－86記事なし）
	即位	応44	c9	313		24	397	宋書：421年（南朝宋暦c57 永初2）讃、425年讃
	死去	仁87	c35	399		54	427	記：c3 丁卯83才
履中	生誕	仁17	c25	329		1	411	
	立太子	仁31	c39	343	15	15	425	
	即位	仁88	c36	400		18	428	このころ宋書：讃死して珍（弥）立つ
	死去	履5	c40	404	70	22	432	記：c8 壬申64才
反正	即位	履7	c42	406			434	（空位1年）
	死去	反5	c46	410			438	記：c14 丁丑60才（偶数年につき訂正）
允恭	即位	反7	c48	412			440	宋書：443済、451済、462済
	死去	允42	c29	453			461	記：c37 甲午78才（訂正値）
安康	即位		c30	454			462	このころ宋書：済死して興遣使
	死去	安3	c32	456			464	記：56才（この年雄略天皇即位）
雄略	元年	安4	c33	457			465	宋書：478年倭王武（上表文は468年頃のもの）
	死去	雄23	c55	479			489	記：c5 己巳124才（c3だと接続性はよい）
清寧	即位		c56	480			490	
	死去	清5	c0	484			494	
顕宗	即位	清6	c1	485			495	
	死去	顕3	c3	487			497	記：38才治世8年（日本書紀と合わない）
仁賢	即位	顕4	c4	488			498	
	死去	仁11	c14	498			508	（10年分補正）
武烈	即位	仁12	c15	499				(注：武烈天皇の記事が入る余地はない)
	死去	武8		506				記：治世8年（死去12月）
継体	即位	武9	c23	507			507	（記事を読むと即位は2年程度後と推定される）
	死去						527	記：c43 丁未43才
		継25	c47		82		531	（日本書紀の年代）

いる。年代操作が累積していなければ、補正年の欄と同じである。その差は表1-4にまとめて示されている。2つの年令の欄は左側が日本書紀記述の年令（下線付き）である。下線のない年令はそのものの記述はないが、紀年からわかる年令である。異常な高齢はそこに操作があるという目印である。在位期間が異常に長いのも同様である。

右側の欄の年令は補正年に基づく計算値である。これによって補正が適正に行われたかどうかチェックできる。ただし、いつも計算できるわけではなく、死去時の年齢に加えて、生誕年、立太子時の年齢などの記述が必要である。注の欄は古事記の記述データの他は、補正に関係する特記事項などを掲げた。補正年の欄の値をどうやって得たか、それがこの表を作った目的である。これについては後述する。

日本書紀の年代操作の目的と結果： 魏志倭人伝の倭王卑弥呼を神功皇后に当てる（岩波文庫版日本書紀（二）、p.416の補注、以下この書の一二三を原典とする）ため日本書紀の年代は組み立てられている。中国の歴史書（新唐書）には倭国（この場合はヤマトあるいは日本）からの使者が本好きで、お土産を書籍に換えて帰国した、とある。敗戦後アメリカの新しい学術論文や書籍が貴重に思え、飢えたように読んだ経験と相通じるものがある。中国から手に入れた書籍の中に魏志やそれに続く歴史書があり、その内容に日本書紀の記述を合わせようとするのは当然のことであろう。

もう1つ注目すべきは宋書のいわゆる倭の五王の記事である。この2つ以外に日本書紀の古代の年代を中国の文献と合わせる必要はないと思われる。朝鮮半島の歴史書との対応の検討はしなかった。しかし卑弥呼（神功皇后）の時代以前についても年代操作は続いている。神話の神武天皇を現実の天皇のように奈良盆地で「即位」させ、しかもその年代を観念的に紀元前660年としたために、当時の歴史的記憶にある天皇15人だけでは足りなくなり、天皇の在位期間や年齢を引延ばさなければならなかったのである。奉祝國民歌「紀元二千六百年」「榮ある光　身にうけて　いまこそ祝へ　この朝(あした)紀元は二千六百年　あゝ一億の胸はなる」を意味も分からずに聞いて育った世代から見ると、この年代引き延ばしを逆問題として検討しなければならないのは情けない事実

であるが、私自身の心の問題としてもこれを確かめてみる必要を感じている。

　卑弥呼＝神功皇后とするために、神功皇后—応神天皇—仁徳天皇の3代で引き延ばしが行われた。確かに日本書紀の年紀をそのまま使えば、神功皇后はAD269年死去となるので、この目的は達せられている。しかし、そのため仁徳天皇の在位が87年も続き、神功皇后の死去時の年齢が100才、同じく応神天皇の年齢が110才という異常な高齢となっている。

　また前述したように崇神10年（補正186年）に古墳造営の記事がある。これは神武元年に合わせるための操作でこのようになったからであって、日本書紀の編纂者達が崇神10年の項が古墳時代のことだったと本気で信じていたかどうかは実は疑わしい。なによりも神武元年に合わせるための年代操作を優先させたための結果であろう。

　神功39年から43年の条および66年の記事は後人によるもので、本文ではないから削除すべきであるという註解のついた本（植松、1920）を見つけた。理由が書いてないので、この主張は受け入れられなかったのであろう。

　神功皇后が卑弥呼に当たるように日本書紀は作られている。だから日本書紀の年代は虚偽だ、これは偽書だ、というのではなく、後世の人が魏志と日本書紀を見比べたとき、この年代はどのように操作されているか（明示的に）暗示している、と考えることができる。名前は残されていないが、日本書紀の編纂者達は歴史家としての誇りをもっている、と感じている。しかし、なぜこんな操作を行ったのか。それは日本書紀の編纂を命じた権力者（藤原不比等と目されている）の意向に渋々ではあっても従ったからであろう。それなくして歴史書が書けるわけはなく、後世に残ることもないだろう。しかしこの権力者は多分編纂者達にだまされている。なぜなら不合理な年代の記述によって操作の存在だけでなく、さらにその方法までがバレバレの日本書紀を焚書していないからである。その意味ですくなくとも、私は藤原不比等より日本書紀を綿密に読んだ、と思っている。とくに年代に関しては。日本書紀の編纂者は、将来この操作が見破られることを見越して、ランダムでなく一定の規則で操作したという証拠を残している、という事実に注目したい。この良心的な歴史家達の苦心を年表をたどって推定してみよう。

日本書紀と古事記の干支： 古事記最古の干支は崇神天皇死去年のc14（戊寅）である。ここから雄略天皇死去年のc5まで、9つの干支（いずれも死去年）が記述されている。日本書紀では即位年の干支が記述されている。しかし死去年の年紀から、その干支を得ることができるので両者を対応させて比較できる。調べてみると、一致するのは1つもなく、允恭天皇の死去年が1年違いである。ただしこれは後述するように、前後の接続関係から10年差であることがわかっている。その他は大きく違っている。この差をどう解釈するかは記紀の歴史学で大きな問題であったと思われる。

分析に入る前に事実を確認しておきたい。皇紀（日本書紀）の年数と干支（コードの数）と西暦は同期している。四季あるいは春秋をペアで持つ太陽暦を1年とする限り、この関係が崩れることはない。つまり皇紀と西暦は1対1で対応し、巡回はするが干支（のコード数）も同様である。年の変わり目の正月頃は注意が必要である。後の新しい暦で過去の年を数えるとき、当時の暦による年と齟齬が生じる可能性がある。もう1つ重要なことは皇紀と西暦の年数の奇数・偶数の一致である。これは2進法なので、1年のずれには敏感である。さらに私が付けた干支コードの数値の奇・偶も暦年のそれと一致している。紀年の切り替わり、あるいは空位などが挟まったときなどに、この一致に気を配らない著書を見たことがある。日本書紀の干支は恐ろしいほど正確に割り付けられている。つまり日本書紀の編纂者は2進法、10進法、60進法を見事に使いこなしている。

私は自然科学に50年もたづさわってきたので、データから規則性を読み取ることには慣れている。日本書紀と古事記の干支を書き出して、表1-3をつくった。両者の差をとってみると、その値は大きく3つのグループに分けられる。8～10年差が2例、27～28年差が3例、84年差以上が3例、となる。これらの年差値はグループをなしており、断続的に連続して現れているので、それぞれ同じ操作を受けた結果ではないかと予想される。つまり10年と28年ほどの年代シフトである。

次に、ある天皇の死去から次の天皇の死去までの間の年数を調べてみた。表1-3の差の行の値である。日本書紀については在位期間を考慮に入れた数値となっている。古事記については、干支記事が断片的であるので、その差に60

表 1-3　日本書紀・古事記の干支の比較（天皇死去年）

天皇	日本書紀		古事記		差	古事記に対する相対値
神功	c25	269	c25	389	120	累積 120 年
差	41		5			36 年の引き延ばし
応神	c6	310	c30	394	84	累積 84 年
差	89		33			56 年の引き延ばし
仁徳	c35	399	c3	427	28	累積 28 年（のまま）
差	5		5			
履中	c40	404	c8	432	28	累積 28 年（のまま）
差	6		6			
反正	c46	410	c14	438	28	累積 28 年（c13）
差	43		23			20 年の引き延ばし
允恭	c29	453	c37	461	8	累積 8 年（c30）
差	26		28			2 年の短縮
雄略	c55	479	c5	489	10	累積 10 年
差	28		18			10 年の引き延ばし
507 年	c23	507	c23	507	0	

訂正値はアンダーライン付きで示す。（　）内は原データ。

年単位で増がある可能性がある。この値に着目し、どこでどんな操作があったか計算で推定してみよう。最初は問題点発見のためのラフな計算であるので 1・2 年差は問題にしない。表 1-3 を見ながら本文を読んでいただきたい。

　まず、雄略天皇死去年後で 507 年までの間の期間は日本書紀と古事記で、10 年の差がある。つまり日本書紀ではこの期間の最後に 10 年分ほどの記事が挿入され、さかのぼってシフトが生じている。允恭天皇死去年と雄略天皇死去年の間では、その差が 2 年であるので、2 年の短縮があり累積 8 年となる。

　反正天皇と允恭天皇の間では、日本書紀の期間の方が 20 年分長くなっている。つまり 20 年分の引き延ばしがこの間に行われた。累積で 28 年分となる。ここから先では表 1-3 の差の列にあるように、期間の変更（操作）はないので、28 年差のまま仁徳天皇の死去年まで続く。

　次に、仁徳天皇応神天皇の間で 89 − 33 ＝ 56 年の引き延ばしがある。これは、仁徳天皇のところで引き延ばしが行われた、と判断した。これまでの 28 年分と合わせて、84 年分となった。神功摂政紀については古事記に記述はないが、

表 1-4　天皇紀集約表

	在位期間	補正（AD）	差	補正年代に対応する倭国外交など
崇神天皇	－96 ～ －30	177 ～ 198	273：227	空位12年？178 ～ 184 梁書倭国大乱（タウポ？）
垂仁天皇	－28 ～ 70	212 ～ 250	240：180	239 ～ 248 倭王卑弥呼の外交
景行天皇	71 ～ 130	251 ～ 310	180：180	266 倭王台与の外交
成務天皇	131 ～ 190	251 ～ 310	120：120	（景行年紀の繰り返し）
仲哀天皇	192 ～ 200	312 ～ 320	120：120	
神功皇后	201 ～ 269	321 ～ 389	120：120	
応神天皇	270 ～ 310	354 ～ 394	84：84	
仁徳天皇	313 ～ 399	397 ～ 427	84：28	宋書：421 年及び 425 年倭王讃の遣使
履中天皇	400 ～ 404	428 ～ 432	28：28	このころ宋書：倭王讃死して弟珍（弥）立つ
反正天皇	406 ～ 410	434 ～ 438	28：28	
允恭天皇	412 ～ 453	440 ～ 461	28：8	宋書：443 年および 451 年倭王済の遣使
安康天皇	454 ～ 456	462 ～ 464	8：8	このころ宋書：倭王済死して倭王世子興遣使
雄略天皇	457 ～ 479	465 ～ 489	8：10	宋書：478 年倭王武
清寧天皇	480 ～ 484	490 ～ 494	10：10	
顕宗天皇	485 ～ 487	495 ～ 497	10：10	
仁賢天皇	488 ～ 498	498 ～ 508	10：10	
武烈天皇	499 ～ 506	────		武烈天皇の記事が入る余地はない
継体天皇	507 ～ 531	507 － 525	0：0	

注：崇神紀が前後にうまく接続しないのは、181 年とされるタウポ噴火を崇神 5 年に当てたからである。これが崇神 38 年の記事であれば、あるいは記事がなければ、

崇神天皇	－96 ～ －29	144 ～ 211	240：240	178 ～ 184 梁書倭国大乱（タウポ？）

となり、前後の接続に問題はない。

中国暦景初 3 年（239 年 c55）を神功 39 年（実は 359 年 c55）に当てていることから、摂政終了の神功 69 年は 389 年（c25）であることがわかる。表に示すようにここに 36 年分の引き延ばしがあり、累計で 120 年となる。

　結果論であるが、日本書紀の年代記述における干支の設定は正確である。この年代は日本書紀が書かれたとき、その時点で記述内容に合うように暦法にしたがって過去に遡って付与された干支だからであろう。この干支は当時の人が使っていた年紀（あったとして）を記録したものではない。だから合理的に西暦と関係付けられる。だからもちろん、それが事実であるということではない。文書上で整合するだけの話しである。一方、古事記の干支は断片的に記述され

ている。系統的でないことから、これは当時使われていた何らかの年紀（あったとして）を記録したものかも知れない。

　古事記は日本書紀（681～720年に編纂）より8年も前に完成しているが、日本書紀で明示的に引用されることはない。共通する資料を用いて、独自に編纂したものと考えられている。日本書紀では天皇即位の年の干支が記述されているのに対して、古事記では死去の年の干支が記載されていることが多い（表1-2の注の欄）。先代の天皇の死去後、翌年か間1年を置いて次の天皇が即位する、というのが原則である。したがって両者の整合性を確かめることはできる。事実は1つであるから両者は整合すべきである。日本書紀では中国の正史に現れる倭王卑弥呼の年代と合わせるという明確な意図で引き延ばしが行われた。しかし古事記では魏志倭人伝の引用もなく、年代操作があることは確かであるが、その目的は何か、は分からない。

　古事記の干支は日本書紀の干支と異なって、後で一括して与えたものではないようである。そのため、干支と暦年の対応、あるいは偶・奇の一致に不完全なところがある。最初にそれを指摘しておきたい。これは表1-3のデータ訂正の理由である。例えば崇神（すじん）天皇の死去年については、日本書紀はc27（c20元年、崇神68年死去から推定）であるが古事記ではc14である。すくなくとも奇・偶はずれている。この年代は後で検討する。反正天皇の死去は反正5年1月である。日本書紀では、c46（c42が元年）であるが、古事記ではc13である。これは前後の関係から偶数年であるのでc14年であろう。このような1年差はあり得ることであろう。

　允恭天皇の死去年はc29（c42が元年、允恭42年死去）であるが、古事記ではc30とある。これは偶・奇がずれているだけでなく、値に大幅なずれがある。前後の値からここはc37と推定されるが、それ以上の根拠があるわけではない。このような訂正が多数ある場合は、仮説自体が間違っている可能性がある。しかし大局的にみて、この1例があるだけで古事記の干支全体が無意味なデータだとはしたくない。これら2つの干支を訂正した上で、今後の検討を進める。自然科学ではこのようなデータの前処理をデータのクリーニング（スクリーニング）、あるいは補間による誤値の発見、あるいは訂正などと呼んでいる。程度が過ぎるとデータの分析結果を歪めてしまうのは当然である。

(1) **継体天皇から仁徳天皇まで：** 継体天皇の即位は（c23）である。これは 60 × 8 + 23 + 4 = 507 年であるが、干支一巡差の 447 年、567 年も検討の対象として残しておく。矛盾が生じたときはここまで戻ることになる。日本書紀では武烈天皇の即位は c15 の 499 年、死去は武烈 8 年、506 年となる。ただしこの記事はあやしい。武烈天皇の死去が 12 月であるのに、継体天皇の即位が翌年 2 月であるのは不合理である。後継の天皇選びで、最初の候補者に逃げられたりして、いろいろやり取りがあったと記事にされている。即位は 508 年か 509 年ではないだろうか。ここで武烈天皇の記事は後世から見て日本の正史としてあるまじき内容であると判断した。皇国史観を持っていなくても不合理である。こんな内容の記事は他にはない。前述の 10 年ほどの操作がここに始まると予想した。

結果論になるが、この武烈紀 8 年分と空位を 2 年として 10 年分をカットし、仁賢紀から継体紀に連なると仮定して、補正を行った。雄略天皇の死去は日本書紀で雄略 23 年で干支は c55 となる。これは元年が c33 であることから簡単に計算できる値である。古事記では c5 である。つまり両年代には 10 年の差がある。ここから記事にしたがって日本書紀の年代を新しい方にたどることができる。表 1-2 に示すように、武烈天皇即位 499 年、死去 506 年で、継体天皇の即位 507 年に連なる。ここで年代が確定できたので、10 年差で逆にたどれば、雄略天皇の死去年は c5 の 489 年である。

なお、この c5 が c3 であれば、武烈紀のカット 8 年分のシフトが允恭天皇死去まで続くことになり、各年紀がスムースに持続となる。ただしこれ以上の理由がないので原データの改変は行わなかった。

仁賢天皇の即位は補正 498 年、死去は補正 508 年となる。ここで継体天皇即位の 507 年を越えているが、前述したように継体天皇の即位は確実に 507 年より後であるので、気にしない。以上見てきたように武烈天皇記事（プラス 2 年）の挿入によって、雄略天皇の死去年まで、全て 10 年差（シフト）が生じていることが分かる。表 1-4 として示してあるように、さらに古い方へたどると、允恭天皇の死去までは 8 年シフトとなっている。

允恭天皇の死去年と先代（反正天皇）のそれとの差は 43 年である。一方、

古事記では25年である。つまりこれから分かることは、古事記に比べて日本書紀は允恭天皇の在位を20年長くしている（引き延ばしている）。この20年とこれまでの8年を合わせて28年分が允恭天皇の即位年、補正440年に反映されている。別の表現をすると、允恭紀はもともと21年（足かけ22年）であったが、これを20年水増しして41年（足かけ42年）として日本書紀を構成した、ということである。表を見れば分かるように、この28年シフト（水増し引き延ばし）は仁徳天皇の死去年まで続いている。なぜ28年の引き延ばしが必要であったのか、その理由は理解できていない。後で述べるように仁徳天皇即位のところで28年分の補正は解消することになるので、そこまでの間に原因があるのだろう。

　(2)　**仁徳天皇から神功皇后まで**：　仁徳天皇の在位は87年と記述されており、この不合理な年数はここから神功皇后のあたりに操作がある、という目印である。日本書紀によれば、仁徳天皇以後の天皇の在位期間は允恭天皇だけは41年（うち20年分は水増し）であるが、他は履中天皇5年、反正天皇4年、安康天皇3年、雄略天皇23年と極めて短い。それ以前の天皇の在位期間について調べてみると、仁徳天皇―応神天皇―神功皇后の3代で195年、垂仁天皇―崇神天皇の2代で168年となっている。若くして即位された昭和天皇でさえ64年の在位であった。ほかには中国清朝の康熙帝が61年、同じく乾隆帝が60年という記録がある。英国のエリザベス女王は1953年戴冠なので記録を更新するであろう。日本書紀の記述で、天皇の在位期間や年齢が不自然に長いところにはなんらかの作為があると見て、この年代操作がどのような手続きで行われているか検討してみることにする。

　試行錯誤の結果だけを述べると、神功皇后の摂政は33年で終わり、翌年（補正354年）から応神紀を始めておきながら（皇后65才、応神天皇34才）、神功紀はそのまま続け、神功69年の翌年に応神紀元年を接続させている。つまり、36年間にわたり2つの年紀が重複している。この方法は非常に巧妙で、自然な引き延ばしができる。つまり年紀がダブっている部分については、記事を適当にどちらかに割り振ることができるからである。ここで36年分の引き延ばしとなっている。

　仁徳紀（在位87年）の操作は上述とは異なる。仁徳68～86年は全く記

事がなく、その前も年代とは関係ない記事であり、仁徳紀の後半部分が引き延ばされた部分にあたることは見え見えである。このことを証拠としているわけではないが、私の仮説の傍証にはなっている。そこで後半56年分をカットした。逆の表現では仁徳紀はもともと33年であったが、56年分を水増しして日本書紀の仁徳紀87年を構成した。この処理によって累計（28 + 56）年となり前項の36年を合わせて干支一巡の年代操作となる。

　神功紀の終了年はあまり意味は無い。神功34年から神功69年（最後）までは引き延ばしに使われただけである。神功紀では14～39年に全く記事がないなど、引き延ばしの痕跡は十分うかがえる。しかしこの引き延ばし区間には、日本書紀の編纂者達が重要視した倭国の外交史が含まれている。

　卑弥呼と神功皇后： 注目すべきは神功摂政元年の201年である。そして神功39年c55（己未）（魏暦景初3年）に倭女王遣使の記事を魏志から引用している。これは239年（60×3 + 55 + 4）のことであり、1年の狂いもなく、魏志倭人伝の年代に合致している。ただし卑弥呼の上表文の日付はc54年（相当）だったのではないかと思う。渡海の季節はもちろん冬ではなく天候が安定する夏であったろう。そうだとすると、戦雲散りやらぬ帯方経由で上表文が洛陽に届くのは年が明けた正月過ぎであろう。遣使が2年か3年かという議論は、倭国のこと（文書の日付）か魏のこと（使の到着）か区別して論ずる必要がある。

　とにかく日本書紀の年代（非補正）239年は魏志の記述に合っている。神功39年の項に「魏志に云わく、倭の女王、太夫難斗米等を使わして」とあり、さらに神功40、43年にも、魏志に云わく、として引用がある。

　しかし日本書紀の編纂者達は魏志倭人伝を熟読・理解し、その上で、卑弥呼を神功皇后だとは断言せず、冷淡に、他人事のように倭人伝の引用に止めている。それならばこれまでの複雑な、無理に無理を重ねたような年代操作は何だったのか。たまたまこの年代に魏志倭人伝の記事が相当するので、引用してみた、というような軽い年代操作ではないことはこれまでに見てきたとおりである。

　しかも、倭の女王とか使節の個人名を挙げながら、魏志倭人伝のキーワード、倭王の名前（卑弥呼）と国名（伊都国、奴国、邪馬壱国など）を挙げないのはどうしたことであろうか。神功摂政39年は補正した場合にはc55 己未 359

年となり、全くの外れであるが、それだけに、日本書紀の暦年と魏志倭人伝記事の年代とを一致させようとする努力がおかしい。

　つまり、日本書紀の編纂者は倭国が近畿の王権の祖ではないことを十分に知っていたがために、このような引用の仕方になった、のであろう。もし倭国が近畿王権の祖であるという認識があれば、日本書紀執筆当時も文化・学術の先進国である中国と昔に交流のあった倭国を誇りこそすれ、冷ややかに扱う理由は全くない。つまり日本書紀は、邪馬台国の名で知られている倭国近畿説の日本における元祖でありながら、実はそれを信じていないと読解できる。大学入試を経験した人（私のこと）であればこれくらいの国語力・読解力・洞察力は持っている。さらに想像をたくましくすれば、日本書紀編纂当時、近畿にいた倭国を先祖とする部族が権力者（藤原不比等か）の意に適わない存在だったのかも知れない。皇国史観とともに天照大御神からの万世一系は崩れたが、中央政権一系は現在の方が盛んなようである。

　なお神功52年の記事に、七枝刀（ななつさやのたち）献上の記事があり、これは石上神社の七支刀とされ、干支から369年に作ったという銘が残されているという（岩波文庫本日本書紀（二）p.424 補注）。神功52年は私の補正では372年となる。そこでこれをつき合わせれば、369年（応神天皇在位中）に作られた刀が3年後の372年に献上されたことになる。また神功66年にも倭の女王の貢献の記事が引用されており、壱与を神功皇后にあてようとしている。これらは傍証に過ぎないが、私の補正法による年代と合致する。前にも述べたように、応神天皇が即位した後も神功摂政紀が論理的には続いているのでこのような記事となっている。卑弥呼は生涯独身、神功皇后は応神天皇の母であり、この想定に無理があることは十分理解されていたと思われる。それに対して壱与＝神功皇后説はデータがないだけに可能性はある。

倭の五王問題：　南朝宋書夷蛮伝倭国に倭の五人の王の外交記事があり、古くから注目されている。ここでは岩波文庫本（魏62p.の注）によって、421年讃、425年讃、〈讃死して珍（弥）〉、443年済、451年済、〈済死して興〉、462年興、〈興死して武〉、478年武、の記事を対象として年代を検討してみよう。なお〈　〉内は宋書の記述から年代が明らかでない内容である。なお岩波文庫

版の読み下し文は段落の切り方がすこしずれているのではないだろうか。歴史書なのだから、講談社文庫本のように頭に年代を示す記述が来るように段落を切るべきではないかと思った。

　日本書紀の年代そのままでは421年から453年までの間の全ての記事が允恭天皇の時代に相当する。これは宋書の記述内容とは異なる。また462、478年の記事はいずれも雄略天皇に相当する。これもおかしい。特に462年（雄略天皇在位中）の宋書の記事は天皇交代を述べている。つまり日本書紀の年代のままでは倭の五王の年代とは合致せず不合理である。このことから日本書紀は倭の五王の年代に対する配慮をせずに、卑弥呼との対比だけを重要視して、操作を行ったことがわかる。

　仁徳天皇の即位は補正397年、死去は補正427年であるので、421年讃、425年讃の記事の讃は仁徳天皇の晩年にあたる。443年、451年の済は允恭天皇である。その間の年代の記述がない〈讃死して珍〉は讃死して、とあることから補正428年ごろの記事であろう。したがって珍（梁書では弥）は履中天皇となる。反正天皇ではない。同様に〈済死して興〉の興は安興天皇で、補正463年ごろのことであろう。そして478年の武は雄略天皇である。日本書紀によれば、雄略天皇は補正478年以外にも活発な外交活動を行っていたようであり、有名な上表文は内容（兄と父の喪が明けた）からみて、補正466年ごろのものであろう。

　以上をまとめると日本書紀の補正年から判断して、讃＝仁徳天皇、珍（弥）＝履中天皇、済＝允恭天皇、庚＝安康天皇、武＝雄略天皇、となり、宋書の記述と矛盾は生じない。歴史にとって年代がいかに重要であるか理解できた。

　前に述べたように、日本書紀では、宋書の倭五王の年代についての配慮はなく、倭王卑弥呼と神功皇后を対比させるための操作が第一に求められた要件であった。しかしそのついでに武烈天皇の記事を挿入したために、日本書紀の年代と倭の五王の年代との対比が複雑に崩れてしまったのだ、と想像している。しかしこの想像に他の積極的な根拠はなく、私の仮説のような操作があったとすると、全ての記事が合理的に説明ができるということである。だから「想像した」、と私は述べている。ついでにもっと想像をたくましくすると、雄略天皇と武烈天皇は同一人物であり、悪逆な部分だけを取り出して、武烈天皇の記

事を創作したのではないだろうか。この記事の内容は歴史ではない。雄略天皇や武烈天皇に関する系図などからの検討はしていないので、専門家の検討を待ちたいところである。

　神功皇后までの年代引き延ばしの目的は、魏志倭人伝の記事と日本書紀を整合させるためである、ということで完全に理解できた。しかし、それ以前の年代についても引き延ばしが行われている。中国の歴史との整合性を配慮する必要があるのは、魏志までで十分なはずであるので、その目的は別にある。つまり神武天皇の即位を紀元前660年にもっていきたいのである。

　日本書紀が編纂されたころ（8世紀初頭）の時代観として、古墳時代は歴史時代、それ以前（つまり弥生時代）は神話時代と理解していたようである。崇神天皇・垂仁天皇の記事に、箸墓や纒向宮を作ったとあり、景行天皇を纒向に住む天皇と記述している。このことは風土記も同じである。つまり崇神天皇の代あたりから歴史（古墳）時代に入り、それ以前の9代（神武まで）は神話時代としている。現在では倭王卑弥呼の時代は弥生時代から古墳時代への移行期とされているが、その頃は全く異なる時代観であったことが分かる。倭王卑弥呼は、引き延ばし年代ではあるが、古墳時代に位置づけられている。

(3) 成務天皇から崇神天皇まで： 神功皇后と倭王卑弥呼を当てようという意図が達成されても、年代操作は更に遡って行われている。この期間で重要なことは倭王卑弥呼の外交が本当は日本書紀のどの時代に当たるかである。また日本書紀で最大の天変地異である崇神5年の記事と4章（気候）でふれる181年のタウポ火山噴火が対比できるかどうかの問題もある。後者は日本の歴史がローマ帝国の歴史や氷床コアのダストや硫酸性エアロゾル変化曲線と結びつくか、どうかという世界的編年の問題にまで発展する。

　宣化天皇（536～539）の元年の夏（5月）の記事（書紀（三）p.228）に冷夏と飢饉があったらしい、ことが述べられている。また倉の米を民を救うために移動させている。この天変地異は535年のクラカタウ大噴火による異常気象で世界各地に記録が残る（4章）。

　成務天皇は景行天皇と同じ干支の年（c7）に即位し、在位期間が同じことから、同じ干支の年（c6）に死去していることがわかる。さらに死去時の年

齢も1才違いに過ぎない。これはあり得ないことではないが、偶然にしてはかなり珍しいことである。しかも成務天皇は107才（古事記では95才）と異常に長寿である。異常な長寿は操作があるとの目印なので、この天皇は景行天皇のイメージだと考えた。あるいは神功紀と応神紀の関係のように、景行紀と成務紀の期間が全く重なっていると考えても良い。つまり、景行天皇の死去（c6、補正310年）の後に、1年の空位年を挟んで仲哀天皇の即位（c8、補正312年）と考えた。

　垂仁天皇の死去年も同じ干支（c6、補正250年）である。そこでここに60年分の引き延ばしの起点を置いたと推定した。垂仁天皇の在位は99年間であるから、即位はc28の年となる。つまり垂仁天皇在位期間のうち、c28からc6までの39年間が実質期間で、後半の60年分は景行天皇の在位期間と重ねられている。調べてみると、垂仁40～86年は記事が全くなく、その前後も歴史記事として重要事項はない。ここで60年分の引き延ばし（実は重ね合わせ）が行われたことは確かであろう。垂仁天皇の即位年（c28、補正212年）から逆算して、崇神天皇の死去年はc27（補正211年）である。死去が12月のため、空位1年ではない。ただし古事記ではc14（補正198年）とあり、この値をとると、垂仁天皇即位まで14年間ほど空位があったことになる。この方が後漢書の記述（倭国大いに乱れ、相伐し、暦年主なし）にはあう。

　崇神天皇の年令は140才（古事記では168才）、在位は68年と記述され、ここにも操作があることが確かである。しかし崇神天皇の即位の年を推定する手がかりは記紀にはない。引き延ばし操作のためにか干支が乱れていて、残念ながら逆問題として操作を復元（補正）できない。しかし、崇神5年の凶作とそれに続く年の政情不安は大気中のダストやエアロゾルによる日射不足と低温化という天変地異が原因であると考えてみた。次の年は豊作という記事があるので、2年間で回復したことになる。これは火山大噴火で成層圏に達したダストやエアロゾルの滞留時間と合致している。この噴火は4章（気候）で述べるニュージーランド北島のタウポ（Taupo）火山のものであろう（Global Volcanism Programなどのページ）。この火山はライオライト質のマグマの火山で、ガラス質の火山塵を成層圏まで吹き上げるタイプの大噴火（プリニー式）をする。181年とされる噴火の後は面積616km^{2}もある巨大なカルデラ湖に

成長している。1883年のクラカタウ大噴火を上回る噴火であり、その影響は歴史記録の多いクラカタウ噴火から推測できる。

この噴火は181年である可能性が大きいが、研究者の意見の一致を見ているわけではなく、177年説、186年説もある。いずれにせよ、地質学的にあるいはC-14法で噴火の年代をこの精度で決めることはできないので、歴史資料から推定することになる。古事記では「この天皇の御世に、役病多に起こりて、人民死にて尽きむとしき」とあり、年代は示されていない。日本書紀の応神天皇5年の記事がこれに相当するとすると、この噴火の年代を決定できる可能性が大いにある。ただし将来、日本書紀の記事でタウポ火山の噴火の年代を決めた場合、それを忘れてその年代で日本の歴史を語るような循環論にならないよう、心しなければならない。応神5年がタウポ噴火の年であることを他の独立した資料からも立証しなければならない。

長くなるが岩波文庫版の読み下し文をそのまま引用する。「五年に、国内に疾疫多くして、民死亡れる者有りて、旦大半。六年に、百姓流離へぬ。或いは背叛くもの有り。その勢、徳を以て治めむこと難し。〈中略〉七年〈中略〉疫病始めて息みて、国内漸に謐りぬ。五穀既に成りて、百姓饒ひぬ。」

つまりこの天災は崇神5年の収穫期以前の春か夏に起こり、影響は6年まで続いたが、崇神7年は春から回復していた、と読める。

中国の歴史記録では次の通りである。随書と北史列伝は2次資料であろう。

  魏志倭人伝:「その国、本もと男子を以て王となし、住まること、七、八十年。倭国乱れ、相攻伐すること暦年」

  後漢書東夷列伝:桓帝—霊帝の治世（146〜189）

  「桓・霊の間、倭国大いに乱れ、相伐し、暦年主なし」

  梁書諸夷伝東夷:霊帝の光和年間（178〜184）

  随書東夷伝倭國:桓帝と霊帝の間

  北史列伝倭国:霊帝の光和年間

年代測定法: 黄巾の乱（184）の原因（きっかけ）がタウポ噴火による天変地異にあるとすると、186年説は除外される。梁書が最も限定的な年代を与えているが、これが正しいとすると、177年説も186年説も除外される。

なおタウポ火山噴火の最も新しい研究はオンライン・ジャーナルの形で見ることができる。Alan Hogg らの研究（2012.03.14 版）によれば、グリーンランド氷床で年縞を数えた年数（AD181 ± 2）や中国の歴史書による AD186 という推定年代は受け入れがたいとして、加速器を用いた測定値として 232 ± 5 年（1718 ± 5 cal.BP）という値を提出している（補正には wiggle-matching 法を採用、詳しくは中村、1999、2001 などの専門文献参照）。ここで BP とは 1950 年を基準とする年数の測り方で、cal. とは C-14 濃度の変遷を年輪などから補正して、素の C-14 測定値をカレンダー年に適合させたという意味である。古い文献ではこの補正がなされていない値（cal. と表記がない値）が記述されているので暦年との比較に際しては、注意が必要である。つまり専門家に補正値を教えて貰う必要がある。暦年と cal.BP は直線的な関係ではないので、変換プログラムがある。さらに回帰線の小さな凸凹まで考慮に入れて補正する wiggle-matching という補正法も提案されている。ついでにいうと、±の値は単純に誤差の範囲を示しているのでは無く、ランダム現象である放射性炭素（C-14）の崩壊数を標本として数えるとき、その崩壊数分布の平均値と統計的閾値（標準偏差 σ あるいは 2σ 相当の年数）を示している。厳密な定義を定性的な言説で壊したくはないが、±で示される端の値よりは平均値の方が当たっている可能性が大きいといえる。以上の C-14 年代測定法については、自分でも大学でラボを運用してきた専門家、日本大学文理学部教授であった小元久仁夫氏のアドバイスを得た。

　Alan Hogg らは北半球と南半球の C-14 の濃度差（つまり後世測定すると異なる値となる）まで考慮に入れ、新しい補正法を用いて、自信のある値であるとしているが、232 ± 5 年という値はまだ広く受け入れられた値ではないようである（要するに極く最近提出されたデータである）。また南半球の大気は北半球のそれと比べて、南極氷床の存在と海洋循環（大気と海洋の CO_2 交換）パターンが異なるので、その濃度差がどれぐらいになるのか、など細かい点になるとまだ未解決の問題がある。要するに湧昇流で古い有機物が供給されると C-14 濃度が下がる。つまり測定値が古く出る（南半球で数十年）、とされてきた。

　しかし地球温暖化問題に関係して、炭素循環や炭酸ガス濃度が各地で詳しく観測されるようになった。地球上の炭酸ガス濃度の季節変化は主として北半球

で生成され（夏に低くなる）、直ちに南半球に振幅を減少しながら伝播する。大ざっぱに言えば、南半球は炭酸ガスの海洋への吸収地域に当たっている。南北半球間の大気の攪拌はかなり速い。南半球の補正を過大に行ってきた可能性もある。

　年輪編年法は木材が残っている考古遺跡の年代測定には威力を発揮すると思われる。ただし、いくら相対的な年数が数えられても、気候変動が小さい（異常気象がない）期間が長く続いた場合は年輪幅が一定になるので、原理的に適用（標準曲線のどこに適合するかの判定）が困難となる。ヨーロッパ・日本・北アメリカは3波長時の偏西風蛇行の影響を同時に受けやすいので、共通の標準年輪生長曲線が適用できるかもしれない。しかし現在の気候の年々変動から判断して、日本列島の場合、位相が少しずれると、西日本高温干ばつ、東日本冷温多雨など逆相関になるような地域差が生じる年が現実にある。熱帯・亜熱帯地域の大陸・海洋規模ではエルニーニョ異変の発生（数十年に1度程度）が位相は逆だが広域気候変動の同時性相関として、年輪に残るかもしれない。それより長い気候変動は樹木の一生と重なるので年輪では検出できない。年輪年代学発祥のアリゾナでは乾燥地帯に稀に侵入してくるハリケーンがタイムマーカーとなっている。

　181年（232年説も紹介した）と535～6年のような天変地異（異常冷夏・日照不足）こそ、年輪生長曲線には絶好の広域タイムマーカーである（欠損が生じるかも）ので、それを取り入れた年輪編年が期待される。181年（232年）と535年を期間に含みながらマーカーとして注目していない年輪年代分析の成果は当分保留しておいても良い、というのが私の意見である。縄文貝塚のハマグリにはどの季節に採取されたのか分かるほどの年輪がある。ただしその貝がいつの時代のものかは分からない。

　C-14年代による編年については、第四紀学・地形学ではその受容について大きな議論が数十年前にあった。しかし現在では散在するC-14測定値と関係付けられ、広域に分布するテフラ（火山灰層）を指標として、遠隔地であっても同時性に基づく精緻な編年が行われるようになっている。それまでは、地層の上下関係、地形の高低などに基づく地方毎の相対的編年だけであった。したがって広域編年は別の方法（気候変化・海面変化・地殻運動）によっていたの

で、広域対比の同時性は循環論を免れなかった。

崇神5年の天変地異： ここではまず、タウポ火山の噴火を従来通りAD181年として話を進める。なお氷床コアの専門家で極地研究所所長であった藤井理行氏が同じ南半球の噴火ということで、日本が誇るドームふじコアで探してみる、ということで楽しみにしている。181年か232年かこの50年差は氷床コアでは分離できる年数である。

後漢安帝（106～125）永初元年（107年）10月倭の使が洛陽に到着しているが（九州を梅雨前に出港か？）、それを送り出した倭国王帥升（魏p.57）が魏志倭人伝の男王らしい。その74年後に181年の天変地異に遭遇したということになり魏志倭人伝の記述（70、80年して倭国乱れ）にはよく合う。補正した年代で見ると、倭国王帥升は崇神天皇（177年即位として）の2代か3代祖の天皇に当たる。在位期間引き延ばし操作のために干支が崩れているので、年令だけが推定の根拠であり、確度は低い。

日本書紀を通じて、このような天変地異は崇神5年の記事しかない。記事が具体的であることから中国の歴史書などの引用ではないと判断している。またこの年代（補正後）は魏志倭人伝の「倭国乱」に相当するが、日本書紀の記事を読む限りこの天変地異は2年で回復しており、軍事を伴う政治的大乱ではないようである。ただし「倭国乱」をそのように解釈する歴史書も多く、考古遺物・遺跡に結びつける解釈もある。年代があやふやな記述が、様々な解釈の「歴史」を生む実例である。

崇神天皇の即位年についてはc20という干支の記述（日本書紀）があるが、これは144年（84年、204年も要検討）であるので適合しない。年代操作のため干支が狂っているのが残念である。死去年については前に述べたように、崇神68年c26（210年）という干支データがあり、古事記ではc14（198）というデータがある。この差はどうして生じたのか、数独パズルの達人である（?）著者が長時間考えたが、うまい解は得られなかった。新しいデータが加わらない限り、崇神元年は177年であり、4年後つまり崇神5年にタウポ大噴火があった、という循環論を抜け出すことはできない。ただしこの確度はかなり高く、そのうち循環論を抜け出せる他の証拠が見つかるだろうと期待している。

崇神5年記事がタウポ噴火232年であった場合の検討： 自然科学では新しい説の提出は過去の説をふまえてなされることが多いので、結果として正しいことが多い。私も新しいもの好きである（もの好き、と読まないこと）。タウポ大噴火を Alan Hogg らの提唱する新しい年代232年として、日本書紀の記事における前後の整合性を検討してみよう。崇神5年は動かせないので、崇神元年は228年となる。箸墓造営は補正237年、死去はc14、補正258年となる。つまりこの間に卑弥呼の外交（239〜247）が入る。この場合卑弥呼のパートナー（男弟）は崇神天皇だったことになる。それ以後は表1-2でそれぞれの補正年代が干支一巡だけ繰り下げとなる（新しくなる）。それぞれ補正年代で垂仁天皇は272〜310、景行天皇は311〜370、仲哀天皇は372〜380となる。

ここで干支一巡の補正の余地はなくなってしまう。そこで仁徳天皇は応神天皇の別人格だとして、これに吸収させ、さらに在位期間が同じ履中天皇は反正天皇と並立していたかあるいは、イメージと考えた。つまり、日本書紀では仁徳紀と履中紀がそれぞれの天皇のイメージとしてここに挿入され、年代引き延ばしに寄与したと考えた。このようにすると、以後は允恭紀に無理なく連なる。想像をたくましくすれば日本書紀の編纂者達は履中天皇の系列を評価し、允恭天皇から武烈天皇の系列を悪徳のために滅びる例としたかったのかも知れない。

タウポ噴火232年説に基づく、この年代操作復元試案はかなり大胆である。各天皇紀の記事の内容や系図での検討は一切行っていないので、自信は全くない。数合わせだということは十分承知した作業仮説である。またこの仮説はタウポ大噴火232年説と運命共同体である。今後の年代測定の結果に注目したい。

倭王卑弥呼の同定説の検討：「卑弥呼即ち倭迹迹日百襲姫」という古い時代の説があるというのでそれも検討してみよう。倭迹迹日百襲姫の父とされる孝霊天皇は崇神天皇（211年没）の3代前であり、循環論であることを承知で、崇神5年がタウポ噴火の年（c57すなわち181年）と仮定すると、倭迹迹日

百襲姫（崇神10年死去）が248年（c4）ごろ死去の卑弥呼に当たる可能性はないといえる。

また古事記で大帯日子淤斯呂和気命（おほたらしひこおしろわけ）（景行天皇）の下の下の同母の妹に倭比賣命（やまとひめ）の名がある。姉はいない。日本書紀では垂仁15年に倭姫とあり、同25年の記事ではアマテラスや伊勢神宮との関係が述べられている。この倭姫も年代から卑弥呼に当たることはない。

ここで、日本書紀における年紀引き延ばしについてまとめておこう。第一の目的は魏志倭人伝の卑弥呼の記事を神功皇后に当てること、第二の目的は神武天皇の即位を天智天皇の即位より1320年前（つまり皇紀元年）に設定したかったこと、の2つである。

年代を引き延ばす手法は2つあるようである。①架空（イメージ）の天皇紀を挿入する。武烈紀や成務紀がこれに当たると思われる。後者のように在位期間が60年の場合は干支が変わることはない。②在任期間を水増しする。これは前後する天皇紀を並立させておいて、後で一本につなぐというテクニックである。神功紀と応神紀、応神紀と仁徳紀などがその例であろう。並立された両方の天皇紀は適当に配分された記事で埋まっている。なぜこんなことができるかというと、歴史書とはいいながら日本書紀の記事は誰の業績でも何時のことでも通ずるような記事（要するに非歴史的記事）が大半だからである。魏志倭人伝など中国正史とされる歴史書と比べると、的確に表現するのは難しいが、しまりがないというか、だらしないというか、とにかくキビキビしたところが何もない文章で、どうでも良いような内容が語られている、という印象をうける。

なお、2天皇紀並立といっても、片方の記事が薄い（記事がほとんど無い）場合はその天皇紀の単独引き延ばしかもしれない。当事者でない限りは区別はできない。崇神紀・允恭紀・仁徳紀の後半などがこれに相当する。2天皇紀並立を見つける方法は、少なくともこのテクニックを使っていない古事記の干支と日本書紀の干支に注目して、2天皇紀間の年数を調べてみることである。

結局、継体天皇から崇神天皇までに300年の引き延ばしが行われた。崇神天皇から神武天皇までの間にも在位が70年を越えるケースが4例あり、240年の引き延ばしが明示的である。また在位が60年近いケースが2例あり、結局、

都合引き延ばしは合計660年分となり、紀元前660年に神武天皇が即位したことになる。前に述べたように、このように規則正しく年紀が復元できるのは、天智天皇の即位を基準にその時点から干支を過去に配したからである。歴史的事実とは関係ない。

さらに想像をたくましくすれば、この年代操作は暗算ではなく、ビジュアルに行われたらしい。例えば、60年おきに目盛りを付けた1320年分の長さの紐を用意する。それを天皇の年紀に合わせて切断し、歴史的記録や文献に合うように、それを使わないことにしたり（60年分）、60年分平行に重ねて置いたりして、さらに位置を調整したりして（半端な年数の時）、記事の辻褄合わせをおこなった。それができた段階で、それぞれの紐を元通りに置けば、実際の660年分の歴史が1320年分となるというわけである。この（ビジュアル）図解法を用いたのではないかと気がついた時から、私は日本書紀の編纂者に親しみを覚えるようになった。

表1-2、1-3で示すように、日本書紀における年紀引き延ばしの手法は解明できた。しかし（3.11後しばしば耳にした口調で言うと）このことは復元した記述が正しいということを直ちに意味するものではない。しかし、日本書紀は小説ではないので、年紀はともかく、記述内容には大きな改竄がないという仮定で、もう少し検討を進めてみよう。

卑弥呼の時代は垂仁天皇のそれと一致する。魏志倭人伝に出てくる同時代の男性は、伊都国王と倭国王卑弥呼のまつりごとを助ける男弟である。この2人が同一人物かどうかは記述にない。しかし垂仁天皇は、年代だけが根拠であるが、この2人のいずれかである可能性がある。それにしても垂仁天皇は80才まで生きたことになるので、その姉ということでは晩年は二人とも後期高齢者である。倭人伝の卑弥呼の死去は248年頃で、垂仁天皇の死去はc6すなわち250年と推定される。わずか2年差であるが、2人が共に不慮の死を遂げたという解釈をしなくても良いと、まもなく後期高齢者に仲間入りする私は考えている。日本は昔から敬老の国であると信じているからである。

ただし、卑弥呼の倭国王就任はたぶん伊都国王の就任とセットではなかったかという私の思い込みを根拠とすると、垂仁天皇が41才で即位（212年）したころ、倭王に就任した卑弥呼は経験も知力も霊力も持ったいわゆるアラ

フォーだったのではないだろうか。妖艶な女王卑弥呼というイメージがあるとしたら、それは邪馬壱国女王時代のことであろう。さらに想像を重ねればその少女時代に181年の天変地異を邪馬壱国で経験していることになる。

さらに想像を逞しくすれば、魏志倭人伝の「諸国を検察せしむ。諸国これを畏憚す」の一大卒という役目についていたのは各国を巡回して従わないものを誅殺し廻っていていたヤマトタケルではないだろうか。補正された年号に即していえば、タケルは252年に生誕し293年（景行43年）に死去しているが、もちろん卑弥呼より後のことである。古事記や風土記を読めば、ヤマトタケルが誅殺していたのは、掘り下げ式掘っ立て小屋に住み、稲作をせず、したがって租を払う必要があることを理解しない人、理解したくない人で、縄文的生活様式に固執していた人々であったことがわかる。これは価値観の異なるものへの差別と迫害である。これは国と国の争いではなく、階層や階級間の争いでもない。もちろん奈良盆地のヤマト政権による九州武力平定の話しではない。

古代史の有名人卑弥呼と記紀の有名人ヤマトタケルが、私なりにぼんやりながら結びついたと言うことで、この長い夢話しは終わりとしよう。

第2章 魏志東夷伝倭人を読む

　通称「魏志倭人伝」は2000字くらいの短い文書であるので、次に全文を載せ、段落ごとに番号をつけ、句読点を入れた。段落内の語句ごとに後で参照することを考え、該当箇所を示すために（　）内に番号をいれた。段落・句読点をいれることは原文に対する私の解釈でもあるので、その点はご理解願いたい。したがって原文ではない。漢字もワープロの関係で一部変わっているかも知れないので厳密さはない。

1. 倭人在帶方東南大海之中、（1）依山島爲國邑
2. 舊百餘國、（1）漢時有朝見者、（2）今使譯所通三十國
3. 從郡至倭循海岸水行、歷韓國、乍南乍東到其北岸狗邪韓國
4. 七千餘里始度一海、千餘里至對海（馬）國、（1）其大官曰卑狗、副曰卑奴母離、（2）所居絶島、（3）方可四百餘里、（4）土地山險、多深林、道路如禽鹿徑、（5）有千餘戸、無良田、食海物自活、（6）乘船南北市糴
5. 又南渡一海千餘里、名曰瀚海至一大國、（1）官亦曰卑狗、副曰卑奴母離（2）方可三百里、（3）多竹木叢林、（4）有三千許家、（5）差有田地耕田猶不足食、（6）亦南北市糴
6. 又渡一海千餘里至末盧國、（1）有四千餘戸、（2）濱山海居、（3）草木茂盛行不見前人、（4）好捕魚鰒水無深淺皆沈沒取之
7. 東南陸行五百里到伊都國、（1）官曰爾支、副曰泄謨觚柄渠觚、（2）有千餘戸、（3）世有王、（4）皆統屬女王國、（5）郡使往來常所駐
8. 東南至奴國百里、（1）官曰兕馬觚、副曰卑奴母離、（2）有二萬餘戸
9. 東行至不彌國百里、（1）官曰多模、副曰卑奴母離、（2）有千餘家
10. 南至投馬國水行二十日、（1）官曰彌彌、副曰彌彌那利、（2）可五萬餘戸

11. 南至邪馬壹國、女王之所都、水行十日、陸行一月、(1)官有伊支馬、次曰彌馬升、次曰彌馬獲支、次曰奴佳鞮、(2)可七萬餘戶
12. 自女王國以北其戶數道里可略載、其餘旁國遠絶不可得詳
13. 次有斯馬國、次有己百支國、次有伊邪國、次有郡(都)支國、次有彌奴國、次有好古都國、次有不呼國、次有姐奴國、次有對蘇國、次有蘇奴國、次有呼邑國、次有華奴蘇奴國、次有鬼國、次有爲吾國、次有鬼奴國、次有邪馬國、次有躬臣國、次有巴利國、次有支惟國、次有烏奴國、次有奴國
14. 此女王境界所盡
15. 其南有狗奴國、(1)男子爲王、其官有狗古智卑狗、(2)不屬女王
16. 自郡至女王國萬二千餘里、(1)男子無大小皆黥面文身、(2)自古以來其使詣中國、皆自稱大夫、(3)夏后少康之子封於會稽、斷髪文身以避蛟龍之害、(4)今倭水人好沈沒捕魚蛤、文身亦以厭大魚水禽、(5)後稍以爲飾、諸國文身各異或左或右或大或小、尊卑有差
17. 計其道里當在會稽東治(冶)之東、(1)其風俗不淫、男子皆露紒、以木緜招頭、其衣横幅但結束相連略無縫、(2)婦人被髪屈紒、作衣如單被、穿其中央貫頭衣之、(2)種禾稻・紵麻・蠶桑・緝績、出細紵・縑緜、其地無牛馬・虎・豹・羊・鵲、(3)兵用矛・楯・木弓、木弓短下長上、竹箭或鐵鏃或骨鏃
18. 所有無與儋耳朱崖同、(1)倭地温暖、冬夏食生菜、(2)皆徒跣、有屋室、父母兄弟臥息異處、以朱丹塗其身體、如中國用粉也、食飲用籩豆、手食(3)其死有棺無槨、封土作冢、(4)始死停喪十餘日、當時不食肉、喪主哭泣、他人就歌舞飲酒、已葬舉家詣水中澡浴以如練沐、(4)其行來渡海詣中國、恆使一人不梳頭、不去蟣蝨、衣服垢汚、不食肉、不近婦人、如喪人、名之爲持衰、若行者吉善共顧其生口財物、若有疾病遭暴害便欲殺之、謂其持衰不謹、(5)出眞珠・青玉、其山有丹、(6)其木有柟・杼・豫樟・楺・櫪・投・烏號・楓香、其竹篠・簳・桃支、有薑・橘・椒・蘘荷、不知以爲滋味、有獼猿・黒雉、(7)其俗舉事行來有所云爲、輒灼骨而卜以占吉凶、先告所卜、其辭如令龜法視火坼占兆、(8)其會同坐起、父子男女無別、人性嗜酒、見大人所敬但搏手以當跪拜、(9)其人壽考或百年或八九十年、(10)其俗國大人皆四五婦、下戸或二三婦、(11)婦人不淫、不妒忌、不盗竊、少諍訟、(12)其犯法輕者没其妻子、重者滅其門戸及宗族、(13)．尊卑各有差序、

足相臣服

19. 收租賦有邸閣、(1) 國國有市交易有無、使大倭監之、(2) 自女王國以北特置一大率檢察諸國、諸國畏憚之、常治伊都國、於國中有如刺史、(3) 王遣使詣京都・帶方郡・諸韓國、及郡使倭國皆臨津、搜露傳送文書賜遺之物詣女王、不得差錯、(4) 下戶與大人相逢道逡巡入草、傳辭說事或蹲或跪兩手據地、爲之恭敬、(5) 對應聲曰噫比如然諾

20. 其國本亦以男子爲王、住七八十年倭國亂、相攻伐歷年、乃共立一女子爲王、(1) 名曰卑彌呼、(2) 事鬼道能惑衆、(3) 年已長大、無夫壻、(4) 有男弟佐治國、(5) 自爲王以來少有見者、(6) 以婢千人自侍、(7) 唯有男子一人給飲食傳辭、出入居處 (8) 宮室・樓觀・城柵嚴設、(9) 常有人持兵守衞

21. 女王國東渡海千餘里、復有國皆倭種、(1) 又有侏儒國在其南、人長三四尺、去女王四千餘里、(2) 又有裸國黑齒國復在、其東南船行一年可至

22. 參問倭地、絕在海中洲島之上或絕或連、(1) 周旋可五千餘里

23. 景初二年六月、倭女王遣大夫難升米等詣郡、求詣天子朝獻、(1) 太守劉夏遣吏將送詣京都

24. 其年十二月詔書報倭女王曰、「(1) 制詔親魏倭王卑彌呼、帶方太守劉夏遣使送汝大夫難升米次使都市牛利、奉汝所獻男生口四人・女生口六人・斑布二匹二丈、以到、(2) 汝所在踰遠、乃遣使貢獻、是汝之忠孝、我甚哀汝、(3) 今以汝爲親魏倭王、假金印・紫綬、裝封付帶方太守假授、(4) 汝其綏撫種人、勉爲孝順、(5) 汝來使難升米・牛利涉遠道路勤勞、(6) 今以難升米爲率善中郎將、牛利爲率善校尉假銀印・青綬引見勞賜遣還、(7) 今以絳地交龍錦五匹、絳地縐粟罽十張、蒨絳五十匹、紺青五十匹、答汝所獻貢直、又特賜汝紺地句文錦三匹・細班華罽五張・白絹五十匹・金八兩・五尺刀二口・銅鏡百枚・眞珠鉛丹各五十斤、皆裝封付難升米牛利、(8) 還到、錄受悉可以示汝國中人、使知國家哀汝故鄭重賜汝好物也」

25. 正始元年、太守弓遵、遣建中校尉梯儁等奉詔書印綬詣倭國、(1) 拜假倭王幷齎詔賜、金・錦・罽刀鏡采物、(2) 倭王因使上表答謝詔恩

26. 其四年、倭王復遣使大夫伊聲耆・掖邪狗等八人、上獻生口・倭錦・絳青縑・緜衣・帛布・丹・木弣・短弓、(1) 矢掖邪狗等壹拜率善中郎將印綬

第2章　魏志東夷伝倭人を読む

27. 其六年、詔賜倭難升米黄幢、付郡假授
28. 其八年、太守王頎到官
29. 倭女王卑彌呼與狗奴國男王卑彌弓呼、素不和、(1) 遣倭載斯烏越等詣郡、說相攻擊狀
30. 遣塞曹掾史張政等因齎詔書・黄幢拜假難升米、(1) 爲檄告喩之
31. 卑彌呼以死、大作冢徑百餘步、徇葬者奴婢百餘人
32. 更立男王、國中不服、更相誅殺、當時殺千餘人
33. 復立卑彌呼宗女壹與年十三爲王、國中遂定
34. 政等以檄告喩壹與
35. 壹與遣倭大夫率善中郎將掖邪狗等二十人、送政等還、(1) 因詣臺獻上男女生口三十人、貢白珠五千孔・靑大勾珠二枚・異文雜錦二十匹

　学生時代必修のドイツ語の勉強をサボり、一行に2つか3つか知っている単語があれば、独文和訳の問題を「次の語句を用いて作文しなさい」という国語（大学では科目はないが）の問題として、とにかく卒業できた私の語学的洞察力（？）を信じて、この漢文に注記を入れてみよう。
　1. の倭人は倭国あるいは倭の地（自然地名）の意味であろう。倭人が韓半島や倭国の東にもいることは知られている。1 (1) 山島は中国語であるが、和語でヤマ・シマと読むことができる。国名にこの音が使われている。したがって 13. の邪馬・斯馬の字はこのまま和語として読める。こういう成語があるかどうかは分からないが、山島は山がちの島の意味であろう。
　3. の従郡至倭の倭は倭国のことで、それを受けて、其北岸とは倭国の北岸である。したがって狗邪韓国は島国である。大陸の中の国であるなら北岸とはいわない。後で述べるように対馬対岸の巨済島(ユジェ)のことであろう。3. と 4. の段落の位置は微妙である。直線でない航路、つまり半島の西側をまわる航路の記述のようにもとれるが、（帯方）郡から狗邪韓国までの直線距離が 7000 余里という記述である可能性もある。あとで検討することにする。
　4. の語順の記述文は 5. 6. 7. と共通である。ただし 4. と 6. については方位の記述がなぜないのか、あとで考察する。6. については往路の記述なら (4) の次に (3) がくる方が自然である。つまり、海岸から山道に入った

ことになる。(3) の次に (4) では、山道を抜けると視野が開け海岸に出た、となり、これは帰路の記述のようである。

　7 (3) 唐突に定義もなく女王国とあるが、ここは文脈から倭国という意味である。7 (5) の記述は帰国する魏（郡）使が渡海のために順風（季節）待ちすることが含まれているだろう。魏使がここから先の国に行ったかどうか、これは問題である。要するに、伊都国を通過地とみてさらに先の国と往来したのか、郡からの往来の端点かという問題である。私は後者だ思っている。東京で天皇や首相と会見した外国の使節団がその後京都見物に出かけようと、歴史に残るのは外交行事が行われた東京訪問だけである。倭国王（卑弥呼）は当時首都であった伊都国にいた、というのが私の考えである。僻地である 11. の邪馬壱国で外交行事を行っていたとするのは不合理である。

　また伊都国から先の 8. 9. 10. 11. の国までは、方向＋「至」＋地名＋距離（時間距離）、という順の記述となり、5. から 7. までの順、方向＋距離＋「至」＋地名、と異なる。また倭人伝は魏使の倭国見聞録という性格があるが、明らかに地名と結びついた「見」があるのは、伊都国までの対馬・壱岐・末蘆だけである。伊都国から先は「聞」の事項だけである。

　8. の奴国、9. の不弥国は伊都国の近く（相互に 100 里程度の距離）であるので、次の国へはどこが起点でも大差はない。問題は、投馬国の先に邪馬壱国があるのか、それとも同じ起点からだとすると邪馬壱国の方が投馬国より近いことになるが、それでよいか、である。私は 8. 9. 10. 11 の国へ至る起点は同じで伊都国だと思っている。これについては後の章で詳しく検討することにするが、倭人伝の文章からいえば、5. と 6. のように、明らかに順次経路の場合は、段落の頭に「又」という語を置いて書き始めている。

　11. の「女王之所都」という文は「女王が都としていた所」と過去形に読んだ。この時代の漢文には過去形はない。文脈から察して過去のできごとのときは和訳するとき過去形で表現しなければならない。記述によれば邪馬壱国に王はおらず、官（役人）だけである。つまり卑弥呼は邪馬壱国の（女）王であったが、倭国の（女）王となり、邪馬壱国を離れ伊都国に住むようになった。倭国王になったとき、邪馬壱国の王を辞任したのかどうか、記述では分からないが、少なくとも邪馬壱国にはいないので記述がないのだろう。したがって、邪馬壱国

で外交が行われたはずはない。

　12. の女王国は、この場合倭国ではなく邪馬壱国である。ここまで記述してきた諸国は全て倭国の国々であるが、「この北」を倭国の北とすると対馬の北あるいは韓半島になってしまう。これは不合理である。ここでは女王国の定義はなくても、邪馬壱国のことでしかあり得ない。

　13. の国名の記述方法は特徴がある。次有「地名」、と必ず「次」という語を頭に置いている。これは11（1）で4つの官職を順序よく挙げるとき、「次」という語を置いているのと同じである。つまりここの部分の国名は空間的にとびとびに記述されているのではなく、何らかの原則にしたがって順序よく並んでいると考えた。

　14. の「此女王境界所盡」は変な文章であるが、「此」とは直近に記述した奴国をさし、女王を倭国の意味で用い、倭国に属する奴国の先の境界という意味であろう。魏志の著者陳寿は頭脳明晰な人だという感じを受けるが、独自の国土・国民を持たない倭国という国の体制（30ヶ国には入らない）や中国にはいない女王の存在だけは理解ができず、（倭国の）女王という言葉の使い方はかなり乱れている、という印象を受ける。邪馬壱国即ち女王国は成り立つが、逆の女王国即ち邪馬壱国は成り立たない用例があることに留意すべきだろう。

　15. の其南とは直近に記述した境界の南という意味である。つまり、奴国の南に境を接して狗奴国がある、と理解するのが自然である。15（2）の不属女王、とは女王国（＝倭国）に属さず、という意味で、もちろん邪馬壱国に属さず、ではない。

　15. と16. の段落の切り方については、地理の記述ではまず場所の特定が行われるべきだと考えた。つまり距離の記述は16. の段落の冒頭であるとした。歴史で時代＋記述となるのと同じである。郡から女王国まで万二千余里という記述文は3. と同じ語順で、実際に旅行した4. 5. 6. 7. のそれとは異なる。つまり別のデータソースに基づく値であることがわかる。しかし孤立した記述であるので、この女王国が邪馬壱国のことか倭国のことか、文脈からはわからない。しかし16（5）諸国文身各異—とある諸国とは倭国の各国のことであろうから、ここでは倭国としておく。

　17. でも「其」とか「其地」は倭国のことであろう。18. で比較している

のは倭国（地）の物産である。ところが 19（2）の「自女王国以北」は 12. と同じ文で、ここは倭国の北、ではなく邪馬壱国の北、である。したがってここの諸国とは倭国の国々である。19（3）の王は伊都国王か倭国王である。ここでは王と女王が使い分けられているような記述となっている。しかし外交を行ったのは卑弥呼なので、19（3）の王は倭国王（卑弥呼）でなければならない。

20. の其国は倭国である。邪馬壱国で女王に共立されたのではない。20. の（各項）の記述は国土を持たない倭国のことである。そして倭国の宮室・楼観などの（連合国としての）施設は論理的に伊都国にあった、ことになる。20（4）の国は倭国のことであるので、男弟の伊都国王が倭国の政治を助けたのか、男弟はそれとは別人なのか、分からない。また 20（7）の男子一人は誰か、7（1）伊都国の役人：爾支、副日泄謨觚・柄渠觚との関係はどうなっているのか、全く記述はない。著者陳寿はこのあたりのことを全く理解していない、だから書けなかったのであろう。ただし嘘は書いていないと思われる。

21. の女王国とは広域にわたる倭国のことではなく、ここでは邪馬壱国のことであろう。例えば、韓国は日本の北、ではなく九州（日本の一部）の北にある、と記述されることと同じである。21（1）（2）は「又」が段落の頭にあるので、5. と 6. と同じように、順次読みをすべき所である。そんな国があるかどうか、もちろん後で検討する。

22. の倭地は九州島という意味である。この部分の記述は周囲に島があるので、どこまでを倭地とするか定かでない、という言い訳であろう。この一文を読んだだけで、倭がヤマト（近畿）ではないことは明白である。

23. と 24. には年と月の記述がある。魏の洛陽と伊都国（倭国首都）は 24（2）にあるように非常に遠路であり、片道数ヶ月もかかり、しかも渡海の季節も選ばなければならない。したがって外交使節団の往来を考察するときは、このことを考慮する必要がある。25. 26. 27. 28. のように 2 年に 1 回応接する位が精一杯であろう。つまり卑弥呼は間を置かず熱心に外交を行ったということである。

31.卑彌呼の墓を魏使は観察している、と解釈している。

第3章　九州島の地形

　たぶん山に興味を持っていた縄文人と違って、一部の弥生人は稲作に適した平野それも海岸の湿地にしか興味が無かったと思われる（かりに湿地族）。そのころ海で生活する人々（かりに海原族）にとっては陸地の高い山は地標(めじるし)であり、陸に上がっても同じ技術で国見をしながら山を畏れず歩き回っていたであろう。海の航法と山（尾根）歩きはおなじ位置決定法によるからである。なおこれから用いる「海原族」の定義は漠然としたものであるが、読んでいただければ何を意味するか分かっていただけると思う。海原族は同時に（というよりは季節的には）山の民でもある、というのが私の基本的な考え方である。（この章を読む方は社会科地図帳などを手元において下さい。地図は読めるなら文章より雄弁です）

　海原族が見た九州の地形：　海原族にとっては海が道である。ただし磁石がなく天文航法を知らない時代には海から見える地標によって航海する。これを地文航法というが、これについてはあとで述べる。出発地であり到着地である港の立地条件は波が静かで後背地として平野が必要である。そこは目的地であったり、水や食料の補給地である。海原族は港の住民と友好関係を持とうとする。いくら地形条件が良くても無人の単冠湾に集結するのは上陸の必要が全くなかったハワイに向かう軍船団だけである。　まして敵対関係にある人々が住むところは地形とは関係なく海原族にとっては港がないと同じでことである。

　海原族にとっての生活圏として陸地を捉えるとき、磯浜と砂浜という海岸線地形の2大分類が重要であろう。砂浜は砂地に棲む貝類が採取できるくらいで、いわば砂漠である。砂浜の背後には湿地や中州があり、低湿な平野が広がるが、

海原族にとっては興味のない地域だったであろう。それに対して磯浜は岩に付く貝や魚の漁場である。白郎子（海女さん）が活躍する空間である。

　九州島で磯浜が広く分布するのは九州山地が海に没するところである。宮崎県北部から大分県南部の海岸、および天草諸島周辺（八代海）の海岸である。また筑紫山地が西に没するところ、西彼杵半島・平戸島・北松浦半島・東松浦半島・壱岐島付近にも磯浜の分布が広い。これらの地域は典型的な海原族の生活圏である。さらにその生活圏は、東につながる瀬戸内海の海岸、海を隔てて北西に当たる朝鮮半島の南西部海岸、九州島から南西に連なる奄美・沖縄諸島などと一体であり、日本という地域概念がなかった時代の広域生活文化圏としてとらえることができるだろう。

　それに対して山はどうか。海原族は山には定住しないので山地斜面の焼き畑が最適の土地利用となる。粗放的に焼き畑で農業を行い、他の季節は海で仕事をして、畑の収穫期にだけやってくれば良い。木の実や禾本科の穀物の収穫はこれで十分だろう。海原族も稲作を行った。山の斜面（ヒラ）の耕地は土壌浸食を防ぐために段々畑となるが、水の便さえあれば水田にすることができる。棚田耕作である（後述）。日本の夏は稲作に十分なほど暑いが、冬は寒い。仕事のない冬に棚田の番をする必要など全くない。当然村を挙げて、海（に近いところ）に戻り本来の海原族となる。山の水田に湿地族は興味を示さないから長期間留守にしても土地を奪われることはない。農作物が無いのだから猿や猪・鹿・兎が出ても関係ない。季節によって海岸と内陸山地に交互に棲む民族として、魏志東夷伝では北沃沮という国を紹介している。ただしその理由は原文通りには受け取れない（4章）。

　雪国の縄文人だって同じことである。半年以上も仕事がなく、雪に閉じ込められる季節にそこに居続ける訳がない。私も二十歳前に故郷の雪国を出て、いまは冬も青空が見える関東に住んでいる。もし仕事が半年ずつあったらこんなことにはならなかったと思う。きっと考古学では季節移住を示す遺跡があるとの結果を得ている違いない。

　十日町市の博物館に縄文の火焔式土器が展示されている。その分布図では驚くことに火焔式土器と最深積雪分布とが重なっている。そしてその分布域外では群馬県・福島県などに広がっている。そこはこの雪国と隣接し、冬に青空が

見える地域である。その間には冬型の気圧配置のときに天気界が安定して存在する。この天気界は、トンネルを越えると雪国だった、と描写されている。雪国の縄文人は積雪季を隣接する雪のない地方で過ごしていた、と信じている。

　モンゴル高原や天山山脈で季節的に移動している遊牧民を実際に見たとき、雪国の縄文時代人の季節移動を直感できた。そして季節的に生活圏を上下させる熱帯アンデス住民のことを思い出した。culture という言葉に表れているように、遊牧→定着農耕、が人間の文化的進化だというヨーロッパ的発想に我々は毒されているが、快適な気候を求めて季節移住する（別荘を持つ）、は東西を問わず、あこがれの生活であることに違いはない。

　海原族は湿地族と異なって山を行く。位置決めは海の航海で蓄えた技術がそのまま使える。展望の無い谷道は霧の中の航海と同じである。当然尾根道が好まれるだろう。国見山（特に九州に多い）はそこで展望するだけでなく、ほかから遠望したときの地標となるようなところが選ばれている。登山路の山頂などに周囲の山並みを描いた銅製のプレートが設置されていることがある。このように国見は山での位置の確認に必要なことである。

　川や湿地などの障害物のない尾根道は海原族の古道（ハイウェー）である。木や草を刈り取る位で道路を建設できるし、維持できる。洪水のたびごとに流される橋を架けたり維持したりする必要のないことが最大のメリットである。ただし尾根には食べ物や水がない、海と同じである。そのときは尾根道を降りて補給する。山岳集落は山を行く海原族の港である。そして目的地では根・嶺・峰（いずれも発音はネ、山の高いところ、なお根はアマの根であろう）から降り下りる。チハヤブル神とは、チ（道）ハヤ（速）降りる、という意味で、山の、あるいは天（あま）の古道（ハイウェー）から降りて来るヒトという意味であろう。湿地族に対して、優越感を示した（枕）言葉となっている。

　ペルーアンデスで羊の世話をしている小学生くらいの姉弟に逢ったことがある。お互いにつたない言葉で話をした。どこに住んでいるのか訪ねたところ、指さす先は、少なくとも 500m か 700m くらい下の谷底の村であった。要するに車を使うので無ければ起伏は問題にならないということである。3m の幅の川があれば渡れないが、600m の山には簡単に登れるのである。

　日本列島の山地は第四紀になって隆起し始めたということがわかっている。

九州山地には、山地隆起のひと休みのような名残の小起伏地形が中腹に残っている。五家の庄や高千穂・椎葉などの集落がそこに立地している。このようなところは海原族の高地（知ではない）山岳集落の名残である。そこは、その後つまり現在まで続く隆起を物語る深い峡谷で刻まれている。照葉樹林帯＝初期の水田地帯、というイメージが定着しているが、それは平野の水田地帯のことで、この山岳集落は冬になれば雪が降る棚田地帯である。もちろん稲の伝来以前は焼き畑や採取・狩猟の生活をしていたはずである。他の地域と同様に、コナラやシイやトチの実あるいは粟などがカロリー源であったが、それが弥生時代になってしだいに米に変わったのであろう。

　山岳集落はその後、放棄されたところもあるが、現在まで続いているところも少なくない。この点に関しては四国山地・紀伊山地も似ている。そこに分布する集落は谷から見るとお互いに孤立しているように見えるが、尾根から見ると隣接している。高速道路のインターチェンジの近くに大型チェーン店舗やアウトレットが位置しているのと同じ原理である。山岳ハイウェーの維持、といっても毎年茂ってくる草木の伐採程度であるが、それは近くの山地集落（国）の受け持ちであろう。雪国では毎朝雪を踏んで道を作るが、村と村の間の道（つまり公道）の道踏みは、一本杉とか小川とか何かの地標で２つの村の受け持ち区間を決めていた。

　海原族から見た山道：　海原族になったつもりで、九州島を見てみよう。まず、脊振山地。これは唐津港と内陸を結んでいる。途中で南に天降れば佐賀平野である。北に天下れば福岡平野である。脊振山地の東端は筑紫野市付近である。この付近で有明海流域と玄海灘流域の分水嶺を探すのは非常に困難である。この非常に不明瞭な分水嶺、つまり川を渡る必要がないところを通り、再び山に登ると筑紫山地の東半分を経て周防灘に面する宇佐に至る山地がある。つまりこのコースは唐津付近と宇佐付近を結ぶ北九州東西横断古道である。渡らなければならない川は一本もない。すべて尾根道である。

　先に述べた、非常に不明瞭な分水嶺とは二日市付近のことである。北九州東西横断古道が唯一平野を通る部分である。風土記逸文（引用で残っている文）（風p.509）では、ここに荒ぶる神（山賊）がいて通る人は半死半生（半分は殺される）

であるという。風土記は湿地族の見方で書かれている。山賊が山にいるというのは風土記のころからの思い過ごして、海原族にとっては、山道は極めて安全な道であり、平野に降りると最悪の猛獣人間がいるので危ないのである。

　南九州では東西横断山稜古道の起点は水俣か芦北付近である。ここから国見山地を東に進み、掃部岳（1223m）に向かう道筋を探してみよう。山を北に降れば人吉盆地、南に降りれば大口盆地・えびの・小林盆地である。掃部岳から降れば宮崎平野中央部（西都）である。山を降りず向きを北の国見山（1739m）とする。この尾根の西側は五家庄、東側は椎葉である。国見山から直線で20kmほど北東に進むと五ヶ瀬である。五ヶ瀬川は時計回りに迂回しているが、ショートカットした道を10kmちょっと行けば高千穂である。九州山地を斜めに横断するこれらの道は意外に近距離なのである（図7-3）。

　高千穂から阿蘇のカルデラ外輪にでる。そこは水の関係で植生も粗である。谷は全然ないので外輪を廻る道は快適である。大観望手前の分岐点からさらに左に（西に）進んで尾ノ岳（1041m）を経て三国山（994m）にいたる。ここも分岐点である。北側の道は釈迦岳（1231m）をへて水縄（耳納）山地の平坦な稜線にでる。最西端の高良山を降れば久留米である。三国山の分岐点からそのまま筑肥山地を西に進めば八女市に達する。途中で南に降りれば菊池平野である。なお耳納山地とは稜線に屈曲や高低差がない山脈のことである。地形学的には断層山地として認識されている。耳納山地の北麓には水縄断層と呼ばれる活断層が通っている。比良山脈・鈴鹿山脈など近畿地方に多い南北方向の山なみで見られる地形と同じである。この尾根筋は平坦なハイウェーである。

　もとに戻って大観望手前の分岐点から、右（北）にすすむ。九重連山の西側を通り、大分川（由布院盆地）と玖珠川（日田盆地）の分水峠を通り、次の目標は英彦山（1200m）である。尾根道から北に降りれば、安心院を通り宇佐にいたる。さらに進んで日田盆地の反対側に降れば山国である。英彦山を右横手に見ながら通り過ぎて、北に降りれば遠賀川流域、そのまま西に進めば、太宰府などの東の山に達する。以上が九州南北縦断やまなみ古道とその支線である（図7-3）。

　古代には稜線の両側の山地集落の人々が共同で道路のメンテを行っていたに違いない。

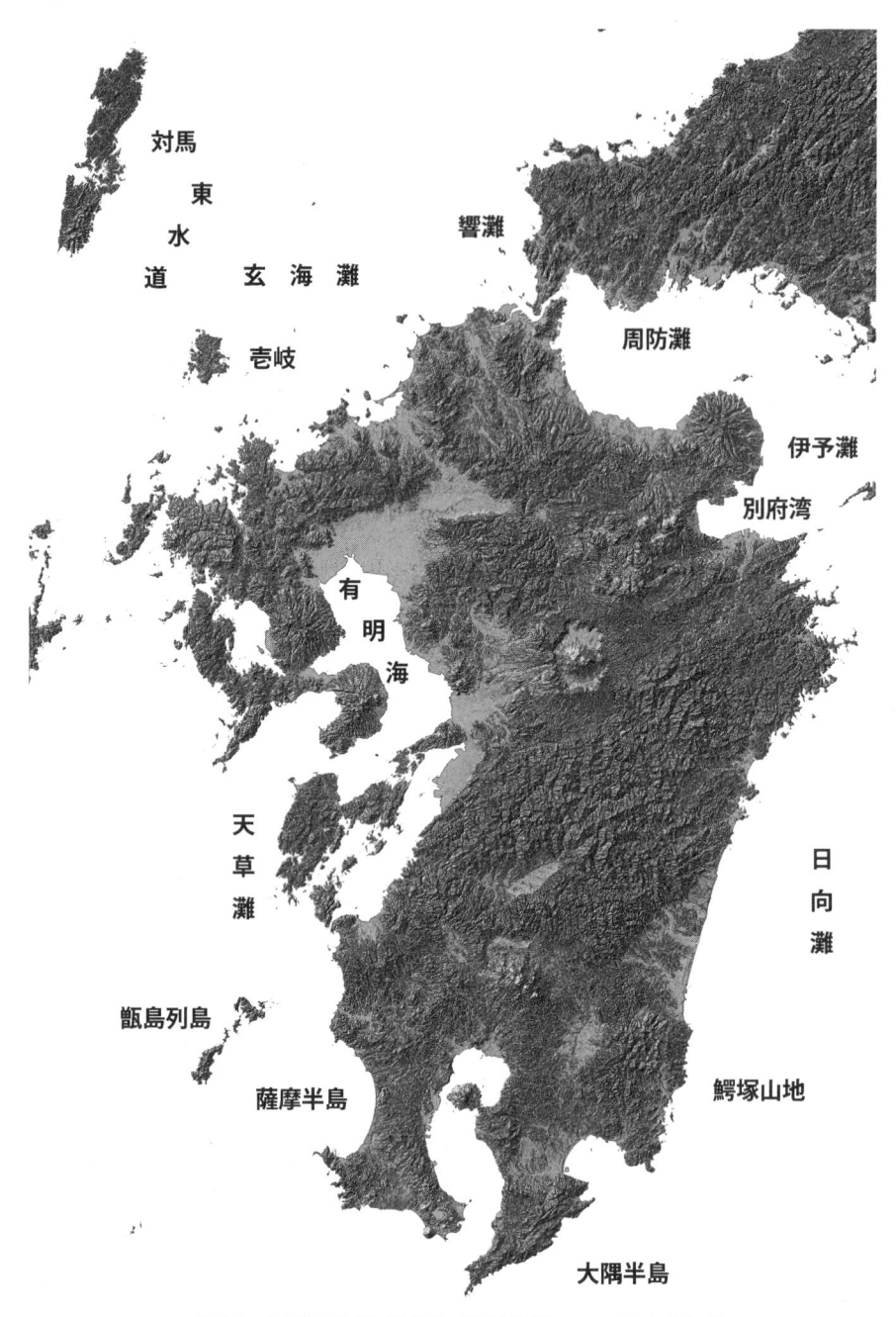

図 3-1　九州島の地形（陰影図、国土地理院 50m-DEM から作成）

九州山地縦走をした人のホームページやブログを見ると、九州山地の尾根道は現在でも意外に整備が進んでいるようである。しかし「倭の国古道」は世界遺産になった「熊野古道」よりは、遙かにスケールが大きく、山の経験者向けではある。

道路の歴史から見れば、海原族の古道（山岳ハイウェー）が古く、湿地族の平野道が新しい。その後、現在まで平野道の時代が続いている。つまり我々は湿地族である。湿地族といえども川に橋を架けなければ交通に不便である。しかし防御上は橋はない方が良い。水濠集落からお城の堀、河川まで、利便性と防御性というトレードオフをどう調和させるか、それはその時々の政治状況で変わるであろう。魏志東夷伝では都市に囲郭があるかどうか気にしてそれぞれの国の記事にしている。

ところが中国自動車道の路線を見ると、山麓東西横断道となっており、新しい時代が始まったことが示されている。もっとも新しい東海道リニアカー線は本州中央高地を全てトンネルで通過するようだ。湿地族の土地を買収するよりトンネル掘削・架橋工事費の方が安くなったためと思われる。日本は湿地族の国（水田国）ではなくなりつつある。

湿地族が見た九州の地形： 平地の弥生人（湿地族）になったつもりで平野に着目して九州島の地形を捉えよう。彼らは現代の我々と同じように山を障壁として捉える。つまり山は交通の障壁であると思い込んでいる。山で区分すると九州島は4つの平野部分に大別される。時計回りに、1. 北九州の諸平野、2. 宮崎平野、3. 薩摩の諸平野、4. 熊本平野、である。このほかに孤立した盆地で、沖積地が広い人吉盆地がある。1. と2. を隔てるのは英彦山地群、九重連山、九州山地である。北九州から宮崎平野へ湿地族が陸行するのはかなり難しい。もちろん現在は海岸線沿いにJR日豊線と国道でつながれている。

宮崎平野と熊本平野も九州山地で隔てられている。交通路は小林盆地とえびの高原を通り国見山脈（国境）を越えて人吉盆地に出るルートが一般的であり、鉄道は肥薩線である。宮崎平野は紀伊半島・四国・九州を通じて太平洋に面する最大の平野である。ここには宮崎層群という第三紀層（一部第四紀層）が分布しており、第四紀後期の地層（つまり平野の地層）が例外的に広く分布して

いるのである。

　宮崎平野と薩摩諸平野はそれほど隔離されていない。都城盆地を通って、高千穂峰（霧島火山群）の南を通り国分・隼人へ、また南下して笠野原・肝属平野へ達する。宮崎平野の真南、志不志湾との間には鰐塚山地と呼ばれる不思議な山地がある。不思議なとは、紀伊・四国・九州山地（外帯山地）のさらに外側に位置する唯一のまとまった大きな山塊であるからである。これは日本の遙か南方（北緯10度、フィリッピン諸島遙か東方）のパラオ―沖ノ島海嶺が九州に上陸しているもので、ワニという地名も珍しい。この山地の都城あたりを無防備で歩いていると、ワニ族に襲われて、身ぐるみはがされてしまうと感じるのは、子供の頃のおとぎ話（記 p.48）の影響であろうか。もっとも今にして思えば、日本にワニはおらず、鮫や鱶が水に棲む危険な動物である。このフカとは舟、あるいは船を住まいとする人のことで、船賃（対価）を踏み倒そうとして失敗して、ぬいぐるみ剥がされてしまったというのが真相であろう。あるいは言葉が上手く通じなかったのかも知れない。つまり異民族の気配である。

　鹿児島県には、阿蘇を上回る巨大なカルデラ（始良と阿多など）が沈水してできた錦江湾がある。隼人と国分の間（湾奥）で海に注ぐ天降川を韓国の錦江(クムガン)に見立てたのかも知れない。錦江はソベク（小白）山脈の西側を流域とし、歴史で有名な白村江で黄海に注いでいる大河であるので、地形的な相似性はない。しかしこのカルデラ群を南北につなぐ鹿児島湾が鹿児島県を2つに分けている（まさに国分である）。大きな平野としては東側の肝属平野と、西側では笠沙（野間岬）から日置（日没方向の地）にいたる海岸平野（吹上浜）がある。さらに、いちき串木野（現在の地名）を通って北には川内(せんだい)平野がある。南九州の平野は、カルデラから噴出した火山灰が堆積して台地となっているところ（シラス）が多いので、平野の面積に比べて水田耕作に適する低地の比率は小さい。

　熊本平野は、九州島の中心部を占めているのに隔離性の高い地域となっている。南九州地方との間には国見山脈がある。交通路は海岸沿いで、九州新幹線も国見山脈の西端つまり不知火湾岸の狭いところを通る。北九州地方との境は築肥山脈である。この山脈の西端は海（有明海）に迫っておらず（南関から大牟田付近）在来線も新幹線もここを通る。北九州平野群と熊本平野の山地による隔離性は比較的低いといえる。つまり北九州と熊本平野に拠点を置く2つ

の勢力があるとすると、競合しやすいということである。

　熊本平野は島原湾と八代湾に面する扇状地と三角州からなっている。宇土半島の付けね宇城（うき）より南を八代平野、阿蘇山麓を熊本平野、北西部を菊池平野と呼んでいる。島原や阿蘇など新しい火山からのミネラルの供給があるので、海も陸も生産性が高く、肥の国にふさわしい。ただし国名の起源は肥ではなく、火であったろう。

　一巡して戻ってきた北九州の平野地形について見てみよう。東西に延びる筑紫山地（脊振山地・英彦山地）北側の筑前・豊前地方には福岡平野・遠賀川平野・中津平野がある。筑紫山地も含めて中国山地の延長に当たっている。北九州は中国山地よりは低く小起伏の準平原地形を呈しており、玄海灘・周防灘などに注ぐ河川の沖積平野がそれを埋めている。沖積平野に接する低い台地上には弥生時代の多数の遺跡があり、日本列島の弥生時代における文化の先進地であった。

　筑紫山地と筑肥山地の間の平野は地名の歴史的変遷（筑前・筑後・肥前・肥後）があるので、適切な地名が与えられていないが、純粋に地形的に分類しておきたい。天拝山（・258m）と宮地岳（・339m）の間の二日市狭窄部より南で、そこから甘木・浮羽を結ぶ線、さらに耳納山地の北側で久留米まで、そこから筑後川を渡り、鳥栖から二日市付近まで脊振山地の東縁で限られる三角形の平野を（狭義の）筑紫平野と呼ぶ。耳納山地の北側で筑後川沿いは筑後川の氾濫原（砂礫河川）であるが、その北側は宝満川・小石原川・佐田川・荷原川（いないばる）・桂川・妙見川などの小河川の扇状地・台地からなり、水利から見て稲作の適地である。大規模な灌漑工事を行う必要はなく、中小河川沿いの沖積地や扇端湧水地帯は水田の適地であり、それに接する高燥地が住居地に適している。古事記にいう「葦原の中国（なかつくに）」とはこの筑紫平野を指していると思われる。証拠は何もないが福岡平野のことではないだろう。周囲には弥生時代の遺跡が多く、古代の大稲作地帯であったと思われる。

　久留米・鳥栖以西・以南は、九州島最大の筑後川の平野である。筑後川は有明湾に向かって広いデルタを作っている。左岸側（筑後平野）は福岡県、右岸側（筑紫平野南部）は佐賀県になっているが合わせて筑後平野あるいは筑後川デルタと呼ぶ。ただし筑後平野全体が筑後川デルタではなく、脊振山地南麓

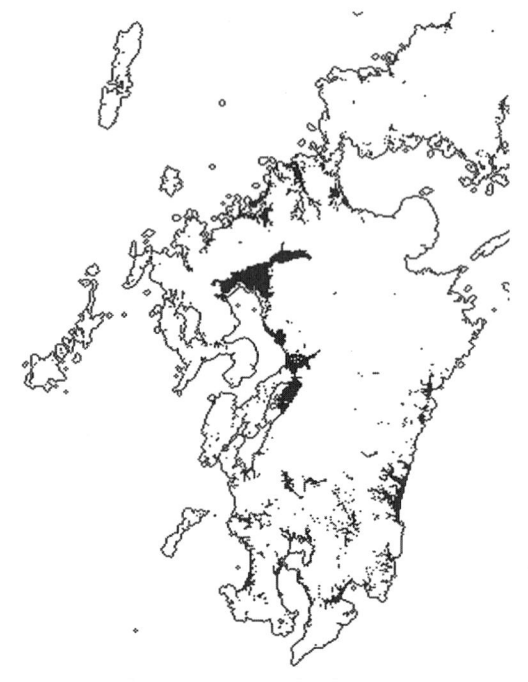

図3-2　沖積低地の分布
（国土地理院数値情報から作成）

部は筑紫平野と同じように山地からの中小河川の扇状地とその台地からなっており、吉野ヶ里遺跡などが立地している。また左岸側では耳納山地と筑肥山地の間を流域とする矢部川があり、八女の沖積地と台地が見られる。ここにも八女古墳群が立地している。つまり中小河川の沖積地や扇状地末端部は弥生時代から古墳時代にかけての生活環境として好まれていたと思われる。

　古代には筑後川を制御することはもちろんできなかったが、筑後川デルタは狩猟や漁業の地として有効に機能していたと予想される。地勢的にはこの筑紫平野＋筑後平野と南の熊本平野は九州島の2大平野であり、もしそれを代表する政治勢力があれば、拮抗するのは必然かも知れない（このような考え方を地政学という）。

　九州以外でこれらに匹敵する平野（沖積平野）は岡山平野・大阪平野・濃尾平野・新潟平野・酒田平野・津軽平野などである。これらの平野に住もうとすると河川氾濫（洪水）と共存しなければならない。新潟平野は大河津分水完成までは蒲原であった。この大きな湿地の中の微高地に島状に立地する集落やあるいは湿地周辺の村や町をつなぐ交通網は船であった。信濃川では川を降ってくる最後の港が長岡であり、そこから先は三角州の大湿地帯であった。海船の港は大湿地帯の海への出口新潟であった。筑後平野は蒲原平野よりも早くから開発が進んだとはいえ、川を制御できるようになったのは明治以降である（特に高度成長期）。

なお日本の沖積平野の海岸線には海岸地形としての砂堆と風成地形としての砂丘が形成される。砂丘列は当然のことながら外側のものほど新しい。砂堆＋砂丘列はとびとびに海に向かって前進してゆく。しかしその内側が全て陸地になるのではない。八郎潟・小川原湖などの例で分かるように内側に海や湖が残る例が多い。海岸線の砂丘の内側は中州（砂丘や自然堤防などの微高地）と堤間低湿地（後背低地）・沼からなる（図3-2）。これが豊かな水田地帯（豊葦原中国）となるのは弥生時代より後のことであり、新潟平野のように明治以後となることさえあった。筑後川デルタ、福岡平野、岡山平野、出雲平野、大阪平野、濃尾平野など沖積平野（図3-3）の開発時期は自然条件および歴史的経緯によってそれぞれ異なっていた。

図3-3 九州島の水田分布
（環境省緑の国勢調査データから作成）

水田の適地：棚田と扇端湧き水帯： 水田によい地形は3つある。1つは棚田である。造ってしまえばこれほどすばらしい条件を備えた水田はない。水は天水か小さな沢の水・地すべり地の湧水などを使う。段々をなすタナ（田）はいわばダムの連続である。水不足の年には、下の田は水不足になるが、上の田は助かる。湧き水の温度は夏でも年平均気温に近いので、稲作には低温すぎる。沢の水の温度も低い。そこで高田はヌルメ田としても使い、貯水池と昇温用を兼ねる。その年の雨の降り方、気温によって、上・下どちらが良いかきまる。このあたりの事情は、海彦・山彦の説話として、古事記に上手く説明されてい

る（記 p.84）。これは海原族の水田の話しである。棚田と海女の分布は太平洋岸でも日本海側（千葉県・新潟県）でもほぼ一致している。

次は扇状地末端の湧き水地帯である。扇状地は河道が一定せず暴れる。暴れた後は河原となる。河原以外の地形は扇頂部、扇央部、扇端湧き水帯と区別されている。扇央部では地下水はあるが深いので普通つかえない。原（ハラ、ハラッパ）あるいは畑になる。湧き水帯は安定して水が得られる。水田の適地である。ただし水温は年平均気温である。冬は気温より暖かい。そこで雪国では消雪用に用いられるが、逆に夏は冷たい。水田に引くには予め温める必要がある。

子供の頃、郷里の家から1kmくらい離れたところに、湧き水のヨシハラ（ヌマチ）があり、ヨシキリ（鳥）の巣を探し回った思い出がある。いまは耕地整理されて大区画の水田となっている。近くに泉田や芹田という村もある。いずれも魚沼盆地に流れ込む中小河川の扇状地の末端に位置している。平野の真ん中を流れている川を魚野川というが、ウ（魚）ヌ（水）間（あたり）川が変化したものであろう。大川や大野川ではない。野とヌの混用は最近の話で、魚沼川が最初の地名であろう。一の坪、ヤハタ（八幡）、イカザワ（五十沢）、サクリ（三国）川、野背が原・君帰、飯綱山、枡形山、飯士山（死火山）、神立、ミクニ（三国）などいかにも古そうな地名が残っている。

近くの丘陵地の古墳から鏡や勾玉が出でいるので、古事記（記 p.54）にある高志国の沼河比賣の記事の候補地の1つかと思ったこともある。しかしそれは違う。大国主命の神話と古墳は時代が合わない。また魚沼盆地では高山は東にあり、青山に日が隠らば（記 p.55）、には当てはまらない。魚沼盆地ではいまでも、青山といいかたをするが、遠くて青く見える越後山脈の山々（巻機1967m、中の岳2085m、駒ヶ岳2003mなど）を指している。古事記にはほかにも青山が出てくる。国見をしたとき遠くに見える山のことであろう。

日本大学の水嶋先生に、黒部扇状地の湧き水帯（杉沢、入善町）を案内していただいたことがある。扇状地の湧き水は砂地から湧いてくる。子どものころ遊んだ魚沼の景色と同じだったので懐かしかった。ここは景観保護地区となっている。帰りに同じく推薦された安曇野市穂高のワサビ園を見学した。やはり扇状地の末端部の湧水を利用しており、ここでは夏でも低温のきれいな水を

使って、大規模なワサビ農園となっている。狩野川台風で壊滅的被害を受けた伊豆に代わって長野の方がワサビの生産量は多くなっている。ここの標高は520m くらいであるが、夏の日中に高温となる内陸部なのでもちろん周囲は水田である。

　扇状地の扇端湧き水帯は山地の棚田より面積的な発展性がある。古事記の天孫族（海原族）は筑紫平野・脊振山地の南麓などの扇端湧き水による水田地帯に目をつけ、ここを葦原の中つ国と呼び、攻略しようと目論んでいる。

　大規模な水田地帯：　大きな川では、扇状地の湧き水帯の下流に、蛇行帯（自然堤防・後背湿地）、三角州（潮入り帯）が分布する。これらの地形のうち自然堤防は川に沿う微高地で 1 ～ 2m でも洪水を免れることが多いので集落が立地する。水田適地は後背湿地である。筑後川デルタ（潮入三角州）でも自然堤防や海岸の浜堤などの微高地には古くから集落が立地している（三潴(みずま)など）。デルタのような湿地帯では堀上田(ほりあげた)という一種の干拓が行われる。対象となる土地の回りに水路（濠）を堀り、その土を堀の縁に、高潮位より高く盛り上げて、水位が上がっても囲いの中に水が中に入らないようにする。また水位が下がったときは水門を開いて、中の水を抜く。このような堀の構築と水門の管理によって、高潮位より低い土地でも比較的乾いた田を確保できる（図 3-4）。関東地方では、利根川下流の水郷地帯や九十九里平野などで見られる水田耕地の確保方法である。低湿地（沖積低地）（図 3-2）は大規模水田の適地である。このような水田は棚田や水利の良い扇状地の水田よりは新しい時代の開田であろう（図 3-4）。

　潮差の大きい有明海周辺では、もちろん、この地域の自然条件に適合した技術として、かなり古い時代から前述のような干拓が行われ、水田が維持されてきたと思われる。農業用ということであれば、堀は一重でよいが、堀は外敵からの防御にも役立つ。防御であれば堀（濠）を 2 重にするであろう。古い水田の区画を利用した濠に囲まれた城下町（実は城内町）柳川市街などがその例であろう。柳川周辺のデルタ地帯には城の周濠に続く干拓地の地割が残っている。考古学などでは濠を回らした集落が注目されているが、水郷地帯の集落は成立したときから、（防御と無関係に）周濠集落となっている。湿地でない

図3-4 クリークの維持
「水土の礎」のページから
(http://suido-ishizue.jp/index.html)

ところの周濠集落は、防御という側面から水郷の周濠をコピーしたものであろう。自然河川を利用したり、台地の一部を掘削するなどして水を引き入れ周濠を完成させる。吉野ヶ里遺跡などがその良い例である。もちろん戦国時代以後でも、平野の水辺の城の城懸かりにコピーされている。江戸城がその良い例である。

　堀（濠）は農道であり、交易の道であった。柳川では艜船（ロ船）は現在無くなっているが、農業用の棹舟は現在では観光に使われている。交通手段としてのロ船は本流や大きな澪を行き来できるので、川の右岸左岸で別の地域（例えば行政単位）になることはない。いまでこそ筑後川の右岸は佐賀県、左岸側は福岡県になっているが、ここを船で行き来していた時代には一衣帯水おなじ国であったろう。水田耕作は焼き畑農業と同じように山から始まり、平地へと広がったと思われる。これが古事記の「葦原の中つ国」平定の神話として残された。

　ペルーでは海岸の都市拡大に伴って、山地から大量の人口移動が起きている。山から下りてきた人をbajados（アマ下り人）と呼ぶ。安人降臨である。日本では弥生時代に初めて、山地→平野の人口移動が始まった。まずそれは中小河川の平野や扇状地末端の水田地帯にはじまり、その後大河川の海岸平野（デルタ）と進んだ。山地から平野への人口移動は高度成長期に決定的となった。そして、かつての山岳・山地集落は消滅したか、極度の過疎地となっている。

対馬島と壱岐島の地形：　壱岐島（一大国）は対馬（対海国）とは対照的に、平低な島で、最高点が釘山触の213mで島全体が準平原状の地形となっている。視界があまり良くない時などにはこの島を遠方から見つけるのは難しかったのではないかと思われる。

対馬島と壱岐島の地形の特徴と人口などを適切に捉えている魏志倭人伝の地理的センスの良さは特筆すべきである。例えば、対馬島についての記述を引き写せば（魏 p.39）、土地は山険しく深林多く、道路は禽鹿の径の如し。千余戸あり。良田なく、海物を食して自活し、船に乗りて南北に糴す（行って米を買う魏 p.77）。現代の地理学の用語で言えば、地域の記載項目は、地形、植生、域内交通、人口、土地利用、一次産業、貿易である。

現在の壱岐の人口は約 3 万人、世帯数は 1.1 万である。一世帯数の人数が平均 3 人を割り、3 人に 1 人は高齢者であるという。魏志倭人伝では 3000 余戸としている。当時の世帯あたりの家族を 5、6 人とすると、現在の人口は当時の 2 倍にしかなっていない。約 1800 年間で、人口 2 倍は他地域と比べて異常に少ない。当時この地域は農業国としては開発されつくして生産力が飽和に近かったと判断される。すなわち、米作農業の先進地域であったことが分かる。しかしこれは表面的な解釈でなぜ米を買わなければならないほどこの島に人口が多かったかについては、14 章で述べる。

北九州の大地形と奈良盆地の地形： 九州島の地形を大きく見ると、東側の九州山地から西側の有明海・不知火海側に傾いていると捉えることができる。この特徴は随書倭国伝（p.65）「その地勢は東高くして西下がり」と正しく捉えられている。北九州では脊振山地・耳納山地など東西に延びる山地があり、平野は東西に広い。

一方奈良盆地では東に笠置山地、南に吉野川の谷を隔てて紀伊山地、西に金剛山地・生駒山地がある。さらにその西は大阪平野・大阪湾となっている。一般に近畿地方では、西日本準平原が第四紀に入る頃から始まった地殻変動によって変形をうけ、東西方向南北方向の山地・平野の配列が顕著となっている。つまり東山・西山があり、平野は南北に延びる。風水の佳地ではあるが、朝日の正刺す国、夕日の日照る国（記 p.75）は存在しないのである。

つまりこの 2 つの地方の地形の配列方向は完全に 90 度ずれている。邪馬壱（台）国がどこにあったか、九州説と近畿説があることは知っている。魏志倭人伝の記述を地図に展開したとき、方位や距離がめちゃめちゃになる方、あるいは方位を 90 度変えないと矛盾がでる方が「外れ」である。また律令国家が

変えることのできない地理的特性が魏志倭人伝に出てくる方が「当たり」であり、どう捜しても相当する地形特性や地理的特性が見つからない方が外れである。地形配列の相似性からいいえば、北九州とスケールは大違いだが出雲は似ている。島根半島を脊振山地に対応させるとわかりやすい。

　古事記や風土記の記述を傍らに置いた地図の上で読むと、神代に近いほど天皇が広域を飛び回っていることがわかる。距離を考えると、最高権力者（天皇）が都をそんなに長期間留守にしておいて大丈夫かと心配になるほどである（特に景行天皇）。またヤマトからの旅費はどうしたのだろうなど遠征の経済も考えてしまう。しかし神功皇后・応神天皇の記事以後は、朝廷の活動範囲が奈良盆地かその周辺だけになる。あたかも大和朝廷の範囲が縮小したかのようである。逆に言えば、その時代に近畿地方に大和朝廷が成立したのであり、神話から現実の歴史になったのであろう。したがって神が飛び回っていた時代（少なくとも神武、景行・倭タケル、神功皇后・応神まで）の倭国は奈良盆地にあった国ではないと思われる。古事記などの神話は主に九州、それに出雲・吉備・尾張などから大和に集結した部族のそれぞれの神話をつなぎ合わせて一本にしたため、見た目の舞台が不自然に広がってしまったのであろう。

　歴史はその時々の地理の上に展開されるべきである、少なくとも生活の場である地形の上で。したがって、「地理が乱れている」「地理に合わない」などの注釈が必要な場合は、あるいは当時の交通インフラを無視した高速な移動があるときなどは、その歴史的記述が間違っているか、記述自体がその時代および後世を騙そうとする意図で書かれたかであり、その「ボロ」がでたと理解すべきであろう。

　細々した話になったので、もう一度大きく東アジアの地形を見てみよう。大地形がプレートテクトニクスで説明されることは多くの人が知っている。オホーツク海は太平洋の北西端が、千島列島・カムチャツカ（神のいるチャツカ？）半島と平行する海溝で区切られている。大興安嶺（大シンアンリン山脈）やシホテアリ（ペリモルスキー＝沿海）山脈・北朝鮮北東部の山地の配列は日本周辺の地形配列の原型（古い配列）である。その方向は北東―南西方向である。日本海は数千万年前に大陸から分離して、逆くの字型に広がり日本海が形成された。東日本（フォッサマグナ以東・以北）は南北方向に延びている。東日本

の地形は南へ伊豆小笠原海溝・列島として南のマリアナ諸島方面に続いている。

　西日本はかろうじてその古い方向を残している。その南方の海をフィリピン海という地学者がいるが、これはちょっと無理であり、フィリピンは遠すぎる。少なくと静岡から九州までの間の海は沖の海（沖の鳥島に因む）とでも呼びたい。九州南部の鰐塚山地から南に延びる「沖の鳥島」海嶺はパラオ諸島まで連なり、かっては伊豆小笠原弧のように活発な島弧海溝系であったと思われる。この列の北への延長が朝鮮半島東側の太白山脈である。西南日本の地形列とは直交している。黄海・東シナ海は太平洋から南西諸島・琉球海溝で区切られてできたもので、典型的な準平原地形が沈水したものである。その連続は90度に折れ曲がって西日本（隆起）準平原に連なっている。これはさらに東へフォッサマグナまで広がっている。

　以上のような大地形と次に述べるモンスーンという気候特性が東北アジアの自然を理解する大きな枠組みとなっている。

第4章　九州島の気候

　人間の能力と渡海：　縄文時代、海を泳いで日本列島にきた人はいないのであろうか。すべて船による渡来であろうか。インターネットの記事によると、スベロニアのマルチン・シュトレル氏がアマゾン川5265kmを65日間で泳いだという。そのまま信じられる話しではない。キューバから米フロリダまで166kmの遠泳を3回試みた人は悪天候、クラゲ、体調不良などでいずれも失敗しているが、サポート状況は不明である。これらは極端な話しであるが、人力の極限の話しとしてみてみよう。津軽海峡は海流が激しいところでヨットの航行で難所であるという。しかしこの海峡の遠泳は10時間〜15時間程度で成功した例がいくつかある。2011年9月、オーストラリアのベニー・バルフリーさんは、松前町の白神岬から青森県今別まで約30kmを14時間半で横断した。ドーバー海峡34km遠泳は日本人も成功している。いずれもどのようなサポートがあったのか不明であるが、挑戦しようという気をおこさせる距離として認識しよう。朝鮮半島—対馬—壱岐—北九州はいずれも50〜70kmくらい離れており、サポートなしに泳ごうという人はいないと思われる。潮流も速い（図4-1）。

　魏志倭人伝では、倭使や魏使が対馬海峡を往来している。また対海国や一大国では南北に交易で出かけている。古代の渡海船は埴輪で見ると、片側に櫂が6〜8挺近くある大型のもので、交代要員が控えているのかもしれない。人が歩く速さの2〜3倍の船速はでるであろう。島と島・本土との距離70km位を1日で渡りきってしまわないと危険であろう。

　潮来市では、あやめ祭りの期間中に艪船による一丁艪の観光船を運行している。同じ運河を往復しているので、折り返し地点を確認し、所要時間からその速度は人がゆっくり歩く程度2〜3km/時間であることが分かった。定員は8

人程度とのことであった。問い合わせに親切に答えていただいた潮来市（茨城県）市役所に感謝したい。ロ船は大きな川の舟運や渡し、沿岸の漁業、輸送、お嫁入りなどに用いられていた。

棹船はもちろん棹が立つところでないと使えないので、主としてデルタ地帯の農業用として使われる。柳川市では城址を取り囲む濠でサオ船による観光船が運行されている。櫂による船ももちろんある。丸木船は縄文時代から使われていた。

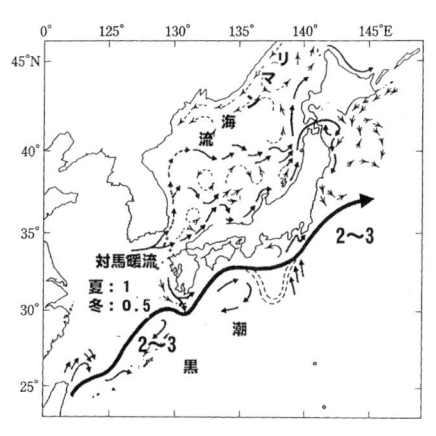

図4-1 日本近海の海流（ノット）
吉野・福岡編（2003）p.154の図に文字を記入

魏志倭人伝のころには帆船はなかったらしい（埴輪にない）が、順風の時は簡単な帆ぐらいは掲げていたのではないかと予想している。それにしても微力な人力による船では、風向きは極めて重要である。朝鮮半島南岸から北九州付近の風向について、検討してみよう。

風向と航海： 気象庁のページで福岡（高層気象台）の風向を調べてみた。1991～2010年、上空750～850m付近の風向を見てみよう。

　　1・2・3・10・11・12月では北～北西、
　　4・5月は南西～西風、6・7・8月は南～南南西、
　　9月に北東、となっている。

このデータは玄海灘付近の海上風向に近いと予想される。したがって九州からの渡海に好都合なのは4～8月である。そのうちでも4・5月は西風成分が強いので、日本海に流されないような注意が必要であろう。

一方、帰国（魏使の来倭）は北風あるいは西風で良いように見えるが、冬季は風速が合成値でさえ5m/secもあり、順風でも危険である。また暖かい暖流の上を冷たい冬の季節風が吹走するので霧が発生する。地文航海にとっては最悪の状態である。とにかく風下にということでは日本海の海岸のどこかに達す

るだろうが、岩石海岸に打ち付けられて難破する危険性も高い。風が弱い4・5・10月などが狙い目であろう。冬季の渡海（魏使の帰国）はもちろん不可能である。以上の記述は平均的な気候の話してある。もう少し天候に注目した渡海日和を探してみよう。

　7月の梅雨季には東シナ海で前線上に低気圧が発生し、発達しながら東進して日本海に抜けることがあるので、これは要注意である。結局梅雨を挟む前後の時期6月と8月が安全な渡海日和となる。こんなことは私が指摘するまでもなく、海に死活をかけて生活している海原族には常識となっているだろう。この風を彼らはハエと呼んでいる。盛夏には、小笠原高気圧が日本付近に張り出してくる。このとき対馬海峡付近は南風が比較的安定して吹くから、これを捉えると良い。また対馬海峡（西と東）を南西から北東へ向かう黒潮は夏季に強化される。

　さらに倭国には極めて高い航海技術を持った「海原族」がいたようなので、往路と帰路の航路（したがって使用される港）が同じだとは思えない。玄海灘の西に位置する唐津港（あるいは西よりの港）は夏の出発港であり、同じ九州北岸でも東よりの神湊あるいは遠賀川河口港（あるいはもっと東よりの港）から出航することはないだろう。秀吉の名護屋城も玄海灘沿岸では最西端にあった。川を泳いで渡るとき、どうしても流されるので、目標の上流側から泳ぎ出す方が楽なのと同じである。帰国は夏でも冬でも、風が西寄りであれば良いわけで、北九州の港のどこへでも帰航可能であったであろう。ただしあまり釜山に近い方から出航すると日本海へ流し出されてしまう危険性がある。本州の日本海側では稀ビト漂着の言い伝えが多い。魏志東夷伝東沃沮の条（講談社版倭国伝 p.63）に日本からの漂流民らしい人の話がある。日本海の海流は反時計回りに流れている。

　文禄・慶長時代の秀吉軍の渡海・帰国の月（日）が文書で検証されれば、航海の季節についての私の読みの当否が判定できる。地理学の最大の応用は昔から戦争のオペレーションだった。

　古気候：　次に魏志倭人伝の時代のころの古気候について調べてみよう。まず天の岩戸神話で想定されると思われる日食について述べたい。日食を予知

して予め人が集まっていたのでなければ歌えや踊れやの大騒ぎをする時間がない。食が進行し始めてから人が集まるのでは人が集まるころには日食は終わっている。日食それも時間の長い皆既日食でも食の開始から終了まで最長でも1時間半程度である。皆既日食あるいは部分日食でも当時は予知できていないだろう。以上のことから天の岩戸神話と日食は関係ないことが分かる。

　それでは太陽が隠れるほどの自然現象とはなんであろうか。それは火山噴火しかない。桜島の大きな噴火が始まると、風向きによっては鹿児島市内は夕立前のような暗さ、いやそれよりもはるかに暗くなり、車はヘッドランプを点けて走るほどになる。一回きりのイベントだと大騒ぎになるが、このような噴火はある期間にわたり繰り返し起こるので、地元の人たちは、いわば噴火・降灰に慣ている。毎日雪が降るところでは災害が起きないが、たった20cm程度の積雪でも、東京のように20年に1度くらい以下の確率だと、大災害になる。これと同じことである。近間の火山噴火であれば、原因は簡単にわかるはずである。

　このことから天の岩戸神話のいわれを探れば、日本以外のどこかでの火山が大爆発し成層圏に火山塵が達し、太陽がダストに遮られ、気候が1〜2年間寒冷化するような遠間に原因のあるイベントではないかと思われる。弥生時代から古墳時代ということで、探してみると、AD79年にはイタリアのベスビオスが大噴火してローマ時代のポンペイの町が火山灰に埋もれている。しかしこれは世界的に見ると、比較的小規模な火山活動である。3世紀後半とされる浅間C軽石噴火も小規模である。

　ニュージーランド北島のTaupo火山は1800年ほど前に、プリニー式の大爆発を起こし（Hatepe噴火）、噴出物は150km^{3}にもなり、テフラ（火山空中放出物）は成層圏に達したという。これは北半球の中国とローマでも「短期間の」異常気象として記録された。卑弥呼はAD240年ごろ活発な外交活動を行い、AD247年か248年ごろに死亡したとされる。これは卑弥呼が少女だったころのできごとである。これについては1章で述べた。この体験の記憶が天の岩戸神話として残ったのかもしれない。

　またAD535〜536年にも極端な異常気象が世界中で認められている。これはインドネシアのクラカタウの大噴火によるもので、北半球2000年の歴

上もっとも苛酷だったとされる気候悪化の原因となっている。低温・酸性のダスト、作物不作、中国で夏に降雪などが記録されている。1815年4月インドネシアのタンボラ火山噴火によって、多くの地域で「夏のない年」となったが、それより遙かに大規模だったとされている（畔上司訳：David Keys著、2000）。古事記の完成が712年とされているので、これはそれに先立つ180年ほど前（安閑2年、宣化元年、536年）のできごとである。

「黄金万貫ありとも、飢を療すべからず。白珠千箱ありとも、何ぞ能く冷を救はむ。」（岩波文庫版日本書紀（三）p.226）と冷夏飢饉があったことが記述されており、屯倉の米を移動させて、民を救おうとしている。

魏志東沃沮の条（講談社版倭国伝p.63）に面白い記事がある。沿海州の挹婁(ゆう ろう)は船に乗ってきて沃沮の北部で略奪をおこなう。仕方ないので東沃沮の人は夏は山にいて身を守り、冬になると海が凍るので（安全だから）村に帰ってくる、と理由が述べられている。季節移住の理由はともかく、夏になると山に来るのは、天山山脈周辺の遊牧民と同じ移動パターンである。縄文時代の雪国では季節移住が行われていたと私は予想しているが、日本海を挟んで反対側でも季節移住をしている民族がいたのには驚いた。

寒冷な気候： 諏訪の神はどこかを追われて、諏訪湖の近くに来たとされている。そして船を使った神事や下社の春宮・秋宮の遷座も季節移動が神事になっている。そして建物と全く関係ない柱を立てる。魏志韓伝では馬韓（先祖は高句麗？）の習俗として、神が降りてくると言う大木を立てる習俗を記事にしている。諏訪の神のルーツは魏志東夷伝の挹婁か東沃沮にあるのではないだろうか。注目されるのは諏訪湖は季節的に凍結する「海」であるということである。そしてこの神社は諏訪湖の凍結（おみ渡り）に異常といってよいほどの関心を持ち、それを記録し続けてきた。この記録（凍結の月日）は日本でもっとも信頼の置ける長期間の古気候記録となっている。諏訪大社の神事に魏志東夷伝東沃沮の記事を重ねるのは行き過ぎであろうか。

流氷は（時たまの東風で）礼文島・利尻島付近まで来ることがあるが、日本の沿岸では温暖な黒潮が北上しているため、それ以南に南下することはない。しかし沿海州の日本海沿岸（つまり挹婁の海岸）では南下するリマン海流

があり（図4-1）、北西季節風に吹送されて海水が離岸するのでそれを補償して湧昇傾向となる。これはプランクトンの多い豊かな海を保証するが海水温は低温でもある。冬季には流氷が北から来ることにもなる。オホーツ海西部と状況は全く同じである。衛星写真で調べると、流氷に覆われる範囲は樺太中部の48N（泊居付近）から大陸東岸42N（ナホトカ沖ぐらい）を結ぶ線の西側である。（哀しみ本線）日本海にも流氷（情話）があるのである（カッコ内は森昌子さんの歌）。

しかし海面が凍結（水温が－1.8℃以下）しているのは2ヶ月間足らずであるので、残りの10ヶ月は東沃沮の人も安心できないことになる。このことから分かるように、季節移住の理由が、略奪を恐れて、というのは当たらない。東沃沮人は遙かアルタイ山脈かどこか、季節移動を生活パターンとしている地域からの移住者であろう。

魏志東夷伝の記事によれば、東沃沮（清津から元山、42Nから39N付近）の北部の海岸まで凍結する（流氷が来る）という。これはこの時代（弥生時代末ごろ）の気候が寒冷であったことを示している。ヨーロッパでも、緯度は全く異なるが、アイスランドやグリーンランドの港は凍結しやすく、凍結するかどうかは、歴史時代の気候変化の指標とされている。文字を持った中国人がいたために、弥生時代の寒冷な気候が流氷現象として記録されていたのである。そしてそこから日本列島に渡来してきた人々がおり、それが諏訪大社（湖の凍結に強い関心を持つ）や白山神社を造った人々の先祖となった可能性も示唆してくれる。

日本の花粉分析による古気候復元の研究によっても、弥生時代は寒冷期とされている。世界的にも「ローマの海退」といわれている。つまり気候が寒冷だったので、陸上に蓄積される氷河の氷量が増え、その分海面が低下（海退）していた。かっては亜熱帯原産の稲の栽培が始まり普及した弥生時代は温暖な気候であったと思い込まれていた。しかし事実は逆で、気候の寒冷化と共に稲作が導入されたのであった。

稲作と寒冷な気候： このことには2つの解釈があり得るだろう。気候が温暖で食物が豊富な時代には人々は現在のブータンのように満足度の高い生活

をしていた。気候が寒冷化すると、食物が不足し、泥の中を這い回るような苛酷な労働によって生産性を上げ、食物を確保しなければならなくなった。水田には灌漑など設備が必要なのでそれに投資する。そして灌漑施設などで結ばれた運命共同体がうまれる。そして土地の私有化が始まる。もっとも効率の良い水田耕地獲得法は他人の水田を奪うことである。このようにして集団で争う戦争が始まった。戦死者の遺体の発見は弥生時代からと言われている。しかし戦争という刺激で、価値観は別として文明は発達する。寒冷な気候下の弥生時代から卑弥呼の時代に国民の「幸福感アンケート」を行えば、最悪の時代だったことがわかるだろう。

文明と定住： 田には陸田と水田があり、陸田は焼き畑と普通の畑がある。焼き畑は字から分かるように畑の原型である。焼き畑の煙には縄文の匂いがする。焼き畑が日本にもある（広くあった）ことは知っていたが、私が実際にその様子を見たのは熱帯アンデスであった。焼き畑は草木を切って乾かし火を入れる。乾季の仕事である。雨季に天水で作物をつくる。私が見たのはプラタノ（アメリカンフルーツカンパニーの支配地域ではバナナという）の木の畑であったが、草取りをしないので、数年も経つと、よく探さないとバナナの木が見つからない位になる。バナナの木が周りの木や草に負けるようになると放棄する。そしてまた焼き畑をする。このローテーションによって土地の生物学的生産力が維持できるのだという。焼き畑→畑、遊牧→定住　が文明の発展だろうか。新疆ウイグル自治区や熱帯アンデスで大規模な移牧（遊牧）を見たが、なにか悠々としていて、新興住宅地の我が家にしがみついている我が身をみるに、少なくとも、発展と幸福は結びつかない、と思っている。今から思えば何もなかった敗戦直後から高度成長期を経て、経済発展・物質的豊かさだけが幸福ではないことが分かりかけてきている。

　日本では冬に雪国という国が生まれる。私の故郷は雪国である。縄文の遺跡には事欠かない。山のヒラの畑でいくらでも土器片が拾えた。勇壮な火焔式土器を造った人たちが、冬もじっと雪の下で耐えているなんて信じられない。初めて青空の東京で冬を過ごしたとき、ああこういう国もあるんだと感激した。縄文人は、少なくとも、雪国の縄文人は夏と冬の集落を別々に持っていたに違

いないという信念はこのような経験からである。定住が進化発展なら、夏を軽井沢などで過ごすお金持ちは、お金があるために退化したのだろうか。

　もちろん警備会社が夏・冬の空き家を厳重に管理しているので安心であろう。縄文人は守るべき財産をそれほど持っていないので、半年故郷をあけても平気である。除雪を全くしなければ、たいていの家は雪の重みで潰れる。冬の間中除雪し続けて家を守るか、ほっといて次の年にまた造るかの選択である。よほど労力をかけた家でないかぎり後者に決まっている。柱などは地面に並べて置けば良い。

　子供の頃の話だから、いうまでもなく定住してからの話であるが、カヤ場という地名の場所があって、そこは回り持ちで茅葺き屋根のふき替えをする、そのカヤを溜めておく場所であった。カヤの収穫は夏から秋である。前の年に準備して雪の下に埋めておかないと、春の家作りに間に合わない。守るべき財産を持っていない、といってもそれくらいは持っていたであろう。

水田農業と社会：　人が土地に縛り付けられるようになったのは水田のためである。焼き畑は労力をつぎ込んだ財産ではない。土地を水田するには土木工事の労力がかかる。すなわち水田は最大の財産である。他人に取られては困るのでそこに１年中居続けなければならない。冬にも財産を守る生活が始まった。

　水田化のためには共同作業が必要であり、それを管理するにも集団でしなければならない。灌漑網で繋がっている人々は勝手なことはできない。集団の指導者が生まれる。水田を新たに開発するよりはほかの水田を奪う方が効率がよい。このようにして、連帯感を共有する「国」が生まれ、国同士の戦争が始まる。人が追いかけて鉾で刺したり、刀で切付けることができる動物は人しかいない。弓矢は狩りと戦争で共用できるが、刀や鉾は戦争専用である。最近では核分裂を利用した兵器は戦時を想定した脅かし専用として認められているが、継続的利用：平和的利用もやはり危険ではないかという意見が広まっている。

　水田の自然立地条件には地形と気候がある。とにかく一定の深さで水を溜める必要があるので、水平さが求められる。水は不要なときは落として、田を乾かす方がよい。農業をちょっとやってみれば分かることだが、農業とは雑草との戦いである。水と陸を切り変えることで雑草の繁茂を防げる。両方の環境に

適応している雑草はほとんど無いからである。例外は稗で、これは水田で育ち、乾かしてもその期間種子で生き延びるので、次の年にまた生える、という厄介者である。梅雨から夏にかけての除草作業はきつい。ただし稗は植えた稲と違って列と列の間に生えるので、機械的に除草できる。稗の種は水と共に下流の田に広がる。水田地方では田に稗を生やしておくと、人格あるいは家格を疑われる。勤労の精神に欠けるだけでなく、稗の種を撒き散らし他に迷惑を及ぼすからである。ハタに迷惑をかけない、これは農本主義の精神的原点である。

暖かさの指数と植生・農業： 吉良竜夫の定義による暖かさの指数とは、1年について月平均気温から5を引いて正ならば加算するという方法で得られる植生気候指標である。冬の気温を無視し、植物の生育期間の温度環境を示す指標であり、植物の生産性および植生の分布の説明に有効である。環境省の緑の国勢調査データ（解像度1km）を集計して得たデータ（野上・大場、1991、野上1994）によれば、ブナ・スズタケ群落（冷温帯林）は国見山・祖母山などの九州山地のほかは、英彦山、久住山などに点在するだけである。ウラジロガシ・サカキ群落（照葉樹林）は九州全域の山地・丘陵部に分布する。冷温帯林と暖温帯林（照葉樹林）のあいだは中間温帯（他の地域ではツガやモミ林など）であるが、コナラやアカマツ（2次林）の分布が広く、境界ははっきりしない。シイ・カシは伐採しても（焼き畑で火を入れても）、同じ株からの萌芽がある。シイ・カシ萌芽林は人為の影響を受けた林ではあるが、自然林（天然照葉樹林）に近い。中間温帯の2次林（人為の加わった林）はコナラ（ドングリ）・クリとアカマツで代表される。コナラの方が、北にあるいは山地では高い方に分布し、アカマツが暖かい方に分布する。

気象庁のメッシュ気候値データとクロス集計してみると、温暖側ではシイ・カシ萌芽林が破壊されてアカマツ林になっているが、それが等面積になるのは、暖かさの指数が125℃月位のところである。中間温帯林・シイ・カシ萌芽林の2次林はコナラ林となる。寒い方側の等面積境界は85℃月位にある。

現在の水田の耕作限界は地形・水利の影響を受けるので、低地では64℃月、山地では75℃月（累積面積率で5%値）となっているが（野上、1992）、当時は耐寒性の品種はなかったであろうから、もっと夏の高温が必要であったと

思われる。ちなみに現在の畑は地形と関係なく48℃月が限界である。主要都市の暖かさの指数は、福岡132℃月、宮崎142.4℃月、会稽に近い上海では129.5℃月であり、福岡の値に近い。ちなみに奈良では114.7℃月である。

農業と冬の気温： 前出の暖かさの指数を用いて、九州島の現在の植生帯の高度分布を見ると、常緑広葉樹と落葉広葉樹の境は標高1000m位にある。ちなみにこの高さは東海地方で500mくらい、東北地方では0mである。水田耕作が可能な範囲は、明治以後の品種改良などによって、もっと北まで、標高が高いところまで広がっている。弥生時代は現在より0.5～1℃位は低温であったとされているが、それにしても九州島はどこでも山地でも水田耕作が可能な範囲にある。ただし地形の制約を受けるので高地の水田は棚田となる

　また倭の地は温暖、冬夏生菜を食す（魏 p.46）とある。暖かさの指数で使われている月平均気温5℃は植物の生育が始まりまた終わる重要な温度である。月平均気温がそれ以下の月では霜害が発生しやすく、菜類でも成長が止まる。冬の露地で野菜を栽培することは難しい。九州島では内陸部で標高が高いところを除いて冬の気温（1月平均）が5℃を下回るような所はない。大陸東岸で調べてみると寧波（会稽山の近く）がギリギリの地域となる。したがって、気候に関する魏志倭人伝の記述は極めて適切であるといえる。ちなみに近畿地方で1月の平均気温が5℃以上あるのは都市化の影響を受けた大阪と海洋性気候の和歌山だけである。近畿地方の大部分では冬季にはビニールハウスが無いと、野菜を栽培できない（奈良では少なくとも2ヶ月間）。魏志倭人伝のころは現在より、少なくとも0.5℃は低温であったろうからなおさらである。倭人伝に記述されている事物のうち少なくとも気候にかかわるものについては、確実に九州のことであり、奈良盆地であることはあり得ない。

第5章　魏志倭人伝時代の国とは

　国という概念：　魏志倭人伝の冒頭に「旧百余国」とある。旧は文献に因れば、という意味であろうが、九州島の面積（36,554km^2）で単純に計算すると1国約360km^{2}となり（5万分の1地形図の範囲くらい）、市町村レベルの単位となる。魏志倭人伝のころは統合が進み30ヶ国になっているので、35×35kmくらい、つまり平野で道があれば首都が極端に端にない限り、一日でいける範囲を国としている。

　なお倭の地（国）とは後で述べるように九州のことである。そして魏使は倭人が九州島以外にもいることを知っていた。例えば、狗邪韓国、対海国、壱岐国、東の島（四国）などである。異民族を抱え込む大陸の国が、一国一種あるいは一種一国など思うわけがない。縄文時代には近畿地方が日本の中心でないのと同様に（そもそも中心などなかった）、日本という国がまだない弥生時代には、近畿地方や出雲地方もそれぞれ1つの地方であり、倭の地方がたまたま地の利を生かして、大陸と接触していたから、大陸の文書に倭が記述されているだけの話で、現在の日本の範囲（本州・北海道）について、知らないものは書きようがないのは当たり前である。倭＝現在の日本という図式が当時、少なくとも中国側には全くなかったことは明らかである。もちろん、倭人も、（後の）日本を代表しているなど、思ってもいないであろう。

　倭種（大陸側がいうことば）は九州だけでなく、四国にも（魏 p.50）、朝鮮半島にも広がって住んでいたと大陸側は認識している。一種に複数国家、一国に多種などは普通のことである。アンデス諸国は独立戦争の経緯とその後の歴史が異なるだけで、同一宗教、同一言語（ケチュア語はエクアドルからチリ中部まで通ずる）、同一人種（先住民も主な移民も）、同一習俗、つまり同一民族である。

日本列島は過去に（縄文時代以降に）積算値で、おそらく数百万人の渡来人を受け入れてきたであろう。くどいようだが日本国が受け入れたのではない。日本国という概念は魏志倭人伝の時代より400年以上も後の記紀の時代のころに芽生えたものである。魏志倭人伝のころは、日本列島の各地方のいろいろなところに人が住んでおり、そのうち九州地方に住み、九州方言を話していた倭国が大陸側と接触があった。そのころ日本列島の他の地域がどうなっていたか大陸側は知らないのである。

　魏志倭人伝の邪馬壱国がどこにあったか、近畿説と九州説があり、争っている。その頃の蝦夷に近い越の国（我が故郷）の目からみれば、そんな争いは馬鹿らしいとしかいいようがない。自分たちの郷土の誇り（歴史）を奪おうとする近畿説はけしからん、というのであれば、まさにその通りであろう。古代の国の歴史をめぐって、それがどちらに属するか中国と朝鮮半島側が争ったのはそう前のことではない。

　国の継続性：　中華思想というのはなかなか面白い。中華の支配者は異民族を含めて次々に変わる。中華から見たらまさに異端の民族に中華を占拠支配されることも多かった、しかし中華は中華である。つまり中国は空間的アイデンティティで国が維持されてきた。それに対して日本列島では歴史的アイデンティティで国を維持しようとする。島国だから地理的アイデンティティは自明のことだと思い込むからであろう。大陸の国中国では漠然としてはいるが、中華という地域（黄河から長江までの間）があり、歴史的には様々な国がそこを支配してきた。もちろん現在は中華人民共和国である。歴史的には西の遊牧諸民族に支配されたことも多かった。共和国になる前の統一王朝は満州族によるもので、瀋陽から北京に都が移り清国となっている。そのようなことが多数回繰り返されても中華の国は中華という地域性を通じて異民族を飲み込んで持続されている。

　一方、氏族制度・家系図による持続性を重視する考え方は中国南部（海岸よりか？）から日本・朝鮮半島などに広まっている。とくに島国の日本は持続的には朝鮮半島や南方中国の影響を強く受けてきたが、異民族による王朝交代などという画期的な事件は経験していない、あるいはなかったことになっている。

そのため氏族制度と同じ国概念の持続性維持が容易であった。五世代も離れていてもとにかく血統がつながっているという理由で、正統に継承されたと理解される天皇（継体）がいるくらいである。

魏志倭人伝の時代には、少なくとも九州全域を視野に置いた倭国が成立している。その後倭国あたりからの東遷があり、奈良盆地に東北地方南部までを視野に入れた律令国家が成立した。さらに政治の実権は東遷し江戸を中心とする政権となり、明治になって朝廷も東遷し、北海道・沖縄全域を視野に入れた明治政府ができている。

朝廷が、北九州→大和・京都（近畿）→東京と遷都しても皇統が持続していることによって、国の同一性は担保されてきた。座標軸を固定して近畿を「中華」だと捉える視点が成り立たないのは、日本の歴史を通じて、地方政権が畿内に遷都して日本を支配しようとする意欲を持たなかったからである。上洛を目指した幾つかの地方政権の中の成功者である信長と秀吉といえども、中国の歴史にあるように、自分で「中華の地」に王朝を作ろうとした気配はない。近畿は「中華」ではなく北九州から関東への首都の遷移点だったのである。さらに地球規模の気候温暖化が進めば、首都や首都機能は東京からさらに北遷するのが歴史の流れであろう。

歴史をめぐって愛国論争が起きるのは世界では珍しい。先に例示したアンデス諸国の場合、建国の歴史は同じなのだから、歴史が愛国論に絡まないのは当然である。したがって右翼も左翼も、保守派も革新派も自ら愛国を主張する。愛国は疑いのない前提であり、愛国を実現する方法としてどれがよいかを争っているのである。日本では愛国教育をするかしないかなどと争っている。世界の常識からは理解されにくい論争であることを自覚すべきではないだろうか。

国境： 日本を県別に塗り分けた地図はなじみ深いが、県のレベルで全図を描くと市町村ごとの地図となる。これらの地図の特徴は国が、あるいは県が全部埋め尽くされている、すなわち境界を持っていると言うことである。だから国の面積という概念を持つことができる。国土地理院が毎年発表する面積に基づいて、地方交付税が決められるので、面積は重要である。だから県境の位置を巡って争いが起きたことがある（富士山頂付近など）。

日本の県境は分水嶺や河川であることが多い。陸を歩いていて川があれば、泳げない人はもちろんのこと、濡れると困る荷物を持っていたりすると、川は大きな障害になる。橋があれば川は障害にはならない。すなわち多くの県境（国境）は橋がなかった時代に陸（平野）に生活拠点を置く国同士の境である。川や山を生活拠点にする人々にとって、それぞれ川や分水嶺が境であることはない。

　かっての職場（東京都立大学理学部）の同僚にオサムシ研究の頂点にたつ専門家（石川良輔名誉教授）がいる。彼の話ではオサムシの分布についてみるに、大きな川の河口付近の両側で、亜種への分化がもっとも進んでいるという。一年の大半をフィールドワークに使っている研究者の話だから説得力がある。つまりハネのない甲虫であるオサムシは川を渡って交雑できない。したがって距離的には近い下流の両岸でも、そこに行くには分水嶺まで遡らなければならないわけである。

　逆に川の生物はどうか。海に降ることのない淡水魚も水系ごとに孤立しているように見える。しかし海面が125mも低かった氷河時代には隣接流域は現在の大陸棚で合流し1つの流域だったことがある。このように川が繋がっている限り、分水嶺の陸地は障壁にならない。

　分水嶺の国境は必要が生じたとき平野から見た国境を決める1つの便法である。カナダやアメリカ合衆国などは州境を直線で決めるなど乱暴なとしか言いようのない便法を取っている。チリとアルゼンチンの国境にも一部そのようなところがあり、川が国境を行ったり来たりするので紛争の種になる。原因は全く異なるが、筑後川では河川工事で蛇行河川に直線的な捷水路が造られたため、新しい（現実の）川を跨いで県境が行き来する。不便なことと思われる。

　尾根は、尾根道という言葉があるように道路の適地である。山の中腹に道を造ると、山襞や尾根・谷のために屈曲が多くなり、距離が長くなる。山崩れで道路が破壊されることも多い。

　尾根道の欠点は高低差である。尾根に近いところは山襞が浅くなるので、山頂を避けてマキ道とするなどの工夫はなされている。スカイラインなどと呼ばれる車道では山頂を避けながら分水嶺の近くを通っている。脚が健康であれば、山道は最高の道路である。大きな川があったり沼地があって行き来きしにくい

平野よりは、山に上って、尾根道を歩き、山を下る方が合理的である。

　車がなかったアンデスではインカ道（古道）は起伏などものともせず、まっすぐに伸びている。海路はもちろんのこと尾根道を辿る人には国境という概念がないはずである。国見山地（九州）の稜線を縦走している人は、山道の真ん中を境に鹿児島県と熊本県が境されているなどとは実感できるわけがない。人吉盆地と大口盆地の平野の人が、最近（明治の地租制度以後）になって便宜的に引いた線が分水嶺の国境である。人工物で国境を作ろうとした例が長城であり、作らざるを得なかったのが朝鮮半島の痛ましい38度線である。これはある日の戦争の前線位置を固定したものである。歴史的経緯を除けば国境ではあり得ない。

　国と国の距離：　魏志倭人伝には当然のことながら国境のことなど出てこない。面積で埋め尽くされるような国ではなかったことがわかる。したがって里程が述べられている国とは、国の中心都市あるいは港町のことだ、と解釈しなければならない。熱帯アンデスではアルチプラノという起伏の小さな高原に多くの都市（村）が散在している。そしてこれらの都市をつなぐ道（自動車道）がある。しかし都市と都市の間に、ここから〜県、というような境を示す標識など一切ない。道路標識は行き先の都市の名前（と場合によっては距離）だけである。

　都市は原子核みたいなもので、核と核のあいだは電子が飛び交っているだけの単なる空間である。ペルーとボリビアの国境は幹線道路の点として存在するだけでそれ以上のものではなかった。2ヶ国のそれぞれの側のゲートで外国人などは入出国や通関の手続きをするのだが、そこ以外は通行自由（？）のようであった。例えば国境の町の子供の職業として、道路の国境の手前で外国人から荷を引き受け、国境を越えてから、渡してくれるという仕事が公然として存在していた。島国育ちの私としては国境とはこんなものかと目を見張るものだった。通貨も相手国のものが両替なしで流通しており、国境を離れるに従いだんだん、他国の通貨は両替しないと通用しなくなった。ただし歩く両替屋はいくらでもいた。小学生の頃、隣の学校の村に行くとき、村境を越えると、乱暴な悪い奴がいるのではないかと緊張したものだったが、それすらなかった。

第5章　魏志倭人伝時代の国とは

　以上のことから、例えば里程に出てくる伊都国と奴国の距離とは両国の中心都市間の距離と解釈される。明らかに国境までの距離ではない。伊都国はその中心都市とは別に港があってもよい。港を海に面する国の中心都市と思い込んだり、内陸に中心都市のある国に港がないなどと思いこむと、誤りをおかすことになるかもしれない。

　都市の周りには竹などの籬(まがき)あるいは葦の葦垣(あしがき)くらいはあったであろう。厳重な都市では壕や壁もあったであろう（吉野ヶ里遺跡など）。またその囲いの中に住む人と外に住む人との別はあったと思われる。遷都まもないブラジリアでは自然発生的な都市部分（ファベイラ）は完全に排除されていた。そして幾つかの道路が首都区域から出ていくまさにその付近に、首都の建設、維持に関わる人達の生活空間があった。そこは猥雑で活気があった。都市の機能を空間的に分割して配置していたのである。魏志倭人伝では市場があるとしている。これは濠の中であろうか外であろうか、また貴族や一般人の墓所はどうか、考古学は古代人のものの考え方を理解しようとする楽しそうな学問に見える。

　魏志倭人伝の時代に、2万戸（奴国の場合）などの人口を抱え込む都市があったなど考えられない。2万戸都市では上水施設にも下水施設にも困る。集中しなければこれらの問題は何とかなる。当然のことながら大国には都市が複数存在していたに違いない。一国一都市と勝手に思い込み、2万戸の都市は大きすぎる。2万人の誤りであろう、などとしてはいけないのは当然である。

第6章 末廬国・伊都国・奴国・不弥国はどこか

　魏志倭人伝に出てくる地名のうち、それが現在のどこに当たるのか、かなり確実と思われるのは、対海国の対馬、一大国の壱岐であろう。この区間の前後、すなわち狗邪韓国と対海国の間、一大国と末廬国の間については方向の記載がないので、国（都市・港）の場所が特定できない。もちろん対海国も一大国も現在の地名にはないので一応検討するとしても、その他の可能性としては隠岐ぐらいしか候補はない。しかしこれでは後が続かないので簡単に除外される。したがってこの2つの島は対馬と壱岐として全く問題はないであろう。

　幸いこの2つの島の距離は千余里と記述されているので、実際の距離との対比で、千里が何kmかという物差しを得ることができる。しかし距離を測るとき、それぞれの島のどこからどこまでを測ったのか記載は無い。仕方ないので、それぞれの島の中心を結ぶ線分とした。対馬では2つの島（上・下）の間の浅茅湾（あそう）の中央部、壱岐では島の中心部とした。この距離を電子国土ポータルのページで計測したところ、73kmであった。魏志倭人伝では千余里と記載されているので、とりあえず100里は7kmぐらいだろうと推定できる。余は切り捨てがあることを示している。魏志倭人伝に出てくる距離の最小値は100里である。100里の実距離（km）は後でもう一度検討することにして、ここではこの概数でよしとしよう。

　一大国（壱岐）から末廬国までの距離は渡海千余里である。方位の記載はない。また伊都国は末廬国から東南陸行五百里とされている。末廬国の港がどこにあったか、それは、そこから始まる陸地のルートの検討から遡って確かめることにしたい。魏志倭人伝の内陸ルートの記述を忠実にしかし簡略化して示すと次のようになる。

　①末廬国（の港）→東南陸行五百里→伊都国（の中心都市）

第6章　末廬国・伊都国・奴国・不弥国はどこか

　②伊都国（の中心都市）→東南行百里→奴国（の中心都市）
　③奴国（の中心都市）→東行百里→不弥国（の港？）
　句読点、段落のない原文の特性から、③は次のようなコースに代替される可能性がある。
　④伊都国→東行百里→不弥国（の湊？）
　なぜここだけ、伊都国中心に考えるかというと、伊都国がこの当時の倭国の首都だから道路の起点になっている可能性があると考えたからである。全ての道は都(みやこ)に通ず、ローマに通ず、鎌倉に通ず、である。また、魏使はここにとどまる、とある。このような解釈を、榎（一雄）の放射読み、ということを後で知った（原著は未読）。このようにも読めるということであれば、行程の検討で考慮しなければならない事項として留意したい。

　末廬国に上陸してから、初めて東南という方位と陸行という記事が現れる。末廬国から伊都国、伊都国から奴国が東南方向である。不弥国へは東行である。この最後の2つの行程に陸行とは記述されていないが、著者は簡潔な文章を書きたいようだから当然「陸行」が省略されている。

　以上のことから伊都国と奴国の中心都市は内陸に位置している（港町ではない）という結論になる。また伊都国・奴国・不弥国の相互の距離は接近している（7km程度）。この2つの結論は国々の位置探しにあたって、譲れない条件である。不弥国から先のルートは（渡海船でなくおそらく小型船で）また水行する。ここで小型船とは後で述べるように、和船、すなわち艪(ろ)船だろうと思っている。漕ぎ手は1人か2人であろう。人が歩く程度のスピードである。

　不弥国は海岸か船航可能な河岸に位置しており、水行の港を持っていなければならない。しかもそこから南へ水行して投馬と邪馬壹国に行けるところに位置していなければならない。これらの位置関係を満足するルートがあるかどうか検討することで、末廬国や伊都国・奴国・不弥国がどこに位置していたか逆に判明するであろう。

　この4つの国が、記述通りの方向と距離で次々に合理的な位置に見つかるかどうかである。原則として、方向と距離には若干の誤差は認めるが、南を東にするような（90度方向変換）、あるいは1月を1日にするような操作をしないと辻褄が合わなくなったときは、そのコースは破綻したと見なすことにし

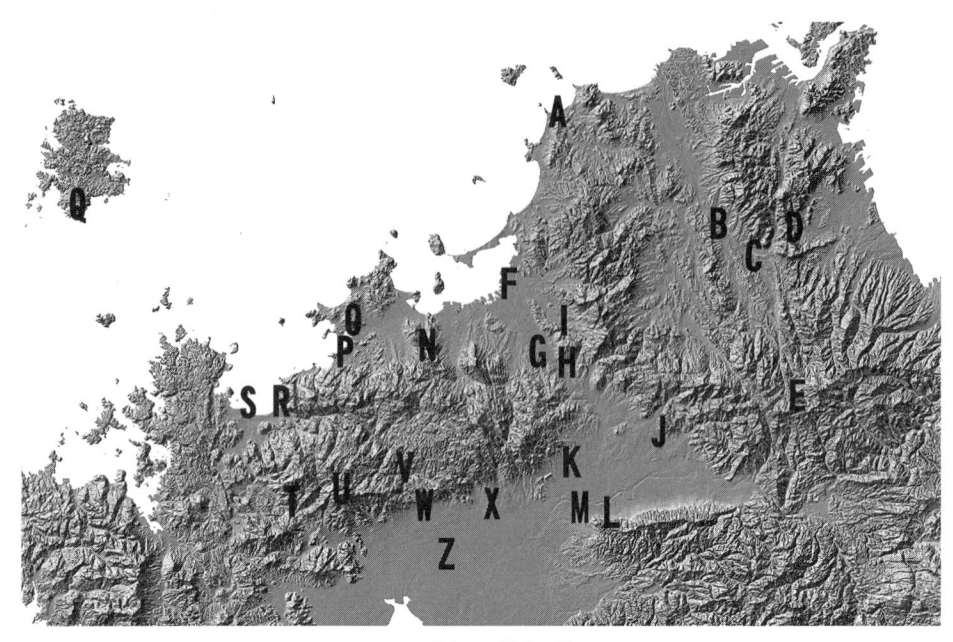

図 6-1　北九州の地名と位置

第一案関連　A：神湊、B：糸田、C：香春、D：仲哀峠、E：英彦山
第二案関連　P：深江、V：熊の川温泉、W：国府跡、Z：佐賀城址、X：吉野ヶ里遺跡
第三案関連　S：唐津、T：厳木、Z：佐賀城址
第四案関連　R：玉島川河口、V：熊の川温泉、W：国府跡、X：吉野ヶ里遺跡
その他　　　Q：岳の辻、F：(那の) 津、G：玖珠岡本遺跡、H：大宰府跡、I：貴船、N：日向峠、O：可也山
　　　　　　U：天山、K：鳥栖、M：久留米、L：高良山、J：甘木

た。末廬国の港から東南に 500 里（35km）という目標で伊都国があり得る地形が存在するか、という検討から始める。

　この章を読むとき、ぜひ電子国土ポータル

　　　http://portal2.cyberjapan.jp/site/mapuse/index.html

を参照しながらにしていただきたい。2.5 万分の 1 地形図が継ぎ目なしで閲覧でき、地図の縮尺可変、距離測定可能などの機能がある。

第一案　東周回コース案（奴国は香春、不弥国は周防灘に面する）

　末廬国（のどこか）の湊として神湊 A（近くに宗像大社辺津宮がある）を候補地としてみよう。それに先立ち、福津の津谷崎は地形条件は良いが、東南方向に三郡山地があるので、それを迂回すると末廬国（のどこかの港）から東南行するという条件に合わないため、また港が西風に直面しているため除外した。

次の伊都国（の中心都市）へは神湊から南東へつまり直方(のおがた)方面へ進むことになる。孤立した低い丘陵とその間を埋める低地の繰り返しからなる地域を直線で計って25km進む。低地もおそらく水田化されていなかったのであろう、「草木茂盛し、行くに前人を見ず」（魏p.40）という状況は適合している。この地域の地形は典型的な準平原地形で、朝鮮半島南西部や壱岐島で見られる地形と同じである。直方まで直線で約22kmは地形の特徴を加味すれば実質30kmくらいの行程であったと予想される。直方からは遠賀川沿いの平野をそのまま東南に行くことになり、8kmほど（合計38km）で糸田町北端B（平成筑豊鉄道糸田線大熊駅）付近にいたる。500（里）×7＝35kmであるから良い適合であると言える。

　「イト」という地名がここにあることから、第一案はかなり有力になってきた。伊都国は帯方郡（コース出発地、ソウル付近？）からの使いが行き来するとき滞在する所である（魏p.40）。また、一大卒という役所（治安維持軍？）が置かれていた（魏p.48）。また伊都国の代々の王は女王国（倭国のこと）に統属していた、と記されている（魏p.40）。官はこの国だけ爾支(ニギ)であり、伊都国には倭国の（宗教的）行政府があったらしい。この伊都国王と一大卒の関係は分からない（記述が無い）。伊都国の戸数は千戸余で小国（記述があるなかで最小）だから、倭国の盟主ではない。倭国9ヶ国（句奴韓国・対馬国・壱岐国・末廬国・伊都国・奴国・不弥国・邪馬壱国・投馬国）を結びつけているのは軍事力だけではなく、卑弥呼の鬼道（霊力）か何かである（魏p.49）。卑弥呼はここに住んでいたが、いつも隠れている存在である。

　伊都国の東南にある奴国は距離で百里（7km）の近隣であり、戸数2万余戸というから奴国は日本有数の（日本という命名はまだないが）大国であった。この方向と距離（東南百里）には古代の鉱業都市香春(かわら)Cしかない。香春神社の南は、いまでは日本セメントの工場や社宅地となっている。なお採銅所は香春駅から金辺川を5.5km北に遡ったところにある。銅は融点が低い（1085℃）ことと合金を作りやすいという性質があり、原料さえあれば鋳型などを使ってどこでも鏡・銅鉾や銅鐸を作ることができる。香春は古代の有数な採銅所であり、粗銅の生産地であり、精錬して、鉾・鏡・針・つり鉤などの銅（合金）製品を作っていたと予想される。また同じように窯業も盛んであったとおもわれ

る。

　カワラやカワラケもこの香春が語源であろう。北に隣接して福智山があり、このフクチ山が、銅の溶鉱炉←→活火山の連想から静岡県富士山の地名として転記されたらしい（前述した）。麻生元首相一族はここにセメント工場を持っていたのは偶然であろうか。アソとは火山のスソ（出入りの少ない山麓）であり、そのあたり（マ）をアサマといい、アサマ神社（火山の神社）の語源であるとされている。

　なお魏志倭人伝には冶金のことは全く触れられていない。これはこの第一案を疑わせる理由の１つではある。奴国は戸数２万余の大国であり、奴国は鉱業・冶金労働者が多かったと思われるが、それを支える広い農地が香春の近隣に無くてはならない。しかし相当する地形が見あたらないのはこの案の第２の欠点である。

　鹿春の地名は、風土記逸文（風 p.511）に出てくる。郷は、日本セメント工場用地付近にあったらしい。その北の峰（一ノ岳）には頂に沼があると記述しているが、この「一の山」は石灰岩採掘のため削られて当時より、地形から判断しておそらく 200〜300m 以上低くなっていると思われる。二ノ岳は銅・龍骨（石灰岩のこと）があるとされる。地図では日田彦山線採銅所駅の近くに鍛治屋敷・採銅所などの地名が残る。さらに北に進めば金辺トンネルとか竜ケ鼻（680.6m）、その北東は三菱マテリアル東谷鉱山を経て、平尾台に連なっている。この付近は石灰岩分布域である。地下深くで石灰岩とマグマが接触して、いわば金属が石灰岩に吸い取られてできたスカルン鉱床というタイプの鉱山資源がみられる。それぞれの鉱脈は小さく分散しており、手掘りの鉱山採掘跡が多数あるという。褐鉄鉱も産するが利用されたかどうかは分からない。

　奴国（第一案では香春）から東へ百里（7km）で港町の不弥国があるはずである。しかし適当な地形が無い。香春からは仲哀峠Ｄ（標高 380m くらい）越えで東へ 18km 行くと周防灘の海岸（行橋市）に出る。この道筋には京都郡みやこ町の綾塚古墳や橘塚古墳があり、その後に歴史が続きそうな気配がなくもないが、距離百里（7km）という記述とは大きくずれている。第一案はほとんど破綻している。

　第二案　有明海南下コース（末廬は深江、山越えコース）

（末廬国は糸島市深江P、伊都国は惣座・肥前国庁跡W、奴国は佐賀城跡Z付近、不弥国は吉野ヶ里遺跡X、あるいは伊都国は吉野ヶ里遺跡、奴国は久留米市M付近）

　第二案以降はすべて、投馬国・邪馬壱国に至るに有明海南下コースを取る場合である。参考までに主要な地点間の直線距離を国土電子ポータルで測定した。深江―惣座　25.2km、　惣座―佐賀城跡　8.8km、惣座―吉野ヶ里遺跡　10.0km。

　末廬国のある港とは、筑前深江P（糸島市）であるというのが第二案である。糸島市は2010年1月1日にできた新しい市で、二丈町・前原市・志摩町が合併して誕生した。筑前深江駅の北東、築肥線が通っている平野は沖積地（三角州）で、現在はほとんどが区画された水田となっている。118mの三角点を最高点として、東北―南西に伸びている丘陵は「糸島半島」と同じように完新世のある時期までは「松末」島であった。あるいは城山（123.4m）のふもと二丈浜窪で南の松末島と繋がっていたかも知れない（そのときは半島）。つまり現在龍谷寺と二丈長石の間を通り、反時計回りにこの平野の縁を巻いている羅漢川あるいは松末羅漢川（国土地理院2.5万分の1地形図の地名）の内側・南側は出口を砂丘で塞がれた浅い内湾か葦原であった。

　古事記神功皇后の記事で「御裳に纏きたまひし石は、筑紫国の伊斗村にあり。また筑紫の末羅縣の玉島に……」（記p.152）とこの地にこだわっていることから判断して、この案の可能性は高い。また風土記逸文（風p.503）でも怡土の郡として取り上げられている。ただし逆に、松末、羅漢川、糸（伊斗）などの地名は古事記や風土記の記事に引っ張られて後から付けられた地名かも知れない。

　具体的な港の位置を想像してみよう。鎮懐石八幡宮方向から深江の町の西側（海岸沿い）を北へ延びる砂丘は10mを越す高さがあり、他の平野の例から見ても、この砂丘列は2〜3世紀の頃はすでに形成されていたと思われる。西よりの風で運ばれてくる漂砂は砂丘砂の起源になるだけでなく松末羅漢川の河口を閉塞気味にしていたと思われる。そのため松末羅漢川の河口は常に東側に押しつけられて、位置が変わることはないだろう。ここを末廬国のある港、と想定する。

波多江駅南東方 2.7km の標高 150m 位の所（33.39.16N、130.15.14E）に怡土城跡（山城）があるが地形から判断して大規模なものではない。多分「浜」イトのような地名がこの付近の地域に定着してから後のものだろう。古い地名「怡土」が厳然として存在するために船でも来れる「怡土」か糸（島）を「伊都」と勘違いすると、そこから後の魏志倭人伝の記述は全く理解できなくなるのではないだろうか。魏志倭人伝を素直に読めば、当然のことながら伊都国の中心都市は船で行けない内陸である。海岸の怡土ではない。

　松末羅漢川の河口から伊都に向かうには、まずこの平野（当時は海か湿地）の南側の岸を東に向かって長野川を目指す。目標は宇美八幡宮付近である（ここまで約 6.1km）。そこから雷土山神籠石まで約 3.5km、港から 9.6km。以後出発点の港からの距離で示す。ここから上流は自動車道は非常に屈曲が多いので、車を使わない弥生道はもっと直線的だったとして、長野峠の東 600m の鞍部（海抜約 570m）まで 11.8km、ここから現在は道がないが、南へ上無津呂川の淀姫神社（14.8km）、さらに上無津呂川沿いにくだり、下無津呂近くの下田（16.4km）で国道 323 号と合流、そのまま神水川を下り神水大橋（20km）を通り、東畑瀬（23.9km）まで行く。ここから先の嘉瀬川の下流は峡谷で通行しにくいので、権現山の南を通って、小副川を下ると小関橋（30.0km）に出る。この東 750m 付近に蛇行する川に囲まれて東に張り出す、川からの比高 20～30m くらいの台地がある。現状はともかく、背後に山を控え祭壇のような地形となっている。そのすぐ脇の河原に近いところに、少なくとも 9 世紀まで遡れる歴史を持つ古湯熊の川温泉 V がある。1923 年郭沫若氏が家族と共に滞在していたそうである（市のホームページ）。嬉野・武雄などとは比較にならない温泉地であるが、伊都へのコースに温泉があることは面白い。長旅の疲れをいやし、あるいはこれから始まる難しい旅の英気を養う、港から 1 日行程の所に温泉があるのなら、それを避ける理由など全くない。

　魏志倭人伝では、伊都は帯方郡からの使いが行き来するとき滞在する所である、とだけ報告して（魏 p.40）、温泉のことに触れていないことが笑わされる。魏の使いは温泉で倭国伝統のドンチャン騒ぎの接待を受けていたのかも知れないのである。西遊記のご一行は天山山脈の麓で青い目をした美女達にうつつをぬかし、旅の日数を重ね、ただし報告（小説西遊記）では照れくさいので彼女

らを魔女に仕立てたのだ。安山（アンデス）との比較をしてみたくて、3回ほど天山山脈を訪れた。私の直感として、子どもの頃夢中になって読んだ西遊記の魔女とはこの地の美人のことだったという説が成立した。魏志倭人伝の記事のうち、実際に見聞したと感じられる、倭人の風俗習慣の記述は非常に好意的である、温泉での接待の成果があったのであろうか。

　熊の川温泉が伊都だとすると、福岡市西部の長垂山の東側海岸からでもアクセスが可能である。ここは松原が多く、元寇の防塁、下山門（駅）・壱岐神社などがあるので、末廬国（のある港）の候補になる。そこから伊都までの距離を計ってみると32～35kmくらいで合格である。ただし、伊都の方向を見ると南であるので、方位については不合格である。糸島半島は三角州の発達が貧弱だった縄文時代には、地形的には糸「島」であり、糸島という地名は「浜伊都」つまり「伊都への海からの入り口」という意味かもしれない。同じように「下山門」は川下の「やまと」ということで、後世のだれか知恵者が付けた地名ではないだろうか。ただし魏志倭人伝の使者が通ったのは伊都への方向が違うのでこのルートではない。

　竹取物語に「くらもちの皇子は、心たばかりある人にて、朝廷には、筑紫の国に湯あみにまからむといとまして」（湯に入りに行くと休暇をとって）とあり、しかもイトをかけことばにするのは万葉歌人のおやじギャクかも知れないが、後世から見ると、これはただごとではない、と思わせる。この付近には温泉が多く、竹取物語の温泉がどこであるか特定できるわけではない。しかし福岡から33kmという距離を考えると熊の川温泉の可能性が高い。それにしても近畿地方の人が休暇をとって、筑紫の温泉に来るとは考えられない。倉持の皇子は北九州に住んでいたのであろう。日本書紀履中天皇の条に車持君（くるまもちのきみ）が登場するが（紀（二）p.296）、同一人物かもしれない。

　伊都国（の中心都市）は温泉であるという、たぶん古来希なるアイディアが浮かんだが、ふざけ過ぎかも知れないと自覚して、そこから5.6km、嘉瀬川が平野に出るところ（佐賀大和IC）近くの惣座・肥前国庁跡Wあたりを伊都国と想定してみた（深浦から35.6km）。同じ方向をさらに8.8kmいくと佐賀城跡Z。ここを奴国の中心都市とした。100里7kmの暫定物差しはまだ修正の必要がない。

現在の佐賀城跡は幅60m位の水堀に囲まれ、南北800m東西800m（さらに東側に180m幅の付属部分）の堂々たる敷地を持っている。江戸城が内堀で南北1.9km、東西1.0km（外苑含まず）であるので、いくら何でも佐賀城は広すぎる。かっての地割に従う水田集落の周りの水堀を利用して城囲いとしたのかも知れない。ここ（佐賀城跡）と筑後川の自然堤防上の村落は舟運でつながれていたと思われる。江戸時代における新潟と蒲原平野の村々の関係と同じように。

　なお佐賀城跡の東方には不弥国となるような大きな古い陸地（自然堤防）はないので、不弥国はやはり、奴国の東ではなく、伊都国（惣座・肥前国府跡）の東にあることになる（p.82の④のケース）。また、末廬国は伊万里、伊都国は武雄温泉（古い、大きい、有名な温泉）というコースも検討した。武雄から南東8.2km大平野に面する塩田(しおた)付近が奴国（の中心都市）だとし、塩田川を下り、北岸（左岸）の山の端が沖積地に張り出した突端の竜王付近を不弥国の（有明海に臨む）港と考えてみた。奴国は2万戸の大国である。卑弥呼の時代は弥生末期であるから、それに先だった大きな弥生遺跡があるとか、大きな古墳群があるとか、なにかこのあたりにほしいわけである。時代が変わっても人口包容力はそれほど変わらないと考えるからである。結局塩田にはそのような気配はない。

第三案　末廬は唐津、松浦川コース

　唐津S（カラはカヤか？）は名前からそうであるように、大陸への港とされている。鏡山(領巾振山、283.5m)は湾奥の海岸から2kmにあり、神集島(83m)や高島（170m）などと共に用いて、入港出港時の非常に良い目印となっている。風土記逸文（風 p.516）には「帔搖之岑」（比禮府離）とあり、最頂に沼有り、の沼は現在も地図にある。地名の対比がこれほど上手くいくと快感である。この沼を掘削すると出船の男達を見送った乙女達が振っていた、布切れが見つかるそうである（ウソ）。

　唐津から松浦川の左岸を遡るコースを有明海南下コースの別案として具体的に検討してみよう。唐津から佐賀平野に出るには2つのコースがある。1つは、唐津線に沿って、松浦川・厳木川を遡り厳木(いつき)Tから番所の分水嶺を越え、佐賀平野に出るコースである。・92mの独標点のある孤立した丘が伊都国（の中

心）かも知れない。ここまで唐津からの距離は約 34km である。この丘は佐賀平野に面しているので、非常に眺望がよい。時には雲仙まで見えるそうである（小城市ホームページ）。丘の南端には牛尾神社がある。ここから嘉瀬川まで東 6km、佐賀城址まで 11km である。このコースの場合、不弥の港は筑後川でなく嘉瀬川河畔となる。このコースでは奴国の中心都市が佐賀城址に対比されるのは前と同じである。

第四案　末廬は唐津（玉島川河口）、脊振山山麓コース

　もう 1 つのコースは、唐津（の港）から脊振山地の南麓を通る山道コースである。ただしこのコースでは普通に唐津港に入港すると、松浦川の渡し（鏡の渡し、風 p.395）を渡らなければならないので、気長足姫尊（オキナガタラシヒメ、神功皇后）がアユを釣ったという玉島川の河口 R が港となる。山道であるので距離を測ったコースを理解してもらえるように詳細に記述してみよう。河口の浜崎から国道 323 号線を通り、賀茂神社（8km）、馬川（11.5km）に達する。ここから先は自動車道は大きな迂回になるので、それと別れ、馬川川を遡り、標高 450m 位の緩い峠（14km）を通り、浦川を下り神水大橋（21km）にいたる。ここから先は前に述べたコースとおなじである。結局唐津から熊の川温泉 V まで 31km である。

　第四案の唐津から熊の川温泉、第二案の深浦から熊の川温泉、のどちらがよいかそれぞれ一長一短がある。距離は似たようなものである。得られた数値は 2.5 万分の 1 地形図上での計測によるものなので、山道では実際は 1 割か 2 割大きな値となるかも知れない。p.82 の②は脊振山地の峠を越える道なので、起伏が大きい。唐津は長い時代にわたり朝鮮半島に面する玄関で交通の要所であった。ただ唐津―伊都の間の道筋には新旧を問わず歴史を感じさせる遺跡が少ない。第二案の方は時代は新しいけれども、律令時代の神社や意味不明の遺跡神籠石などがあり、そのころも、その前も、そのあともこの道が使われた（古道）という風格があり、惹かれる。

　熊の川温泉から南東方向へ嘉瀬川ぞいに下って佐賀平野にいたるコースはわかりやすい。佐賀の平野への出口の惣座・肥前国府跡 W が伊都国、佐賀城跡 Z を奴国の中心都市と見たわけである。この付近から南あるいは東に広がる筑後川のデルタは広大である。それこそ高天原から見下ろす位でないと平野の全

貌は見えないだろう。そしてこの地に船などで、近づくと葦に覆われて複雑に入り組んだ水路（三角州）のために、居場所を失うほどであろう。しかし、西に経ヶ岳（1076m）、南に有明海を隔てて雲仙岳（1486m、活火山のため当時の高さは不明）、三池山（988m）、東に耳納山地の最西端の髙良山 L（312m）など、北に脊振山地（天山 U、彦岳、金立山）を遠望し、近くに、西から鈴隈山（133m）、帯隈山（175m）（中腹に神籠石）、早稲隈山、日の隈山（158m）と孤立した山が並んでいる。

　このような特徴ある山とその配列は広大な筑後川デルタにおける良い陸標だったに違いない。筑後川のデルタは古代人が陸路近づけるところではない。自然堤防の村々をつなぐ道はつくれない、船が唯一の交通手段である。船を使えばかなり自由に行き来できる。もちろん獣や鳥、魚などの狩猟地としてすばらしいところであったろう。

　伊都国の中心都市を惣座・肥前国庁跡 W 付近とした場合、次の国はここから東へ 100 余里、航海に出かけられる港町の不弥国でなければならない。伊都国から真東 10.0km にあるのは吉野ヶ里遺跡 X である。不弥国（の中心）の都市はここしかない。次に吉野ヶ里が港として機能するかどうかについて検討してみよう。

　筑後川左岸の久留米市と右岸側のみやき市・神埼市・佐賀市などの市境を見るに、それは現在の筑後川とは一致せず、いたるところで飛び地になっていることがわかる。市境は筑後川が自由に蛇行していたときの、ある時期の河道であり、明治時代以後の土木工事によって、河道の直線化と連続築堤が行われ、そのために現在の河道から見ると反対側に旧地が取り残されたようになってしまった。このような大河川流路の捷水路化工事は国の河川管理の大方針の下で、日本中のほとんど全ての河川で行われたことである。

　久留米市（駅）M の西北 3.2km、川の対岸の岡に三角点 67.9m がある。その岡の南端に千栗八幡という神社がある。この直下の平地に、筑後川が大きく蛇行していたときの旧河道が見られる。水田化されているが古川という地名に名残がある。内側つまり筑後川との間は川を隔てた久留米市に属している。地名は長門石町となっている。これは土木工事直前の蛇行跡である。工事は蛇行のくびれた部分を掘削して、直線的な捷水路を作り水はけを良くし、また要所

に霞堤をつくって河道を固定しようというものであった。ほっとけば河川は（八股の）大蛇のように蛇行し、また年ごとに位置を少しずつ変える。人間が堤間湿地（後背湿地ともいう）に造った水田は簡単に飲み込まれてしまう。

　大きな平野の河川地形は平野に出たところに形成される砂礫を運ぶ河川の扇状地帯、砂を運ぶ河川の自然堤防・堤間湿地帯、海岸の三角州帯（潮入り帯）と並んでいるが、吉野ヶ里東方の平野は典型的な自然堤防・堤間湿地帯である。そこにはもっと古い時代の蛇行跡も追跡できる。目安は自然堤防、旧河道・堤間湿地などの地形、集落の立地、地割り（区画割り）の不連続、集落の分布などである。これらは2.5～5万分の1程度の大縮尺地図と空中写真があれば容易に読図できる。研究成果もある（下山正一、1996）。明治時代の地形図や古代の街道も参考にした（島方洸一編、2009）。

　吉野ヶ里遺跡の近くの地形を観察してみた。遺跡の中央部から南東約3km上米多・寺家などの集落が分布しているところは自然堤防であり、そのすぐ脇を筑後川がながれていたことは確かである。ここから先は現地で、古い地図や寺院の年代などから範囲を狭め、沖積層の表層堆積物のC-14年代などから、河道の位置を時代に即して正確に決める必要がある。空中写真の読図結果では、陸上自衛隊目達原駐屯地から遺跡のすぐ南を通り、神埼町櫛田神社（三角点19.7m）方面に向かう河道があったように見える。時代も確定していないが、不弥国の中心都市（吉野ヶ里遺跡）はすぐ南側で筑後川に面していた港町であったと判断できる。標高からみて吉野ヶ里近くまで潮が入っていたとは思われないが、川の流速に変化を与える干潮・満潮（有明海北部は最大5m）を見計らって、出港・入港していた、と察するのは容易である。またここは筏流しで日田盆地方面から流されてくる材木を拾い上げる場所でもあったろう。

各行路案の比較：　以上幾つかのコース・選択肢についてまとめて検討してみよう。第一案は古事記の神武天皇の東征、すなわち日向（宮崎県）から豊国の宇佐に行き筑紫に行くというコースの逆である（紀p.89）。この第一案には以下のような弱点がある。記述（魏p.50）によれば、女王国（ここでは邪馬壱国）の東千余里に国があって全部倭種（倭人と同じ種族）である、という。もちろんこれは四国のことを指しているが、第一案の邪馬壱国の東ではない。投馬国

からみてもその方向は北東でなければならない。ただしここで女王国を女王国連合の1つ不弥国としよう。するとうまく合致する。しかし今度は女王国から南に四千余里に侏儒国という続きの記述が抵触する。また、その南に狗奴国あり、女王に属せず（魏 p.45）という一文の解釈ができない。邪馬壱国の南だとすると、狗奴国は薩摩・大隅半島の先端部だけになってしまい、その勢力と大国邪馬壱国が対立するような事態になるとは想像できない。その南を、邪馬壱国連合国の伊都・奴・不弥などの南とすると、「その南」とは日田あたりとなるが、その間は英彦山地 E が大きな障害となっているので、両勢力が南北で衝突することないだろう。

　さらに第一案の大きな問題点は実は記載されている内容に問題があるだけでなく、「ある事項」が全く記述されていないことに問題がある。周防灘から志布志湾まで航海するような技術を持ち合わせているのだから、奄美大島付近までの情報を持っているのだから、そしてわずか 10km 幅ほどの速吸瀬戸（豊予海峡）を通るルートを通過しているのだから、四国についての記述が 15 字しかないのは少なすぎる。さらに長門（本州）についての言及が全くないことも問題である。不弥国が中津から行橋のあたりのどこかだとしたら、長門までは 30km 足らず、十分見える範囲である。これは明らかにおかしい。つまりこのコース（海路）は宮崎平野と筑前・豊前地方を結ぶ海上ルートとしてはあり得るが、魏志倭人伝に記載されたコースとは異なると結論される。

　第二案はどうか。このコースは方向・里程とも問題はない。第二案と第四案は選択に窮するが、末廬国が唐津か深江かという差であり、伊都国が惣社跡、不弥国が吉野ヶ里、奴国が佐賀市方面という点では一致している。ここでは保留としておこう。

　最初の原稿ではここから先に行程の検討が続いていたが、根本となる方向と距離について問題があることが、後に発覚したので、これを削除した。11 章をご覧下さい。

第7章　北九州から投馬国・邪馬壱国へ

　伊都国あるいは不弥国（この2国は100里約7kmと直近なのでどちらでも良い）の港から水行して投馬国と邪馬壱国へ向かうコースについて検討してみよう。しかしその前に、整理しておくべき問題がある。魏志倭人伝より後の成立で、これを引用している随書倭国伝では、「夷人里数を知らず、ただ計るに日を以てす」（魏 p.65）とあり、倭の国では時間で計る距離が用いられていたことがわかる。歩くしか方法がないのなら、日数（時間距離）で表すのは極めて合理的である。魏使の聞き込み（伝聞）によるところは距離が「日」で表されている。伊都国あるいは不弥国から先は伝聞による行程である。

　投馬国（人口5万戸）、邪馬壱国（7万戸）はいずれも大国である。国内に多数の都市あるいは村があると考えられる。そして港がその国の中心都市であるという記述はない。したがって記述通りの行程で、その国の港にたどり着けば良いと考えた。中心都市がどこかは国内問題と考えた。奴国・不弥国は伊都国と近接しているので、出発地は倭国の首都伊都国としても大差はない。

経由して次に行くという考え方： 「南、投馬国に至る水行二十日〈中略〉南、邪馬壱国に至る　女王の都する所　水行十日　陸行一月ばかり」（魏 p.41）。中略部分は役人名と人口（戸数）の記述である。ここで考えなければならのは、①伊都国から投馬国経由で邪馬壱国に行くのか、②伊都国からそれぞれ別々に2つの目的地に行くのかという問題である。しかしこれは②しかない（榎木の放射読み説）と考えている。なぜなら①の場合、乗船者の一部を投馬国に降ろして邪馬壱国に向かう、帰路では邪馬壱国からの乗船者に投馬国からの乗船者を加えることになる。つまり行きには乗客が減った船を運航し続ける（ばかばかしい）か、あるいは帰りに満船になって投馬国から乗船できないという事態

が生じる。

　現在新幹線指定席ではこのようなムダが生じないように区間予約制としている。例えば博多行きの列車で、大阪で降りる人がいれば、そこから先の座席を、回線による情報があるので、売るのである。何の工夫もせず大阪でガラガラになった列車を博多まで運転するはずはない。私はこのように現在にも通ずる合理性に従うことを、それに背く記述がないかぎり、人間のすることの原理だと思っている。とくに記述が無いかぎり、傍証であってもその合理性にしたがって解釈しようということである。

　当時、通信手段は絶対にないから、経由港で乗客を乗り降りさせて、その先に行くという発想はないだろう。大学院生時代に南米に滞在していたとき、リマ（ペルー）とラパス（ボリビア）間（1800kmくらいか）の乗り合いタクシー（コレクティーボ）を何回か利用した。コレクティーボは全くの個人営業で、たまり場で乗客が4・5人あつまると出発するというシステムである。途中にアレキッパというペルー第二の都市があったが、乗客の乗り降りは全くなかった。ガソリン補給の必要がなければ通過する。リマからアレキッパ行きという別の便があったからである。国際線の大型バスも同様であった。つまり大阪行きの乗客だけを乗せた新幹線列車が名古屋駅を通過するようなものである。伊都国あたりの港から出港するとき、邪馬壱国行きの船と投馬国行きの船は全く別だったと考えるのが自然である。

　狗邪韓国から末廬国までの間は渡海船である。西都原出土の埴輪船（国宝、国立博物館）を見ると櫂は片側6つ、12人の漕ぎ手を有する大型船で、魏志倭人伝の1000余里（約70km）は余裕を持って1日で渡り切れたと思われる（図7-1,2）。一方沿岸や大きな川で用いられる艪の速度は一丁艪でも二丁艪でも人がゆっくり歩く程度であるので、速度の差は3：1程度かと推定される。

　操船術がどうであったかも問題である。誰がやっても同じならヨットレースなどあり得ない。ヨットレースを見ていると、スキッパー（船長）が舵と帆を操る人に指示を出している。潮の流れや風向きを判断して、適切な判断をしているのだと思われる。このような技術は誰でも持ち合わせているわけではない。つまり同じ海原族でも、技術レベルはそれぞれ異なっていると考えるべきである。渡海船の海原族は有視界航海で距離を知ったうえで航海しているのに、国

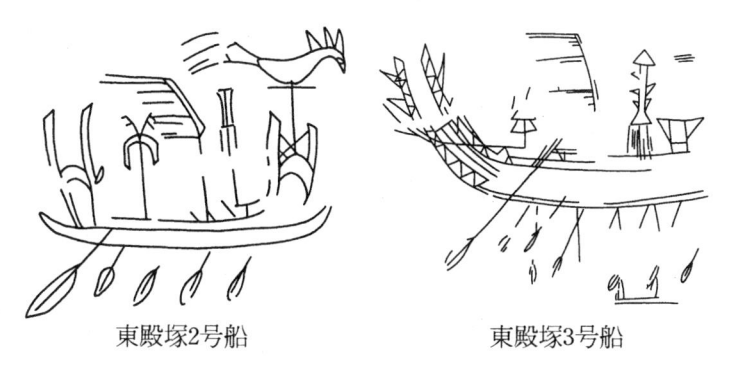

第 7 章　北九州から投馬国・邪馬壱国へ

東殿塚2号船　　　　　　東殿塚3号船

図 7-1　船の線画
（岩波書店版風土記、月報、佐原眞（1997）埴輪の船の絵と風土記）

内航路の海原族は日数でしか測れないからである。ただし当時、追い風を受ける帆ぐらいはあったかも知れないが、埴輪などから見る限り帆船は無かったらしい。

伊都国あたりの港から投馬国の港までの距離は二十日、邪馬壱国の港は十日の距離である。そこで時間距離を 1：1 に分割するところ（中間）に、邪馬壱国の港があり、そこからさらに十日離れたところに投馬国の港町が存在すると考えた。

邪馬壱国への「水行十日陸行一月」については検討を要する。北九州から水行十日の次に引き続き陸行一月では、適当な距離の所に、人口七万余戸を容れる大きな平野や盆地がないからである。というより、南へ水行十日した後では、10km/ 日と極めてゆっくりした速さでも 1 ヶ月の陸行では九州島からはみ出してしまう。そこで「水行なら十日、陸行なら一月」と読んだ。いわゆる放射読みでなければ、合理的な行程を組めないからである。九州縦断の陸行一月については後述する。

もっと根源にかえり、不弥国を北九州の日本海沿岸だとして、邪馬壱国への港を丹後半島のあたり、あるいは舞鶴とし、そこから陸行 1 月としてみよう。これは邪馬台国近畿説についての 1 つの検証である。しかしこのコースでもやはり陸行 1 月で紀伊半島の先端付近まで達してしまうので、これもダメである。そもそも外帯山地の太平洋岸で広い平野があるのは宮崎平野と静岡県西

部だけである。ここは第三紀層が分布するので、比較的広い平野が存在する。西日本で陸路1月南への縦断・横断でその先に平野があるのは九州島しかない。

東海岸周回案： まず、不弥国は周防灘に面しているとした場合

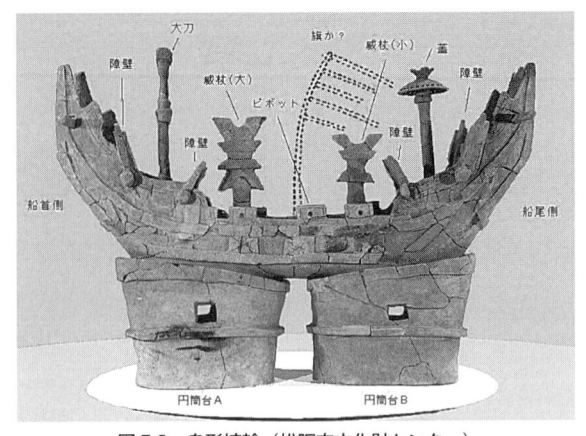

図7-2　舟形埴輪（松阪市文化財センター）

（前章第一案）、これはすでに破綻している案であるが、念には念を入れ、検討してみよう。南に水行二十日と記されている投馬国がある。また邪馬壱国は水行十日であるからその半分の距離としよう。佐賀関半島から鶴御崎をまわり延岡までの海岸は九州山地が海に没する部分にあたり、リアス式海岸になっている。したがって陸行するのは相当困難であり、水行するのは理にかなっている。行橋から凸包（折れ線近似）という方法で一ツ瀬川河口付近（海岸から約10kmに西都の新田原遺跡）までの距離を測ってみると、約240kmである。凸包というのは行橋から西都まで海岸線に紐を張り、ひっぱった時、幾つかの岬の先端だけが紐に接し、湾などが無視された状態になることをいう。つまり船で行くときの最短航路である。

　投馬国はこの先さらに240km（10日分）である。都井岬・佐多岬を回って錦江湾に入り、大正の噴火までは島だった桜島の東を通り、天降川（国分）の河口付近で245km位である。合計485kmを20日であるから24km/日となり、風待ちや休憩などを考えれば妥当な距離であろう。もちろん一ツ瀬川河口付近から国分付近まで陸行でも4日か5日で行ける距離である（110～130kmくらい、陸行1ヶ月の距離ではない）。以上のべたような行程解釈からは、邪馬壱国は宮崎県、投馬国は鹿児島県となる。ただしこのコース説の欠点は、宮崎平野中央部から鹿児島湾最奥部の国分付近まで、10日もかけて大隅半島を迂回することの不合理さである。陸路なら4日以内で到達できる距離である。

間に大きな川があるわけではない。このようにやはり、第一案はダメな案であった。

　ついでに九州の周防灘沿岸から「南に」水行は「東に」水行のことであると原文をここ1字だけ改変し、瀬戸内海を航海して東端の難波に至るとする説(邪馬台国近畿説)も検討しておこう。参考までに測ってみると、行橋から瀬戸内海を東行210kmでおよそ「鞆の浦」のあたりとなる（約10日）。そして潮待ちの適地「鞆の浦」から難波まで220kmである（約10日）。この原文変更案では水行部分は納得できる。しかし大阪湾から陸行1月では濃尾平野さえ通り越してしまう。また鞆の浦付近で水行をやめ上陸して難波方面へ陸行するにはそれなりの合理的理由が必要である。最大の難点は陸路の場合、中国山地から瀬戸内海に流れ込んでいる川を次々に渡らなければならないということである。こんなところに陸路を設定するのは不合理である。

　また九州から陸路近畿を目指すとしたら、関門海峡を渡らなければならない。鞆の浦で下船して、そこから陸路に切り替えるのも前述のように合理的でない。結局南行を東行に変えただけでは瀬戸内海航行説＝邪馬台国近畿説は成り立たない。魏志倭人伝の行程・方位・距離の記述を無視し（それなら邪馬壱国も無視すれば良いのに）、倭国の首都伊都国から遠隔の田舎国（邪馬壱国・投馬国）だけを近畿に持っていこうとするいわゆる邪馬台国近畿説は私の合理性指向精神を超えている。

有明海南下案：　次に有明海南下コースを検討してみよう（前章第二・三・四案）。有明海は潮差が大きいので、標高5mくらいの川港の方が港として良い条件を備えている。上げ潮で入港し引き潮で出港するのである。潮差の大きい海港では接岸施設を作るのはかえって難しいと思われる。八代市球磨川河口古麓付近（あるいは芦北の田浦港）を邪馬壱国の港、いちき串木野市の愛宕山（114m）の南側の港を投馬国の港と想定した。なお投馬国の港を、鹿児島湾の奥、あるいは大隅半島の先をまわったところ（志布志湾、宮崎平野など）に想定することはしなかった。上陸して陸路行く方が（時間でも）近いからである。また沿岸沿いとはいいながら、フェッチの長い波を受ける大隅半島東側の太平洋航路が安全で快適なわけはない。

有明海沿岸の川港から球磨川河口まで、そこから串木野までの距離を電子国土ポータルで最短航路として測ってみたところ、それぞれ約130km、約125kmであった。風待ち、潮待ちを考慮すればそれぞれ十日はそれほどおかしな時間距離ではない。

邪馬壱国： すでに邪馬壱国の港に到着しているので、中心都市がどこにあったかは国内問題であるが、参考までにこの大国を港から廻ってみよう。古麓からは球磨川の川岸を9kmほど遡り、坂本から山に入り、・687m、△1033、国見山（981m）、白岩山（1002m）、△889m、照岳（506m）をへて、人吉盆地の北西端に降る。電子国土ポータルで27km、実際の山道で35〜40kmであろう。一日か二日の行程である。人吉盆地の北側には北東から南西に延びる九州山脈が、南側にはほぼ東西に延びる国見山地がある。球磨川は人吉盆地より下流側で九州山脈を横切っており、この部分は著しい峡谷となっている。

人吉盆地は川沿いに東西に細長く広がり、その面積は奈良平野とほぼ同じくらいである。盆地底は扇状地・段丘・沖積平野であるが、古代人が水田として制御しやすい地形が広いといえる。しかしここに人口7万戸の国の中心都市があったとは思えない。余剰生産力で作られる大型の遺跡があまりないようで、土地の開発（水田化）があまり行われていなかったのかも知れない。

人吉盆地から南に国見山脈を越えると「えびの」である。歩いて1日位の行程である。そこから小林まで1日、それから宮崎平野の南端まで2日か3日、さらに西都まで2日くらいであろう。結局南九州西海岸から西都まで6〜8日で到達できる。

山道ということであれば、人吉盆地の東端から峠を越えて、米良の庄を通り、一ツ瀬川を降って西都に行くのが一番近い。おそらく4日で到達できる。ただし一ノ瀬川沿いの道などなかったであろうから（川を渡れない。道の補修が大変）、掃部岳(かもん)から尾根を降ることになるだろう。宮崎平野は台地が広く沖積平野の狭い平野であるが、人吉盆地と合わせれば、人口7万余戸は収容できるだろう。ただし土地開発の状況については全くデータがない。人吉盆地と宮崎平野南部を合わせて邪馬壱国としている。間に峠があるものの隣接している。邪馬壱国の範囲については、確証があるわけではもちろんない。弥生時代の土

器などからこの盆地と宮崎平野の交流が推定されれば、この仮説が補完されることにはなるだろう。

投馬国： 串木野を投馬国の港としたが、この国の中心都市がどこにあったかは全くわからない。投馬国の範囲は現在の鹿児島県の範囲から種子島・屋久島を除き、都城盆地を加えた範囲くらいであろう。水田（沖積平野）と言うことであれば川内平野か出水平野が広い。面積では肝属(きもつき)平野が広いが、ほとんど水のないシラスに覆われた台地である。都城盆地も大淀川の川筋に沖積平野があるだけで、台地が広い。大口盆地も同様である。しかし全体として見れば投馬国の面積は広いので、総人口5万戸はあり得る数であろう。ただし水田可能地は分散しており、統一するのは難しい。投馬国に属していない地域も多いと思われる。特に大隅半島から都城(みやこのじょう)盆地・鰐塚(わにづか)山地の海岸部などは隼人族の勢力圏だったのではないだろうか。

　私は東海岸周回説は捨てている。最大の理由は東周りのときは、後に述べる旁国を通ってくることになるのに、そこを「遠絶にして」（魏 p.42）と記述するのは矛盾しているからである。夜は必ず港で過ごす。それが有視界地文航法の原則である。夜を過ごした港（国）を「遠絶にして」とは決して表現しないだろう。

陸行1ヶ月は九州縦断山岳ハイウェー： 次の問題は邪馬壱国の位置の記載にある陸行1月である。日本列島（本州・九州・四国）を海から海まで横断するのに1ヶ月かかるところはない。陸行1ヶ月は斜めに横断か縦断かの行程である。当時の道路状況を想像すれば、陸行が、東周りとか西回りとかにかかわらず、海岸沿いに行われたとは到底おもえない。なぜなら海岸沿いのルートでは必ず大きな川があり、それを渡ることができないからである。もちろん当時は橋も渡しの制度もなかったと見なければならない。川のない道とは分水嶺の道である。これは古代の「ハイウェー」である（図7-3）。

　このように「倭（ヰ）の国古道」は全て稜線道路であり、卑弥呼が倭国の女王となり、邪馬壱国から任地の伊都国に行くとき歩いた道である。この道の逆方向が伊都国から陸行1月の行程である（3章）。北端の太宰府跡付近から

人吉盆地あるいは西都まで、直線で120km、山道で200km〜240kmくらいである。九州島の中で取りうる陸行1月の距離としては、これがもっとも合理的なコースである。季節的条件、天候待ち、休養日などを加算すれば20日くらいの行程ではないかと思われる。なお魏志倭人伝では日数は10日が最小数となっている。

大宰府から西都まで倭の国山なみハイウェーの縦走は何日くらいかかるのだろうか。九州の海原族（山男）のレポートを待ちたいところである。

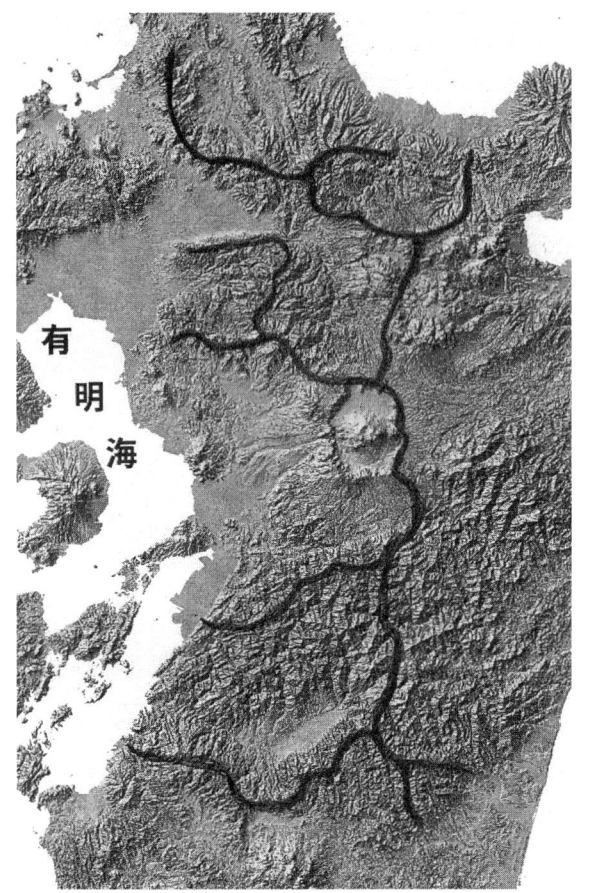

図7-3 倭の国山なみハイウェー

第8章 古事記の神の方向音痴

地理が乱れている？ 古事記の方位に関して、妙な記述がある。イワレビコ（神武）東征のところで、大阪湾から上陸し、奈良盆地のヤマトに進軍するときのこと、西から攻めて敗北し、「日に向ひて戦ふこと良からず」（記 p.91）と反省している。兄の五瀬命はこのときの戦闘で負傷し命を失っている。太陽の方向と関係づけるなら、北から攻めるか南から攻めるかなら、理解できる。しかし、午前中が向かい日で具合が悪いのであれば、午後に戦をしかければ良いものを、海路反対側（南）に回って牟婁方面から攻め込もうということになった。そのころ戦争は午前中にするものという決まりがあったらしい（ウソ）。要するに合理的でない。

ところが熊野路から八咫烏に導かれているうちに、左に逸れ、吉野川の河尻に行ってしまうのである（記 p.93）。目的地を目前にして逃げるに等しい方向転換はさすがにおかしいので、岩波文庫本では「地理が乱れている」という注が付いている。吉野川の上流から奈良盆地に入るのであれば、紀伊山地横断の熊野路を通ることはない。大阪湾からの海路の通過地だった紀ノ川河口から遡ればよい。

道案内をしたのは八咫の烏である。サッカーの日本代表はどこが開催国であろうと、西側からその国に入ると怪我人が出やすく、南から入ると、パスやシュートが左に逸れやすいので、注意せよ、と言い伝えられているのは、この古事（記は付けない）によるものである（ウソ）。南アフリカでは日向かう方向が日本と逆であるので混乱したが、今度のブラジルは日向かう方向が季節で入れ替わる都市がある。フィールドの方位を注意深く観察して東西南北をわきまえ、良い成果を上げて貰いたいものである。さもないと南半球に住んでいるのに、方位の切り替えなしに風水を信じてしまうのと同じで八咫烏のご利益が

あるとは思われない。

　前述したように、地理が乱れている、と書かれているところは私のような「地理」屋としては見逃せない。なぜそうなったのか、1つめの可能性は、どこか他所であった歴史をここ熊野・吉野・大和で展開したために「地理」が乱れてしまったか、八咫烏が無能だったかのいずれかであろう。山道の道案内は猿、海の案内は鵜か白鳥である。鵜は魚の居場所を教えてくれる鳥で、海原族の友達である。また鵜飼いは中国南部から日本まで東アジアの海原族の漁法の1つであり、皇室の公務員が行う神事の1つでもある。

　古事記では八咫烏は大きな鳥で霊鳥のように扱われているが、本当だろうか。古事記ギャクでは、この八咫烏は陸のカラスで、色が同じなのでカラスを鵜として使ったが、方向を間違えるなど、大きいだけで使いものにはならなかった、と古事記を読むこともできる。サッカー観戦ファンである私としては知りたくないことである。

神武の東征という神話：　　天孫降臨の話は神話のことだから、その通りに受け止めるべきかも知れないが、何か実際にあったことを神話に託して語っていると想像するのは楽しい。「豊葦原の千秋長五百秋の水穂の国」（記 p.62）攻略は天孫族の長年（千秋、15日ではない）の夢である。攻略の第一派は神代のことである。最初に派遣した天菩比神は地の神に媚びて3年経っても帰らない、天若日子も現地妻と結婚し8年経っても帰国しない。そこで、建御雷神と天鳥船神を派遣し、地の神から国譲りを受け、邇邇芸命が統治することになった。

　出雲神話では葦原中国は地の神から邇邇芸命に譲られた出雲だったはずである。ところが乱れてきた葦原の平定を再度目指しているのに、高千穂峰（霧島火山）に降臨するのがそもそもおかしい。高千穂と出雲では全くの方向違いである。いくら神話といえ、火山と沖積低地では火と水くらいの大きな差である。しかしもっと変なのはその後の行き先である。北に向かわず、西にいって平野もない野間崎（鹿児島県）に行ってしまうのである。このあたりはシラスに覆われており、水田になるようなところはわずかしかない。それなのに「此地は韓国に向ひ、笠沙の御崎を真来通りて、朝日の直刺す国、夕日の日照る国なり、

第8章 古事記の神の方向音痴

故、此地は甚吉き地」（記 p.75）などといっている。ここは全く目的地ではなかったはずである。

　鹿児島の「笠沙の御崎」から船に乗って天草灘を北に向かい、唐津から上陸して、1日くらい歩いて、北九州の平野に出て、そしてこのあたりのことを（ここで初めて）「此地は韓国に向ひ、……」といったのなら分かる。この部分（記 p.75）を意訳すると、この葦がいっぱい生えたところは長い時間（千秋長五百秋）をかければついには水穂（水田）の国になると予想されるところで、ここは韓国（加羅）にも面している。船で御崎からまっすぐ唐津へ向かってきて上陸すると、そのさきにあって、東も西も開けている良い土地である。また比較するに、朝日が高い山からのぼり夕日が高い山に沈む、日照時間の短いところ（山間の盆地）とはちがって、ここは吉祥のあるところだ。

　例えば、脊振山地の南側、広義の筑紫平野は、東には英彦山（1200m）、釈迦岳（1231m）などがあるが、60kmくらい離れている。西では国見山（776m）がやはり50kmほど離れている（東西110km）。脊振山地の北側、玄海灘に面する福岡平野も東西に高い山はない。要するに東西に開けている。韓国（からくに）に通ずる海の道（唐津）もいくつでもある。さすがに天照大御神と高木神の見通しはすばらしい。風水などという原理を知らなくても、出雲平野と同じ吉祥の土地を探し出している。とくに相談役の高木神（高御産巣日神）は足で歩いて山から国見をする専門家で、我が国最初の考える足（あし）をもつ地理屋として、各地の神社で崇められている（ウソ）。バカと地理屋は高いところに登りたがる、といわれ私もそれを誇りにして、大学院生時代アンデスの高地で研究をしたことがある。高いところから見ると、東西に開けているのは北九州と出雲平野であり、京都盆地や奈良盆地は、低いながら東山と西山に囲まれ、風水吉祥の地ではあるが、南北に細長い盆地である。

　第二派は神倭伊波禮毘古命（いわれびこ）（後の名は神武天皇）と兄の五瀬命による北九州遠征である。神話なのだから想像を逞しくして楽しもう。かれらは日向（宮崎県）から兵を起こした。最初は野間崎から九州の西側を船で北上し、伊万里で上陸し、東に向かい豊葦原中国（筑紫平野、当時は奴国が支配していた）を目指した。つまり東に向かって攻めた。しかしこれは失敗し、兄の五瀬命は戦死した。仕方ないので、鹿島のあたりから有明海を下り、水行10日、陸行1月で敗戦

の帰国をした。1月もの陸の旅は、日奈久（海岸）や湯前（人吉盆地）の温泉で傷や疲れを癒しての旅だったからである（ウソ）。

　そこで作戦を立て直して、次は東まわりで、葦原中国を目指すことにした。主力は五ヶ瀬川河口（延岡）か日向市あたりから速吸瀬戸を通り、国東半島を巡り、宇佐で英気を養い、関門海峡を通り遠賀川河口の道伯山（62.5m）と妙見山（41m）という孤立した2つの丘に拠った。岡田宮（記 p.89）である。ここはまさに海に接している要塞であり港である。後になって黒田長政によってここに黒崎城が築かれた（慶長年間）。その折、ここにあった岡田神社は現在の場所（南西1.1km）に遷座されてしまった（同社ホームページ）。

　イワレビコはここに1年滞在し、遠賀川上流域の鉱山地帯（香春は35km一日の距離）で武器などを調達し、戦の準備を整えた。銅の武器はあまり使い物にならないが、国の支配を誇示する測量のシンボルでもあるし、鋳つぶせば土地柄の銅器（例えば鉤）に変えるのはやさしいので、通貨代わりになる。そこで、香春付近で銅を調達して準備を進めたわけである。準備が整った頃、本国からの主力海戦隊は、別府湾から上陸する。水分峠（みずわけ）を越えれば玖珠川（くす）流域である。日田盆地への出口が天ガ瀬（あま）である。海戦隊は使い捨ての川舟（筏）を造るためにここに暫時滞在する。陸戦隊は稜線の道を通り、高千穂から阿蘇を通り日田に出る。国見をして測った距離（直線）は75kmである。歩いて4日と推定した。このように海彦・山彦の各隊は日田盆地で合流した。ここからは筑後川を筏で下るだけである。峡谷部を抜ければ杷木である。ここは筑後川が平野にハキ出される交通の要所である。ここから山彦隊は甘木を通って山麓沿いに西に進み奴国の首都を南東側から攻める。海彦隊は筑後川を下り敵地奥深く、久留米市付近の対岸で上陸し南から、イワレビコに率いられた本隊は北側から、奴国を挟み撃ちに攻める。西側は退路として明けておく。

　この戦いは両軍入り乱れた戦いになるので、味方を識別するために、ヤマといえばウミと答え、ウミといえばヤマと答えるようにして、同士討ちを避けたのである。これが合い言葉や九州の男らしい挨拶（オウ・オウ）の由来である。戦いは奴国得意の水田の中の泥仕合となったが山彦隊と海彦隊の連携が上手くゆき、イワレビコは勝利することができた。このとき得た教訓として、海彦軍・山彦軍は協力しなければならない、陸軍・海軍競い合ってはいけない、そうし

ないと戦いに失敗する、これを後世のいましめとする、ということになった（ウソ）。敗れた奴国の将兵は西に逃れ、脊振山地東麓の基山付近に追い詰められ戦死した。敵を篤く葬る習慣のある海原族は死者を葬る甕を焼くために、木を伐採したため、基山の木が無くなるほどだったと伝えられている（ウソ）。

　このように、イワレビコの東征はじつは前半の北征だけであって、目指していたのは瀬戸内海や大和（奈良盆地）ではない。かれらは大和を知らなかったのである。瀬戸内海やその先が目的地だとしたら、準備する土地としては、行橋や宇佐の駅館川(やっかん)の港の方が良いはずである。岡田宮に来て留まっていたのは目的が北九州の葦原中国平定だったからである。かくして、イワレビコは歴史の古い奴国（福岡平野と筑紫平野）の平定に成功し、伊都国を作り、葦原中国の覇権は邪馬壱国のものとなった。注意すべきは神倭伊波禮毘古命という名前の中に（記 p.89）、（後の神武天皇は）倭の王だと明示していることである。カムヤマトと読ませたいようであるが、倭がヤマト（大和）になる前であるので、カムヰである。カムヤマトと読んではいけない。神の居（ヰ）まします イワレビコである。

伊都国はどんな国か：　邪馬壱国が征服地の一角に作ったのが伊都国（人口千戸）であり、その初代王はイワレビコであったが、その後の何代目かにゴタゴタがあって、母国の女王卑弥呼がやってきて騒ぎを静めた。卑弥呼は婢千人を侍らせた、とある（魏 p.49）。一戸5人として、うち1人が第一次生産に関わらないサービス業、これは経済原則に反する。すなわち千人のうち大部分が養蚕・製糸・織布業に従事していたのであろう。「天照大御神、忌服屋(ハタヤ)に坐しまして」（記 p.39）とあるように、アマテラスも製糸・織布・縫製工場を持っていた。これは女性の神聖な仕事場の1つである。つまり伊都国は経済基盤として養蚕織物工業を始めたのである。養蚕は伊都国の近くの脊振山地の麓の、水田にはなり得ない丘陵地帯で行われた。養蚕製糸織布は母国から隔絶した伊都国が自活の道として選んだ経済行為だった。中国へ朝見の際に製品のサンプルを持参していることから見て、品質はお返しに貰う中国産の白絹に劣るかも知れないが、倭国産は安いわりに品質は良いですよ、素朴な味わいのある色で染めてありますよ、などと宣伝していたかも知れないのである。対馬や壱岐が

海産物と米を交易していたように（魏 p.39）、伊都国は絹布を売り、米を買っていた（物々交換）と思われる。養蚕工業国は水田国と並立できる。男王になる（養蚕を止める）とゴタゴタが始まる理由はここにもある。

　平野の水田と山地丘陵の養蚕という地域分担が明確になったので、征服された奴国が伊都国に反乱することはなくなった。王はいなくなってしまったが奴国にしてみれば人口が20分の1の伊都国を潰すことはいつでもできるだろう。しかし日頃から経済的競合がなく、金属加工や養蚕・織布・縫製というハイテク国、しかも大陸と貿易をしている経済大国を潰しても何の経済的メリットもない。奴国も伊都国の投資のおかげで発展できたことを知っている。

　伊都国にしても人口が千戸では、その人口で持ちうる武力だけでは自国は守りきれない。母国（邪馬壹国）は離れすぎている。そこで伊都国は平和国家に徹し、他国（狗奴国）に脅威を与えるような明示的な軍隊は持たず、国内治安のための文字通りの警察力（自衛隊）を持つだけで良しとする、このようにして倭国内のパワーバランスが保たれ、数十年にわたる平和な時代が訪れたのであろう。卑弥呼の死後、自衛隊であったはずの一大卒が隣国狗奴国を仮想敵国とする強い軍事力に変わろうとするので、狗奴国をそれほど脅威としない国はそれに反対し倭国内が紛糾したらしい。対外的という名目で強力となった軍事力は内に向かい、国内の反対意見を封ずる力となる可能性があると察したからであろう。

　しかしイワレビコの北九州制覇の話しは、その後の崇神天皇の業績を分けて創作したものかも知れない。さらに風土記の記事などから見ると九州在住としか思えない景行天皇（ヤマトタケルも）の話しも交雑しているかも知れない。このあたりの古事記や日本書紀の年代は卑弥呼の時代と関係がある。東遷（移住）が行われた後の北九州倭国に魏使がやってきたとは考えられないから、大和への東遷の話しは明らかに卑弥呼より後のことである。倭人伝に全く記事がないからである。

　奈良盆地付近において、ある時期を境に大きな歴史的変化が起きていれば（奈良盆地の土産でない地方物産品の急増や新たな型式の古墳の出現など）、それがいろいろな地方からの東遷があったことを示す証拠となろう。地方人は大市で持ち寄った物産品交換の市を開いていたのであろう。もちろん物だけでな

く情報の交換も。九州の地名が近畿地方に数多くコピーされている（長谷川、1974）ことから、中央政権の軍隊による地方征服ではなく地方からの移住が東遷のなかみである。奈良盆地には各地方（部族）の出先集落（奈良事務所・宿泊所を兼ねる）が点在したはずである、と空想は駆け巡る。

魏志倭人伝と古事記の神話は絡み合うか： 神武天皇の大和への東征の話は、語り部の間違いか、編纂者の意図的な改変で、実は北九州の奴国征服だけの話だったのではないか。奴国は中国（後漢）と外交を行った古い国である。卑弥呼は軍事武力行動をしていないので、その前に誰かが武力による奴国の征服と他の国との友好関係の樹立を行ったはずである。それがイワレビコの北征ではなかったか、と考えた。その後に卑弥呼の時代があり、魏との外交が生じた。それに先立つ奴国による筑紫平野の開拓は出雲神話に語られている。そして古事記に記述されている東征は卑弥呼の時代より後の北九州勢力の東征（東方移住）だったと読むことができた。このようなストーリーによってのみ、私が最初に読んだ古事記と魏志倭人伝が交差するはずである。

狗奴韓国・対馬国・一大国・末盧国・奴国・不弥国・邪馬台国・投馬国8ヶ国を倭国（伊都国が実質支配、いわば親藩）として結びつけていたのは、伊都国と一体の（一大国に潜む海原族の）軍事力ではなく、また伊都国にいたと思われる卑弥呼の鬼道（中国の儒教ではない宗教）の力だけではなく、伊都国の貿易通商経済とハイテク経済（養蚕・織布・縫製・金属加工）、大陸と外交文書を取り交わせるほどの識字インテリ集団の存在であったろう、とも考えた。魏志倭人伝でいう旁国（いわば外様）とは、（我々身内＝親藩ではないが）みなの方々、というときの方々で、芳しいに通じるので、友好国という意味であろう。あとで述べるように20国ある。とにかく、この20ヶ国に加え30ヶ国の記載をすることが倭人伝に科せられた課題であったろう。この30ヶ国に倭国が数えられていないことが注目される。

倭国といっても、実質経済の中心は農業国の奴国（戸数2万）であり、海への港町をいくつか持つ国末盧国、川港の国が不弥国、宗教的・政治的中心が伊都国である。卑弥呼はここに住んでいた。もう一度強調すると、邪馬壱国は彼女の故郷であり（それ以上の存在ではない）、卑弥呼は倭国の首都である伊

都国に住んでいた。さらに空想をふくらませれば、神話の神武天皇で表象される事業は奴国の制圧とほぼ九州全域にわたる統一であった。それを助けたのはリアス式海岸と棚田・焼き畑の山地を居住圏とする各地に散らばる海原族であったろう。その後国は乱れたが、神武王国（海原族出身者集団、伊都国）の何代目かのときに、邪馬壱国の卑弥呼が北九州に呼ばれ、再び統一を保ったのであろう。なぜこのように考えるかというと、魏志倭人伝には卑弥呼が倭国を武力で統一したという記述はなく、已にある程度の統一はできあがっていたところに、卑弥呼が登場している。その統一・結束のシンボルとして遠隔地邪馬壱国の卑弥呼を倭国の女王として共立した、ということになる。

　建国（1963年）間もないケニヤのナイロビで、カリスマ的な初代大統領ケニヤッタ（1978年没）が白い払子（ホッス）のようなものを打振ってハランベー（統一）といいながらパレードをするのを実際に見たことがある。卑弥呼も「統一」が口癖だったのではないだろうか。もっともこのとき、あまり近くから大統領の写真を撮っていたため、私は身柄を私服の警官に拘束されてしまった。幸いカメラを2台もぶら下げていたので、私は日本の（有名な）カメラマンだ、ハランベーの大統領を日本に紹介しようとしている、と説明し大使館の世話にもならず、無事釈放された。

　ケニヤは畑作農業（水田もある）を主とするキクユ民族が多数を占めるが、遊牧民マサイまでを含む多民族国家である。多民族の統一が民族間の利益である限り、つまり生活経済圏が互恵的な経済関係で結ばれいている限り内紛は起きない。ケニヤッタは独立後、親英国的な政策をとり、インド人勢力も中間層として取り込んで経済的には発展したが、やはり多数派民族の大統領（つまりケニヤッタ）がキクユ地域優遇の政策をしているのではないか、と疑われ民族対立の火種が生じた。彼が少数民族の出身だったらこのようなことにはならなかった、かも知れない。ケニヤはアンデス諸国に次ぐ、私にとって二番目に訪れた大陸国であったが、愚息の嫁さんがこの国に住み込んで社会人類学研究のフィールドにするとは知るよしもなかった。倭国の場合、大国とはいえ遠隔地である邪馬壱国の出身の王であれば、自国優遇はあり得ないので、統一国の国王として選びやすかったと思われる。

　倭国についての私のイメージは海原族の部族連合体である。倭国についての

魏志倭人伝の記述は、倭国が米作だけでなく、南国風の海国であることを明示している。現在になっても皇室は、養蚕、米作り、魚取り（長良川で直営）、水草茂る御苑での鴨狩り（浜離宮・市川市・越谷市）など、弥生時代の生活をそのまま象徴的行事として続けている。邪馬壱国―伊波禮毘古―卑弥呼―〈いろいろあって〉―近畿皇統と引き継がれた文化の糸は切れていない、と感ずるのである。九州の倭国などから集団で移住して、奈良盆地のどこかの山戸（地形地名）でその名を生かして大和に王朝を作ったのであろう。移住した人たちは故郷の筑紫を懐かしみ、大和の蝉がツクツクボウシ（筑紫恋し）と鳴いてくれるのに泣いたのである（コレホント？）。

なお大和（山戸）の山は吉野の山ではない。吉野山（紀伊山地）と奈良盆地の対比は山戸という地形認識のスケールを越えている。例えば纏向川（桜井市）の谷の盆地への出入口が山戸という地名発祥の地であろう。ここには纏向遺跡・古墳群がある。私の時代カンでは、神武天皇は神代（弥生時代）の人であるので、古墳はない。同じ「神」のつく最後となる応神天皇の時代ごろから近畿地方の古墳時代が始まることになる。

古事記のイワレビコ葦原中国への遠征は、舞台を北九州に移して古事記を読むとわかりやすい。最初の遠征は兄五瀬命（高千穂から延岡に流れる川の名に因む）を失って失敗したが、次の遠征は東海岸各地の海原族の支持を得て成功した。このとき協力した国は旁国として一括されている。この話は古事記の神武東征の前半部分に相当する。日本の神話は各地のそれの寄せ集めである。

筑紫平野の地形の大勢は、脊振山地が東西にのび、その南に大きなデルタが広がっている。北側には大きなデルタはないが、平低な平野が東西に広がっている。奈良盆地あるいは大阪平野は地形配列の方向がちょうど90度ずれている。地名はごまかせても地形はごまかせない。古事記の神話部分を奈良盆地としたために「地理がみだれ」たり、あるいは、わけのわからない地方への行程をとることになってしまった。

旅行中に知ることのできない方位や距離の記述： ここまで、魏志倭人伝から夢を馳せているうちに、突然、重大なことに気がついてしまった。地図のない時代だからといって、旅行者がそのたびに距離を測ることなどあり得ない。

古代の人々はどうやって2点間の方位や里程を知ったのか。現代でも旅行中に地図なしに方向や距離がわかるだろうか。

　私は初めて東京に来たとき環状線（山手線）が珍しくて仕方なかった。当時山手線内はどこでも10円区間だったので、車窓から景色を眺めながら何回か一周に挑戦した。郷里の魚沼盆地は南北に細長い盆地の中央を国道と鉄道が走っていた。山並みもそれに沿っていた。子どものころ自転車でいくら遠出をしても見慣れた山の見えかたで、どこにいるかわかるのである。何事もほぼ南北に並んでいる。「ぼぼ」とは回れ右のあと、半ば右向け右、と微調整すると礼拝すべき皇居の方向になるという程度である。

　山手線には参った。一周するという感覚なしに同じ場所に戻っているのである。目が回るような気分の悪さを感じたことを覚えている。また中央線で東京駅に向かうとき、新宿を過ぎて飯田橋付近まで、どちらが北か正確にいえる人はいないと思う。「真ん中通るは中央線」というコマーシャルに毒されてか、進行方向左側が北と思っている人が多いのではないかとおもう。しかし地図をみて市ヶ谷が意外と新宿に近いのを知るのである。曲線の道は、新宿高層ビル群・東京タワー・富士山のような地標が無い限り、簡単に人の方向感覚を失わせるのである。

　大学院生のとき南米まで貨物船で行ったが、横浜から最初の寄港地ロングビーチまでの大圏航路はアリューシャン列島近くまで北上する。そのときだけ左舷が北になる、ということは理解していたが、ブリッジに行かない限り方位など分からなかった。左舷に阿武隈の山を見てから、同じ左舷にアメリカ大陸を見るまで、途中に地標となる島は1つもない。魏志倭人伝の時代にはどうやって方位や方向を知ったのか、航海しながら、あるいは歩きながらでは、方位を知る方法がないではないか。

　次は距離である。歩測で測るとして、起伏のある山道、曲がりくねった道、歩きやすい道路、道路の状態は様々である。歩いた実距離を言える人はいないのではないか。ゴルフではホールまでの距離が示されているので、ゴルファーは訓練でかなりボールが飛ぶ「直線距離」が読めるようになっているだろう。しかし曲がりくねったコースのセクションごとに目測を繰り返し足し算するだろうか。

つまり方向も距離も旅行中にそれを知る方法は全くないのである。先人が何らかの方法で測って知られている値を教えて貰うしかほかに方法はない。ゴルフでは次のホールまでの直線距離が示されている。これと同じように、この港からこの港の間の方向と距離はいくら、この町からこの町までの距離はいくら、と測った値が予めあったということである。つまり距離や方位の測定者は旅行者ではない。こんな当たり前のことに気がつかずに、魏使になったつもりで山道にそって距離を測っていた（第6章）のはわれながら愚かなことであった。国道の距離、鉄道の距離なども用いようとした。そこを魏使が歩いたなどという保証は全くない。そこで魏志倭人伝の方位や距離についての記事を根本から検討し直すことにした（第9章・第10章）。したがって、第6章・第7章の内容もすべて根本から見直さなければならなくなった。ここまで読み進んでこられた読者には申し訳ないが、私もこの長い回り道をしてきているので、お許し願いたい。

第9章 魏志倭人伝の方位

方位とは： 私が東京に来たばかりの頃、千住（荒川区）にお化け煙突と呼ばれる火力発電所の煙突があった。強く圧しつぶされた菱形の頂点に煙突が4本あり、見る方向によって、視角が重なるため2本から4本までに見えた。つまり方向がある程度わかった。「下町の太陽」の女優さんは素晴らしかったが、太陽は時間とともに方向が変わるので、方位の指標になり得ない。しかし、この煙突は下町の地標（ランドマーク）で、煙突の見える町として親しまれた。そして見える煙突の高さ（正確には高度角）でそこからの大体の距離がわかった。これからはスカイツリー（墨田区業平橋）がその役目を果たすであろう。スカイツリー（35.42.40N、139.48.40E）と富士山を結ぶ線（105km、N68E）の間にあるか、その外側の延長線上にある場所（鎌ヶ谷、印西、潮来、鹿嶋など）は、これからもてはやされる。要するに方向はすぐに分かる。その方向が基準（普通は北 N）からどれくらいずれているかが方位（N68E）である。測量学の歴史は古いが、そこから地球上の位置と方位を取り去ると場所に制約されない幾何学となる。geometry の geo は geodesy や geography の geo と同根である。

　魏志倭人伝に出てくる方位は、南・北・東と東南の4方位だけである。東夷伝の他の国についてみると、8方位の全てが揃っている。角度を2分することはやさしいのに、16方位は使われていない。日本や中国では12方位系も使われてきた。8と12の最大公約数は4であるので、東西南北の4方位はお互いに相当させることができるが、斜め4方位については例えば東南は辰巳の中間方向で、巽などとしているのは八卦の方位である。また北・玄武・黒、東・青龍・青、南・朱雀・赤、西・白虎・白という風水思想に関係する方位も取り入れられていないようである。

磁石の発明は西暦紀元ごろと言われているので、魏から倭国への使者が使っていた可能性がある。現在、東京付近では磁針は真北に対して6度西を指し（偏西角）、北九州でも同じくらいである。ただし北海道北端部で9度、屋久島で5度であり、磁北の方向は場所（緯度の影響が大きい）によって変わる。更に磁極の位置は経年変化する。伊能忠敬が測量にたずさわっていたころ（1800〜1816年）には江戸付近での偏角はゼロであったが、それより前は東を指していたという。100〜500年頃は地磁気の北極は自転軸の北極に近いところに位置していたので、伊能忠敬の時代と同じように、偏角はゼロであったと思われる。そのころ航海に磁石（羅針盤）を使っていたかどうか、陸路携帯できるような磁石があったかどうか、専門家の検証を待ちたい。ただし方位についての魏志倭人伝の記述を見る限り磁石を使っていた形跡はない。

航海中の方位と距離： 航海中に船上で方位を知るのは困難である。地文航海（陸地の地標を見ながらの航海）では夜は港で過ごすことが鉄則である。港で日の出・日没方向の観測しても、いったん出港すれば何の役にも立たない。現在の地文航海法では羅針盤の使用が前提になっている。さらに目指す方向と船首の方向は当然のことながら異なる。潮や風に流される分を考慮しなければならないからである。潮流と風の具合で船首と目標の方向は絶えず変わる。予定された航路があり、それが潮流と風の向きと斜行しているなら（多くの場合このケース）、船首を目的地に向けることはできない。つまり船上で方位などわかる訳はないのである。

流れがあるときは、例えば風は吹いてくる方向、川や海流では逆に流れ去る方向と決められている。また川の左岸とは「下流に向かって」が省略されている。船では船尾からみて左を左舷（portside）といい、港に入港するとき相手国の国旗は左舷に掲揚する。また乗客はこちら側から乗り降りし、水や油の補給は右舷側（starboard side）でおこなう。つまり左舷上位である。英語では右左という名称ではないので、船中講師としてクルーズ船に乗ったとき南極圏近くで船の方向と日の出方向の関係について惑った経験がある。

当然のことながら、相対的に遅い船の場合、船の方向（船首と船尾の線）は目標の方には向いていないことが多い。現在位置と目標を結ぶ線（航路）に斜

行する潮流や風があるのが一般的だからである。例えば船首を北に向け（羅針盤がないので不可能であるが）、1の速さで船を漕ぐとき、左舷側から直角に（西から）1の速さの潮流があったとしよう。そのときの到着点は右前方45度（東北）の点になる（ベクトルの合成）。このとき漕いだ距離（静水時の速度×時間）の$\sqrt{2}$倍の航跡距離の点に到達することになる。海流はともかく風向きは変わりやすいので、どのような航海をするか（舵のとり方）は船長の判断である。このように実際に航海した距離（航跡の長さ）はその時の状況で変わる値であり、船長でさえわからない値である。船客である魏使が知ることのできる値ではない。

　古代の航海専門家は島や陸地の山の見え方で、（羅針盤の）方位とは無関係に航路を決めていたはずである。地文航法のうち、羅針盤を一切使わない方法を、山だて、山当てといい、漁師の特殊技能となっている。事前にその海域の"山"の情報（地図に相当）を持っているものだけが可能な技術である。コンパスと海図がある場合の航法はそれより容易で、知識の蓄積がなくてもある程度可能である。ただしその海図は政府機関が測量で作ったものである。魏使が航海中に距離や方位を調べたかのように考えて、里程記事を解釈している著書があるが（本書では6章）、それは間違っている。魏使は目的地の方位や距離を教えてもらって、その値を記録しただけである。まして港と港の距離など見通せないので目測もできず、誰であろうとわかる訳はない。海図があれば定規を当てて距離が分かる。山立ての場合は見通せる山などの地標の間の距離を専門家集団（例えば後の渡部氏）の知識として集積しているのでそれを教えて貰うことになる。

歩きながらの方位と距離：　魏の使者が倭国に2回来ていたことは記述で明らかである（魏 p.52）。宿泊地で日の出と日没の両方を観測すれば、誤差はともかく、南の方位はわかる。宿泊地で地標（山など）から南の方向を得ても、移動すれば当然のことながら使えない。徒歩で旅行中には、太陽が見えていても時計が無い限り、太陽が南中する方位（南）は分からない。徒歩旅行中の道案内は倭側でしたに違いないが、磁石は使っていない。

　倭人は里数（距離）を知らず、日数でいう（随書倭国の冒頭）と記述されて

いる。ただしこの記述を後進性の表現と見てはいけないだろう。起伏に富み複雑な地形に作られた道を「歩いて行くだけ」であれば、距離よりも時間（で表す）距離の方が有効である。直線距離が近くても急な坂道や難所、回り道とくに川があれば、直線距離は無意味である。大陸では地形が平坦なので馬・車・徒歩、場合によっては舟運などいろいろの交通手段があるので、直線距離の方が有効な情報である。

徒歩で旅行中には歩測ぐらいしか有効な測距方法はない。道に沿って車の回転数を歯車で数える装置（測距車）の有効性は状態のよい道路に限られている。川や急斜面があったらどうなるか、曲がりくねった道はどう計るか、近いが悪い道と遠いが良い道、近いが急な道と遠いが緩やかな道、どちらを選ぶか、条里制の道路だとすると、斜行はできない、そのときの距離はマンハッタン距離（街路距離）であろうか、つまり陸上では2点間の道路距離はいくら測っても経路を細かく指定しなければ、無意味な値であることは自明である。

歩測のような無駄な行為を魏使がするわけはない。それなら時間距離の方がずっと有効な情報である。しかし歩いているうちに方位はたちまち分からなくなる。太陽の方向と（時計はないので）疲れ具合から（?）南の方向は何となく分かるかも知れない。しかし出発地が見通せないなら、その方向は分からなくなる。山などの目標があれば、と考える、ということは即ち山立て・山当てである。しかし初めてその道を通る単なる通行人に、山当てができるわけはない。その道を何回も何回も通った人、道を作った人、意図的に測量した人だけが、客観的なつまり社会で共有して価値のある値を知っている。旅行者はそれを教えて貰うのである。ちょうど地図から教えて貰うように。

もう一度確認すると、海上であろうと陸路であろうと、魏使が旅行中に自ら方位や距離を知ることは全くできない。全て教えて貰った値である。つまり魏使の資質が問われるのではなく、当時の測量技術とその地への知識の普及を問題にしなければならない。ただし倭人伝の範囲では陸上距離の記述は3箇所だけである。伊都国・不弥国・奴国の相互距離は100里と短距離であるので、高殿（たかどの）などからの展望による目測値かも知れない。末盧国の港と伊都国の中心都市との間の距離500里はお互いに見通せないので、それぞれ近くの地標（山）間の距離を教えて貰ったのであろう。もちろん現在のように地図があれば、コ

ンパスと縮尺目盛りから直線距離は出せる。

　時代は全く異なるが、北京の古観象台（15世紀の天文測量器具が展示されている）を見学した経験がある筆者としては、魏志倭人伝の方位や里程に関する記述は納得できるものであった。そこには高度な天文観測機械が展示されていた。日本は天照大御神の国なのだから、太陽観測（時刻や季節の推移）にもっと熱心でなければならなかったはずである。しかし、日本の考古遺跡・歴史の記述をみるに、太陽に対して関心が持たれていたとは思えない。メキシコやアンデスの古文明では遙かに熱心に太陽を観測していたことを筆者は知っているだけに、初日の出ぐらいにしか関心が無いのはどうしたことであろうか、不思議なことである。一年が何日かを気にせず、春耕して秋収穫するを以て1年とし、占いか生物季節で農作業（種まきなど）を行っていたのであろう。要するに原始的な太陽暦を使っていたのである。このことから、アマは天や太陽ではなく、海のアマだろうと想像できる。

　あとで詳しく触れることになるが、魏志倭人伝の方位と距離の記述は極めて正確である。地名の場所を間違えた上で、それに合わないから、この文献はでたらめ、と決めつけるのは本末転倒である。例えば、末廬国を唐津とし、伊都国を糸島半島の近くと予め決めてみよう。すると唐津から見て糸島半島の方向は東北か東北東にあたる。だから東南五百里という記載の東南は東北の誤りであろう、とする説を立てる。こんなことをし始めたら文献の価値はどんどん薄れてしまう。魏使が最初に着いた港が唐津、伊都国は糸島付近（怡土）だなどとは記述されていない。この対比（比定）を考察もせずに信じ込んでしまうと、そこから後の行程はめちゃくちゃになる。結果が思わしくないときは、1つ前に戻って検討する、は研究の常識である。

異なる方位系発見の発端：　対馬の北端に南風之波瀬（はえのはせ）という岩礁がある（図9-1）。中央の小島は8mの高さを持っているが、その他数個の島は海面すれすれ、あとは暗礁である。長さは1.1kmでほぼ北東－南西方向に並んでいる。このような暗礁は航海上非常に危険である。いくら小さくても地名が付いている。日本の最南端沖ノ鳥島の古名はパレセベラという。スペイン語でパレセ（みえる）ベラ（背びれ）である。パレセ（parese）とは動詞parar（見る）

の三人称単数形にseが付いたもので、受け身形のような働きをする。It is called 〜（by them） They call it とおなじである。この名前から分かるように沖ノ鳥島はほとんど暗礁である。暗礁だからこそ小さな対象であっても名前がついている。

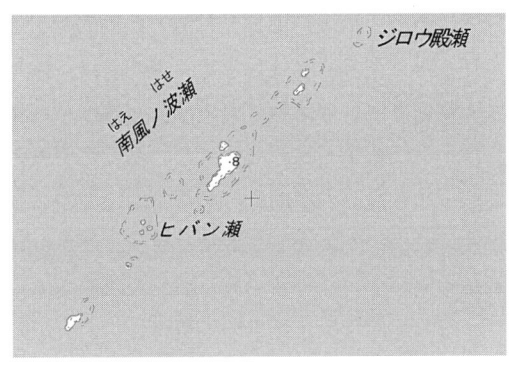

図9-1　南風のハセ（対馬の北、国土地理院）

ところでこの波瀬にどうして南風という地名が付いたのであろうか。暗礁による白波なのでここに立つ白波の方向はいつも北東―南西である。しかし漁師達は考えたに違いない。この白波の方向は南東風の風のとき、起きる波と同じ方向だと、漁師達（つまり海原族）は仲間内言葉を持っている。そして南東風のことを南風という。

奄美大島の出身でディジタル道路協会理事長の泉堅二郎氏の話によると、奄美大島でも夏の季節風のことをハエ、それに対して冬の季節風のことをニシと言うそうである。漁師だけでなく一般にも「はえ」という言葉が使われていることが分かる。漁師ことば起源の言葉から、南風之波瀬という地名となり、国土地理院の地図地名として拾われた。よくぞこんな小さな地名を拾ったものだと感心している。

この章の内容とは直接関係はないが、前出の泉氏の話しにこんな話題があった。奄美大島の北端の笠利半島に烽火台があり（高岳184mか）、それは島の南の烽火台からは直接見えないので、中間に中継する烽火台があったという。要するに北からの軍事的脅威を知らせる信号網である。そして奄美では平家追討を恐れていたのではないかと言い伝えられているという。そして、奄美には平姓の人が多く住んでおり、沖縄では平良姓が多い、ということである。追討（船）軍は風を選んで来るので、風の方向には敏感であるという。脱線ついでに言えば、笠利という地名の笠は、古事記で有名な笠沙（野間崎、記 p.75）でも使われており、鳥居の一番上の横木の部分も同じである。また船にも相当する部分がある。山の地名にも使われる。要するに方向を示す装置である。

学生の頃、沖永良部島と与論島に同級生と1ヶ月ほど遊んだことがある。3月だった。奄美の海は美しく、天と海は一体となり青かった。夜は星明かりでものが見えた。今にして思えば、南九州から北九州へ向かった天孫族のさらなるルーツは奄美の海原族ではないかとさえ思える。要するにアメでもアマでもどちらでも良いのである。あるいはいつのことか、アマをアメにすりかえたのかもしれない。天女でも海女でも同じだから発音も同じなのだろう。古事記を読んで気がついたことであるが、太陽や空に対して当時の人々が神秘性を感じている気配はない。皇室の先祖としての天照の神格化があるだけである。

風向きと方位： 対馬に話題はもどるが、舟志湾入り口の唐舟志に東風防島という本当に小さな島がある。沖縄には東風平村がある。この東風は「こち」と読み、北東風のことである。思い起こせよ梅の花の梅ゴチ、桜の季節の桜ゴチなど。これは低気圧が南側を通る時の風で、春の兆し（春一番など）である。逆方向の「あなじ」北西風で、冬の季節風。強い風なので、朝鮮半島南岸から九州に向かう船は博多や遠賀川河口方面に流されるだろう。冬の天気は曇天で霧が立ちこめ視界が悪いだろう。

沖縄には南風原村がある。南東風「はえ」は北九州・山陰地方・南西諸島でも使われる用語で、梅雨の前後に吹く（黒ハエ、白ハエ）。南西諸島ではクロベ・シロベともいう。この風は朝鮮半島に向けて渡海する時ほぼ順風となる。この風を福岡県や佐賀県では「五斗喰い」というそうである。これは秀吉の朝鮮への渡海を皮肉ったもので、今日も順風なので御渡海と思ったが、あすこそ御渡海か、四石（四国）米はなかなか食べられない、また異聞では、一石米を買いかねて今日も五斗買い明日も5斗買い、とダラダラして好機を逸しているという意味だという。喰うと買うの差は方言による発音の差であろう。

東松浦半島の名護屋には、秀吉による朝鮮出兵に参加した各国の布陣が地名として残されており、行ってみたいところの一つである（2.5万分の1地形図による、電子国土ポータル）。名護屋は北九州では思いっきり西に寄った港（呼子）である。ここから出帆して渡海するのは、西風や海流に流されることを計算に入れた賢明な選択と言える。この時代には船はもちろん帆掛け船となっていた。

風の地方名だけではなかった： ここで注目すべきは南といっているのに実は南東、東といっているのに実は北東、このような海原族独特の風の呼び方を魏志倭人伝で取り入れているのではないか、と気がついた。魏志倭人伝は冒頭で、倭人は帯方の東南、と表現している。後漢書倭伝では、倭は韓の東南海（魏 p.87）、宋書倭国伝でも倭国は高句麗の東南海（魏 p.91）、隨書倭国伝でも、倭国は百済・新羅の東南（魏 p.95）としている。要するに一貫して東南海であり、地図を見れば分かるが倭が九州を指している場合には正しい認識である。

ところが対海国から一大国は東南であるのに、南としている。また対海国と一大国で米をかう交易の行き先を南北としている（魏 p.39）。この部分は、正確な方位をいうと文章がおかしくなるので、一歩譲って南北で良いとしても、対海国から一大国はやはり、南ではなく、SE である。九州に上陸してから、つまり北九州から投馬国・邪馬壱国（南九州）の方位は南と記述されているが、その方向はかなり SE に振れている。また女王国の東、海を渡る千余里（魏 p.50）では東を北東（NE）と解釈すると、邪馬壱国からみた四国の位置が正しく表現されていることがわかる（図 9-2、3）。要するに、倭人伝の冒頭で「東南」と正しい方向を記述していながら、それ以後はその方向を「南」と記述している。

ほぼ SW 方向に伸びる南西諸島はこの海原族方位定義に従えば「西」諸島ということになる。長崎県などに多い苗字「西」さんは本当は「南西」さん、である。魏志倭人伝の「その道里を計るに、会稽の東に当たる」（魏）p.108）は実際の東（E）ではなく、会稽の北東（NE）であるので、九州島（正確には北九州）の位置を全く正確に把握していることになる。これを文字通り実際の東とすると、会稽の東は南西諸島に当たることになるので、魏志倭人伝の方位や道里の信頼性はないという解釈になってしまう。海原族の方位定義が中国南部に起源があるかどうか専門家に調べて貰いたいものである。あるいはすでに研究があるのかもしれない。

魏志倭人伝の内容は魏使が旅行し観察したことと伝聞した（聞き込みによる）こと、文献から引用したことからなっている。明言はしていないが、それとなくどちらか察せられるように書いてある。魏志倭人伝の魏使のルートについて、確実なところだけ追跡してみる。確実とは、南を西だとか、時間（で表現する）距離の 1 月を 1 日だとか、訂正することなく、原文の通りに、という意味で

図 9-2 変則方位系でみた西日本（30°北を回転させている）

ある。ただし前章で述べたように、魏使訪倭（2回）の行程のうち帯方から九州まで、少なくとも拘邪韓国から末廬国までを担当した渡海の専門家達は、実際の南東方向を南と呼ぶ仲間内用語（変則方位系）を使っていたらし

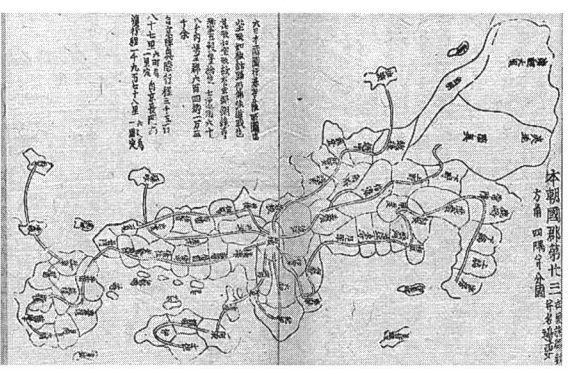

図9-3 行基図（拾芥抄、14世紀、変則方位系が使われている）

い。魏志はそれを忠実に記録しただけである。この変則方位系はどのような範囲でいつ頃から使われていたのであろうか。

変則方位系： 行程以外に方位が出てくる箇所を探してみよう。魏p.41に「女王国以北」とある。この女王国は卑弥呼が都セシ国であるので、邪馬壱国である。そこまで述べてきた国は（投馬国を除き）すべて、邪馬壱国の中心都市を西都（宮崎県）とするとNW方向にあるので、それを北とする変則方位にはあっている。また、中心都市を人吉盆地とするとN方向つまりやや東よりの方向となるのでこの仮定はちょっと苦しい。ただ、以北とはいうが、以北東とは言わないので、不合格とは判定はできない。

魏p.44に「その南に狗奴国あり」とあるが、「その」とは直前で言及した奴国をさしている。奴国は筑紫平野＋筑後川デルタの一部の国であるので、熊本平野の狗奴国はそのSE、つまり変則方位系の南にあたるので、合格である。魏p.48「女王国より北には、特に一大卒を置き」この女王国は邪馬壱国である。北はNWであり、合格である。魏p.50「女王国の東、海を渡る千余里、また国あり」邪馬壱国のNEには記述通りの距離に四国がある。

南4000余里にあるとされる侏儒国はどうであろうか。実は侏儒国も含めてここから後の倭人伝の記述はとくに距離は全くでたらめである。倭人からのあやふやな伝聞を記事にしたものと思われる。しかし記事にある以上、検討だけは行って見よう。邪馬壱国（西都の）の南（SE）方面を探ると確かに島があり、

それは小笠原諸島である。ただしそこまでの距離は18000里であり、これは完全に外れである。小笠原諸島は1543年当時無人島であった。ただし北硫黄島にはC14年代で紀元1世紀頃（暦年補正はしてない？、おおよそ卑弥呼の時代ごろ）の石野遺跡が発見されている。巨石と線刻画、積み石、土器などが報告されているが、詳細は不明である。この島はその後無人になったのであるから、絶海の孤島、最後に残った1人。ドラマになりそうな情景が想像できる。北硫黄島までの距離は1210km、18600里である。

ジョン万次郎一行は1841年1月30日ごろ（逆算推定）土佐沖で遭難して、5日半で無人の火山島である鳥島に漂着した（直線で720km）。6月27日アメリカの捕鯨船に救助されるまで島での生活は143日に及んだとされている。このときの漂流の速さは一日で130kmくらいと計算される。冬だと西よりの風となるので土佐沖（土佐清水）から鳥島に流されたのであろう。もう少し、北風成分が強いときに、西日本の太平洋沿岸から10日ほど漂流すると北硫黄島に流れ着く計算になる。

日本領のこれらの諸島は邪馬壱国から南（SE）というよりは、やや東に偏っている。もっと正確にSE方向をたどると北マリアナ諸島がある。どの島を対象とすべきかデータがないので、面積最大のグァム島（空港）としよう。邪馬壱国西都からの距離は約2484kmである。大陸から来た魏使は倭人の話を記録したわけだが、当時の倭人がどうしてこの方向に島（グァムなど）があることを知っていたのか、全く不思議なことである。ただし距離は全く違っている。

船航東南1年の裸国・黒歯国はどうか。南東はEであるので、同じ緯度を探すと、方向は若干南にずれるが、ミッドウェーとハワイ諸島がある。邪馬壱国からハワイ島（中心）まで7320kmである。つまり倭人伝の記事はでたらめである。仮にこの距離を365日で渡ったすると20km/日である。この数値自身は荒唐無稽な値ではない。しかしハワイ諸島付近ではほとんど東風が吹いており、これに人力で逆らうのは不可能であろう。つまり夏にハワイ島方面から東アジアに漂流してくることはできるが、逆は無理である。また夏に邪馬壱国から漂流し始めた場合は、黒潮に流されて三陸沖付近まで北上し、ついで偏西風で流されて北米方向に流れることになる。つまりハワイに流れ着くことは多分できない。

日本の縄文土器とエクアドル（赤道国）の土器の類似性が指摘されている（古田武彦氏の著書）が、気流や海流を考えれば、エクアドル→日本はあり得ても、日本→エクアドルはない。赤道反流はまったく明瞭でない。帆船時代に太洋を渡る航海は北半球では赤道よりの偏東風（貿易風）をとらえて西進し、高緯度側の偏西風に乗って東進する、これが太平洋・大西洋を往復する際の鉄則である。焼畑はアンデスでも見られるが、日本から伝播したものではない。

　以上いろいろ寄り道をしているが、魏志倭人伝で使われている方位は北が真北（N）からかなり西（W）にずれた変則方位系を使用している。これは南西諸島から九州・中国地方日本海沿岸で広く使われていた海原族（漁師・渡海技術者）独特のものである。この方位系の使用で魏志倭人伝の行程などの記述が破綻することはなにもない。

変則方位系の根拠：　これだけ広域にわたって使われる方位系が定義なしでは困るので、根拠を探すことにした。文献からではなく、試行錯誤的に判明したことは緯度35度付近（東京・大阪・釜山・光州・洛陽・西安など）で、夏至（太陽暦の6月22日頃）の太陽が出る方向(N60E)を東としていることが分かった。これは12方位のまさしく寅の方向である。したがって北（亥）はN30W、南（巳）はN150Eの方向になる。この節まで南をSEとしていたが、8方位表示であることを考慮すれば、記述を変更する必要はない（ずれは15度）。

　なお夏至の太陽が出る方向は当然のことながら緯度によって変わる。調べてみると、緯度30NでN62E、緯度23度30分でN64Eである。北側では緯度40NでN58E、緯度45NでN55Eであるので、それほど正確を期さなければ、緯度35N付近のN30Wを北として良い。魏志倭人伝に出てくる方位をまとめて示すと以下の通りである。

　　南　Sから30度東寄り（N150E）、　北　Nから30度西寄り（N30W）
　　東　Eから30度北寄り（N60E）、　南東　Eから15度南寄り（N105E）

　ちなみに、緯度35度付近で、各月（の22日を目安）ごとに太陽の出る方向から方位を知る方法は以下の通りである。6月の夏至の日の出の方向はN60Eであり、これを東としている当時の方位系では、7月と5月では日の出の方向（N64E）より4度北寄りが東、8月と4月は15度北寄り、9月と3

月では29度、10月と2月では43度、11月と1月では54度、12月の冬至には日の出はN118Eであるので、58度北寄りが東（実はN60E）となる。日の出の方向に関して、このようなおおよその傾向を知っていれば、旅行中の魏使も早起きをすれば、日の出の方向だけからおおよその方位を知ることができたと思われる．もちろん夜に北極星を探すか、日の出・日没が両方とも水平線に近くで起こるときは、それに代えることができる。

　ところで、この変則方位系にはいくつか合理的なことがある。もちろん第一は夏至のころの日の出方向が東というわかり易さである。南はわかりにくい。次にモンスーン（季節風）との関係がある。冬の季節風はNではなく北西（NW）風である。これを4方位で表したとき、北風となる。夏の季節風は南東（SE）風である。これを南風という。季節風を変則方位系で東西に横切る方向では、緯度は違っても気候（特に気温）はあまり変わらない。季節の進行も同時である。この変則方位系の東西線上にある寧波（N29度52分）と福岡（N33度35分）とでは緯度の差があるにもかかわらず冬の気温はほとんど同じである。ちなみに夏の気温は日本でも（亜）熱帯でもほぼ同じである。水さえあれば蒸発によって、頭打ちになっているからである。朝鮮半島は南北に細長く、西日本は東西に伸びている（図9-1、2）。行基（668～749）作成と言われる日本地図（図9-3）もこの変則方位系が用いられている。

　さらにこの変則座標系の最大の利点はこの方位線が通常の方位系と30度の角度を持っているという点である。すなわちこれらの方位線上の2点は辺長が $1:\sqrt{3}:2$ の直角三角形を作るので、1辺の長さがわかれば他の2辺の長さも簡単にわかる。

他にも変則方位系による記述はあるか：　片岡宏二氏（2011）の著書の地図の幾つかに、N60E（あるいはN30W）を基準とした地物の配置が見られた。なおこの著書は方位・方向についてよく整理した考え方を示している。

　吉野ヶ里遺跡について宮本長二郎氏は「北内郭の中軸線の方向は東で北に31度ふれ、夏至の日の出と冬至の日の入りを結ぶ線に一致することから、〈中略〉天文祭祀にもかかわり、」と記述している（三国志からきた倭人たち、山川出版、2001年）。また続けて、山内丸山遺跡（縄文中期末）でも、同じ方

第 9 章 魏志倭人伝の方位

向の巨木柱遺構について、小林達雄氏の天文カレンダー説を紹介している。そして注に、縄文時代の環状列石を例として説明を加えている。

なお建物や地割りにこの方位系が使われていても、必ずしも祭祀とは関係しない。この考えには、方位は N-S が原則という思い込みがある。それがずれているので「祭祀」と考えたらしい。N60E を東とする古代人が、春分の日の出の方向や南北（N-S）にこだわる現代の地図（国土地理院）を見て、太陽崇拝か北極星に関わる祭祀だと考えるのと同じことである。

更にこの本の p.22 の第四図が面白い（図 9-4）。これは原の辻遺跡（壱岐）の船着き場の見取り図である。「船着き場」は沖積地の中ほどに位置しており、地形によって「船着き場」の設計上の方位が左右されるようなところではない。湿地をほりこみ船が入るように設計され、両側の突堤は崩壊を防ぐために、杭や木材で両側を押さえ、土盛りし、その表面をこの島の岩石、玄武岩の礫で固めてある。平面形がコの字になっていることから、おそらくこれは船着き場ではなく、船の係留地あるいは修理施設（ドック）ではないかと想像される。

現在の地割は土地改良事業が施された後のものであるが、古い地割を利用していると考えた。そこで同島の埋蔵物センターに問い合わせ、報告書（2006 年）のコピーをいただいた。報告書の全体図では国土地理院の UTM 座標が記入されていることから、この図の方位記号は真北を指しており、磁北では無いことがわかった。

関東平野では富士山の東（N60E）方向 186km に鉾田（市）があり、新鉾田駅から西北西 3.4km に三角点 29.9m（36 度 9 分 30 秒、140 度 30 分 10 秒、地図で測定）がある。この三角点の近くの村には、古代測量用語

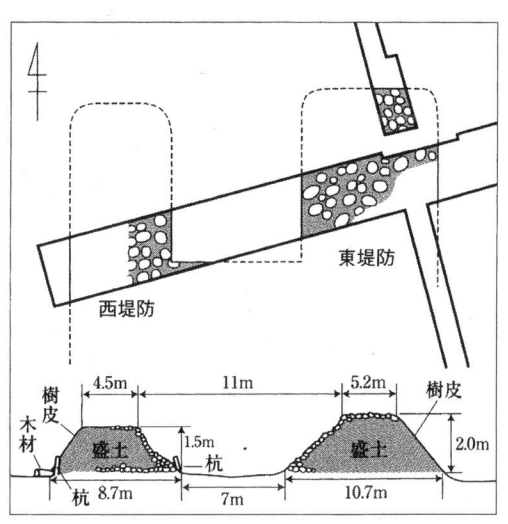

図 9-4 原の辻遺跡（壱岐）船着き場発掘地図
（三国志がみた倭人たち、p.22 第 4 図、詳しくは長崎県教育委員会（2006）原の辻遺跡総集編 1 を参照）

の「当間」（ただし現在の発音はトウマ）という集落地名が残っている。三角点の設置は明治時代であるが、なんでもないような平野のこの一角に三角点を設置したということは、当時陸地測量部に「当間」という集落名の意義を理解できた人、つまり古代測量に通じた人がいたのではないかと思わせる。

　ここ鉾田は真西（W）にある御荷鉾山とセットになっている。つまり夏至の日の出と富士山が真来向かう地であり、春分・秋分の日の入りが御荷鉾山と真来通る地として選ばれている。繰り返しになるが、鉾田は夏至の日に富士山を背にしてちょうど反対側から日が昇り、冬至の日にはほぼ富士山のあたりに日が沈む。そして春分・秋分の日には御荷鉾山に日が沈む。「鉾」「当て間」という地名から判断して、富士山から見てこの方向（N60E）が重要な方位であることを示している。と同時に W-E 方向も意識していることから、両方の方位系がここで交差している（後出図 13-9）。ただし鉾田がこのような特別な地として選ばれた年代は不明である。

　前述の現在の地図にある三角点 29.9m の構築物は一筆の畑の真ん中に斜めになって放棄されている。実はこの付近には多数の三角点がある。それはたぶん樹木の生長、家屋の新築などの理由により、富士山・筑波山・御荷鉾山などの見通しが得られなくなるので、三角測量のたびごとに三角点を新設したためではないかと推定される。鉾田から富士山や御荷鉾山を望む仰角は小さいので、見通し線が近くの地物の影響を受けやすいのである。

風土記の方位系：　　次に風土記では方位系はどうなっているのか調べた。豊後国（風 p.367）大分の郡は大分駅南 1.5km の古国府である。大分河は郡の南とあり、これは文字通りでよい。しかし実際は北（N）流しているのに、東の海に入る、とある。当時別府湾を東の海と呼んだのであれば、納得できるが、東を NE とすると、この矛盾は和らげられる。なお大イタはイタ船（口船）が語源であろう。

　速見の郡（別府付近）では、間欠泉の記述があり、これは現在の龍巻温泉、赤湯は現在の血の池地獄のことである（図 9-5）。同書写本注では西北に赤湯、西に玖倍理湯（間欠泉）とされている。そして同書注では郡家を鉄輪東方としている。郡の「西」という記述に惑わされている。注および写本の注で、いず

第 9 章　魏志倭人伝の方位

図 9-5

れも郡の西を SW とすると位置の記述が理に適う。つまり、郡家は赤湯（血の池地獄）を通る東西線（SW-NE）上の（海岸に近い）古市町にあったと思われる。後世の写本時の訂正あるいは現代の注校がむしろ間違っているケースである。

　続いて柚富の嶺（由布岳、豊後富士）が写本注で西にあるとしているが、実は SW である。さらに頸の嶺が柚富の嶺の西南にあるとしているが、これは野稲岳（1038m）ではなく、城ヶ岳（1188m）・雨乞岳（1074m）の連山である。これは柚富の嶺の S である。これら山の配置から NW を北とする方位系を使っていたことがわかる。また国東半島は NE に突き出している。だから文字通り「東」となる。海部の郡（風 p.367）では、郡（こおり）の位置は確定していないが、西に丹生の郷（さと）、東に佐尉の郷（坂ノ市）とあるから、赤土の多い丹生川の上流から河口までの間のどこか、佐賀関半島を作る山地の北西麓のどこかである。ここで穂門の郷が郡の南とされている。ここは湾の入り口に保戸島がある津久見湾の港あるいはその周辺であることは確かである。地図を見ればわかるが、海部の郡の存在推定範囲から SE の方向に津久見湾があることから、風土記のこの部分の「南」は変則方位系の南であることが分かる。

　肥前の国杵島山（風 p.515）では、坤（南西）から艮（北東）に向かって 3 つの峰が連なる、とある。この方向は地図で測ってみると N25E である。これは通常の東北（N45E）よりは変則方位系の東北（N15E）に近い。肥後国闘宗岳（逸文）（風 p.517）では縣の坤（南東）に阿蘇山があると記述されている。郡家は阿蘇神社の西方と注にある。ここで阿蘇神社の近くとしても、阿蘇山の方向は N160W であり、郡家が阿蘇神社の西方であれば方向はもっと S に近

づく。変則方位系の南東は N105W であるので、ここでもこの方位系が使われていることがわかる。

まだまだある変則方位系： 中国が設置した、あるいは立地に関与した古い都市である通遼・遼陽・平壌（楽浪）・ケソン（開城）・ソウルは見事に一直線上に並んでいる。方向は N150E である。つまりこれらの都市間の距離を X、北極星高度の観測などによって知られる南北（N-S）距離成分を D とすれば、$X = D \times 2/\sqrt{3}$ である。さらに、チンハイ（鎮海）そして倭の博多・西都などもこの線の延長上に位置している。偶然とは思えないほどの一致である。

屋久島・種子島から沖縄（南西諸島）方向は SW より南に傾いており（N150W）、変則方位系の（正確な）南西である。西国大名とか東北列藩などという方向感覚は江戸を中心としたものであるが、地図を見ればすぐわかるように、西日本は西（W）からかなり南によっている。また東北日本は東北ではなくほとんど北（N）である。N60E を東とする方位感覚は日本人にしみ込んでいるともいえる。以上のことから、N60E を東とする変則方位系は縄文時代から弥生時代を経て風土記の時代まであるいはその後も延々として続く、方位系だったことがわかる。

北九州（正確には壱岐）から見ると出雲のあたりは、夏至に日の出る方向（N60E 即ち東）であり、出雲という地名は日出方向あたり（イズマ）、という意味であろう。つまり出雲は北九州を中心として付けられた古い地名ではなかろうか（図 9-2）。もちろんイズマに対してイリマという地名も各地に存在する。

遣隋使の文書で有名な「日出る国の天子……」については、西安は奈良盆地の真西（W）なので、変則方位系は使われていない。正確に言えば、春分・秋分のころ日出る国の……である。だから「両国は同じ緯度ですね」、と親しみをこめた表現だったのかも知れない。メンツ問題の誤解がすぐ解けて翌年から国交が保たれたのも、この言い訳が効いたのかも知れない。そうだとすると、日本が中国と対等な国であるという意識を持ったなどという、国粋主義的な発想は間違っているかもしれない。

この随書（講談社学術文庫版）は謎に満ちた記述が多数ある。開皇 20 年（600 年庚申）に遣隋使を送った倭王は、姓は阿毎の多利思比弧、太子は利歌弥多弗

利とある。大業3年（607年丁卯）遣隋使を送り出したのは同じ多利思比弧とある。ところが日本書紀ではこの時代は推古天皇（女性）と摂政の厩戸皇子（聖徳太子）の時代であり、小野妹子大唐へとあるのは隋へであり、記述が全く食い違っている。

　翌大業4年の煬帝楊広による遣倭使裵清の行程記事を地理屋の私が読むと、九州で用が足りて帰って行ったとしか思えない。竹斯国から東の秦国を経て海岸に達するとある。素直に読めば、竹斯は筑紫であり、もしそれ以後も海路だとすると、海岸に達す、は極めて不自然な記述となるので、筑紫で上陸し、陸路で東に向かい秦国を経て海岸（の国）に達する、と読むべきであろう。つまり豊前の海岸に達したということである。海岸は境界であるが、陸から海へと、海から陸への表現において、後者の場合はXX（陸地の地名）の海岸へ達した、と表現される。一方、陸から海への場合は海の地名を付けなくても不自然でない。つまりわれわれは陸地の方に関心があるからである。大陸の人が単に海岸に達した、と記述するとき海から陸地に達した、という意味でないだろう。ただし言語の微妙なニュアンスの問題ではある。

　というわけで、おそらく豊前の海岸と思われるそこから先の記事がないので、そこが目的地だったのか、更に奈良盆地に向かったのか判断はできない。しかし、瀬戸内海の記事や大阪湾岸上陸の記事がないのに勝手に付け加えた解釈をするのは不合理である。さらに倭国王の言として「大海の一隅に住んでいて、……」はどう見ても奈良盆地の話しではない。瀬戸内海が大海とは言えないが、「豊前の海岸」に対しての方が奈良盆地に対してより、はるかにましな表現となっている。この部分は、随の時代でも九州の宇佐にあったらしい政権は中国との国交を行っていたという古田武彦氏の説と同じ解釈になっている。

　唐津市マツロ館館長の堀川義英氏のお話しによると、唐津（藩）と違う習慣として、佐賀平野（藩が違う）では場所を教えるとき、方位を使うという。佐賀平野で最もわかりやすい地標は天山（1045m）である。そしてここが北であり、寒い風が吹いてくる方向でもある。地図を見れば明らかであるが、天山のSに佐賀平野はない、SEである。佐賀平野の人たちの方位感覚は北が西に偏っている（変則方位系である）ことがわかる。また唐津付近の漁村ではハエン風（南）、アナゼン風（北）というそうである（ンは「の」の意味）。この向きは

30度NSからずれている。しかしこのずれはあまり意識されておらず、指摘すると、「そういえば」、という程度であることも面白い。

変則方位系と地割り： 洛陽市の街路は老城区といわれる区域では変則方位系の南北を基準とする街区が見られるが、洛河の南にある随唐城遺址のあるあたりでは正則方位系となっている。西安では市街の大部分が正則方位系であるが、南東部（西安理工大学付近）に変則方位系の街路が残っている。瀋陽では変則方位系あるいは正則方位系より30度ずれた、つまり12方位系の街路が見られる。北部の北陵公園（昭陵がある）は正則方位系で、南に池を配する風水に従った配置となっている。平壌では街路の方向はわずかに東に振れたN-Sであるが、鉄道沿い東側の400mまたは500mの範囲ではN30Wとなっている。これは古い街路を破壊しており、鉄道建設にともなった新しい街区と思われる。つまり方位はあっているが変則方位系とは関係ない。ソウルおよび近郊の都市ではいろいろな方位の街区が入り交じっており、歴史の重みを感じさせる。中国の方位系の変遷については街区という化石と文献があるので、磁北の経年変化、歳差運動（北極星の位置変化）を視野に入れた研究があると思われるが、深くは追跡しなかった。

第10章 魏志倭人伝の100里

　地理情報は位置についての記述である。しかし倭人伝の位置の記事は魏使来倭時の行程であるかのように記述されている。帯方郡から狗邪韓国までは水行、すなわち地文航法による航海で到達している。この航法では陸標（山島）を使うので、航行は日中のみであろう。朝鮮半島の西海岸は多島海であり、地標にはことかかない。夜間は港に上陸するか湾奥で停泊するかであったろう。海から見える火（燈火、灯台）があったかもしないが、海図が無い時代の夜間の航海は危険である。航路距離は海図があり、それに航路が書き込まれていれば別であるが、常識的に考えて、航路距離の測定は不可能である。

　なお帯方郡から狗邪韓国まで陸行であったという読み方もある。しかし通過しなければならない馬韓についての魏志韓伝の記述を読むと、治安の良い陸路が帯方郡から朝鮮半島の南岸まで整備されていたとは思えない。また陸路では漢江を、あるいはコースによっては北漢江と南漢江を渡る必要がある。それ以南では、錦江（クムガン）と洛東江の間の分水嶺（ソベク山脈）近くを通る経路でなければ南下する道路は幾つかの大河を渡る必要がある。橋が存在するか渡しの制度が必要であるが、考えにくいことである。ただし可能性は低くても考察の対象とする、は本書の原則としていることである。

　狗邪韓国から北九州までの渡海では対馬・壱岐の島伝いの航路となる。それぞれ地標となる山は相互に見えるが、海上では地標が1つしか見えなくなる区間がある（11章）。また天候によって地標が1つ、あるいはなくなることもあるだろう。このような区間を夜間に航海するのは極めて危険である。相互の距離は80km以下である（根拠は後述）ので、おそらく1日（日中のみ）航海し、夕方からは最寄りの湾か港で停泊し、翌日島を回航して目的の港へ入港という行程となるだろう。

帯方郡の役所から海、あるいは伊都国から有明海のように川が航路となっている場合は、引き潮で川港から出港、上げ潮で入港が合理的である。朝鮮半島西岸および有明海は潮差が非常に大きい地域である。

陸地については3つの距離が記載されている。末廬国と伊都国の間、伊都国・奴国・不弥国の相互距離である。このうち、後者はいずれも100里（6.7km、徒歩で2時間以内）であるので、目視の範囲内でもある。経験があれば、高台などから目測が可能である。つまり山襞の見え方、木の高さ、家の大きさ・高さなどから距離を推定できる。この距離ではたぶん人は見えない。空気の透明度も関係する。末廬国と伊都国間の距離500里（34km、根拠は後述。徒歩で1日か2日の行程）は時間距離から推定した値であるか測量値であるかである。つまり陸路の距離のうち、値をどのようにして得たか問題になるのはこの値のみである。

邪馬壱国と投馬国へは水行で到着可能とされている。しかし距離が時間距離で表されており、絶対距離に換算することはできない。日中だけの航行であり、潮待ち・天候待ちも必要であり、船が口船だとしたら、船速は人が歩く程度の速さなので、10日、20日かかるといっても、九州島の周辺を大きく離れることはないだろう。

陸路1ヶ月の距離を、1日10kmとして単純に計算すると、横断の場合は九州島を飛び出してしまう。つまり南に水行した後に引き続き陸路1ヶ月は不合理である。ここは「陸行すれば1ヶ月」としか読めない。いわゆる放射読みを選択したのではない。そうしか読めないところである。

川は平野の道路交通の大きな障害である。この時代の陸路とは川のない道路、すなわち分水嶺道路であったであろう。分水嶺道路の距離を、大陸の道路のように何里、何kmなどと表現できないし、表現しても実態を表さない。現在でも登山ガイドブックなどでは、距離は書いてあるが、登り・下りにわけ、さらに健脚者・普通の人など分けて時間距離が記載されていることが多い。「倭人道里を知らず」といわれているが、絶対距離より、山道の場合、時間距離の方が遥かに合理的な距離である。

倭の地は島国： 　中国では度量衡とくに距離の尺度は王朝ごとに違うようで

ある。ここではその詮索は文献の専門家に任せて、魏志倭人伝に記載された距離と現在の地図から読みとれる距離とを比較して、100 里は何 km にあたるかをまず算出してみよう。もちろんこれまでに記述と実測の差を検定した研究があると思われる。なお魏志倭人伝で使われている距離を表す数字の桁は 100 が最小である。1000 余里という表現では、少なくとも 1000 里はあるが 1100 を越えることはないと考え、切り上げ（四捨五入の 5 入）はないと判断した。ついでに時間距離の日数は 10 と 20 日、1 月、1 年である。日数では 10 と 20 だけで端数がないのは旬日で数えていたことを示している。例えば川があれば直線距離は無意味で、どれくらい迂回するか川の状況（絶えず変わる流量）にもよることであり、細かい日数で表現することをさけた、と思われる。このように数値の精度（信頼性）を考慮して、切り上げ（例はない）切り捨て（余という表現）を行っていたわけで（魏使の報告の生のデータはないが）、魏志倭人伝の著者は相当な科学的センスを持っていると思われる。

　ちなみに人口については千戸が最小単位である。具体的な検討に入る前にさらに問題点を整理しておこう。戸は租の単位であるので、それを把握していない「国」はあり得ないが、1 国 1 村（邑）ではないはずで、魏使が旅行中に国の戸数を調べられるわけはない。先に日本軍が中国を侵略したとき、日本の特殊部隊が作った地図（前線の外側）には、村の外見などから判断したと思われる、人口・家畜数などの推定値が赤字で記入されており、訓練された人であれば、推定値を得ることはできないことではない。しかしガイド付きの外交団使節団が国内を自由に動き回れたわけではあるまい。戸数は倭人伝見聞録のうち「聞」の方である。

　魏志倭人伝の冒頭、倭人は帯方（後漢のすえ、公孫康のころ楽浪郡の南に設けられた郡の名前）の東南大海にある「山島」、と記されている。これは他書からの引用かも知れないが、倭の隣の本州のことを知っていても、本州の東北地方（帯方郡から見れば北寄り）に全く言及がないので、本州が大陸と陸続きかも知れず、つまり津軽海峡・宗谷海峡・間宮海峡についての知識がなければ、本州を島と断言するはずはない。魏志東夷伝東沃沮（現在の北朝鮮日本海側の国）の条に東の大海に人の住む地域があることを伝え聞いて記録している。また東夷伝では沿海州（プリモリスキー）の挹婁（ユウロウ）について北の限界は定かでない

と記述している。樺太や北海道、まして本州島北部の記載はない。そこが沿海州と陸続きかどうか全く知らないのである。

したがって倭国の地は島であるという記述はそのまま理解しなければならない。倭は九州である。倭が本州に存在するためには、1)本州側が、これが倭（の全部）だと偽って九州だけを案内したり、知識を与えたか、2)当事者の倭（九州）が意図的に本州の情報を隠したか、3)魏志倭人伝の倭の記事を後世にわたって横取りするような歴史的操作が行われたか、4)証拠も無いのに本州は「山島」という記述したことがそもそも間違っていて、山村（シマ＝村として）のことだ、などのケースしか考えられない。ここではそのような深読みは一切せず素直に、倭の地は九州島としよう。

本州に大文明国があっても、対外交流が無ければ、中国（魏）から無視されるのは致し方ない。邪馬台国近畿説論者が、当時の文明圏の1つであった北九州（伊都国・奴国など）から遙か遠隔の地である国（邪馬壱国）を、魏志倭人伝に書かれているという理由だけで、近畿に持っていこうとする理由がどうしても理解できない。邪馬壱（台）国は卑弥呼の出身地であるが、国名は1回しか出てこないし、女王が去ってからは、国王もいない国である。首都機能が存在した伊都国がほしいというのであれば（不弥国・奴国・末廬国・壱岐国・対馬国も連動するが）理解できるが、行程が時間距離で表されているような邪馬壱国と投馬国のような田舎の国を近畿に持っていっても何の足しにもならないのではないだろうか。

帯方郡―狗邪韓国 7000 余里： ここで幾つか前提条件を確認しておきたい。海上では当然のことながら航海した距離など測れる量ではない。私は、南米大陸のアスンシオン（パラグアイ）からパラナ川を下り、河口近いブエノスアイレスまで、4日間の船旅をしたことがある。乾季だったので川の水位が下がって、航路は川の蛇行に従わなければならないので、雨季に比べて航路が長くなっていた。したがって雨季より1日長い航行であった。両都市の直線距離は約1040kmである。これは地図で測った値である。絶えず舵を取り続けていた航海士に聞いても実際の航路（航跡）の長さが分かるわけはない。季節によって時間（で計る）距離は3日から4日と変わるのである。

海の上では上に述べた川の航路のような制約は受けないが、そのときの海流や風によって実際に航海した距離は変わるはずである。したがってそのような値に汎用的な意味は無い。当時は海図や地図は無かった。

地図測量ではまず三角点の位置を確定する。ついでその周辺について隙間がないように埋めていく。つまり地図作りは三角測量から始まる。当時は地図は無くても後世の三角点に相当する、山あてに使われる地標の相対的位置（相互の距離や方向・方位）に関する情報は持っていたと考えている。原理的に山あては島であっても内陸の山であっても同じである。港や麓の町の位置は地標（山）のそばにあって、簡単に目視できるから意味がある。港や町が書き込まれた地図が作られるまでは、地標の相対的位置（つまり三角網相当）だけが使われていたのである。

魏志倭人伝では、郡→七千余里→狗邪韓国　と記述されている。この部分の漢文の読み方に問題がある。「郡から倭に至るには（まず）海岸を廻って水行し、韓国を歴て、南行と東行を繰り返しながら、その（倭の）北岸である狗邪韓国に至る」。ここで段落を切って、「（帯方より）七千余里にして、始めて一海を渡り、千余里で対海国に至る……」（2章原文 3. と 4.）と私は読んでいる。つまり七千余里は、直前に航路の記述はあるがそれは測れない長さであるので、帯方から狗邪韓国までの測れる（直線）距離だと解釈したわけである。岩波文庫本の読み下し文では、「その北岸狗邪韓国に到る七千余里。始めて一海を渡る千余里、対馬国に至る」として、航路の長さを七千余里とする読み方となっている。講談社学術文庫本では私と同じ読み方となっている。

これまで注目されてこなかったようであるが、この部分の行程の解釈は帯方郡がどこにあったかという問題と関係する。つまり狗邪韓国は朝鮮半島南岸にある島であることは確実であるので、ここからみて、帯方郡は直線で7000余里離れたところにあるのか（遠いところとなる）、船で7000余里迂回した先にあるのか（直線では近いところとなる）、ということに帰着する。講談社学術文庫本では帯方郡はサリウォン（沙里院）付近、岩波文庫本ではソウル付近、と注記されている。

この部分を岩波文庫本のように航路の長さだとすると、それを引き継いで以後の距離記述も航路の長さということになり、上陸してからは道路の長さとな

り、結局、女王国（邪馬壱国）までの行程は 12000 余里（2 章原文 16.）というしばりを受けることになる。このような解釈（例えば古田、2011）は岩波文庫本注とおなじである。私は、船は絶えず風や海流で少しずつ流されるので、ベクトルの大きさの積分値のような距離を測れるはずはないと考えて、7000 余里は直線距離でしかありえないと考えている。

　しかし、倭人伝ではこの部分に限り、経路（航路）の形状を具体的に記述しているので、岩波文庫本の注のような解釈もあり得るかも知れない。その場合であっても、郡から朝鮮半島南西端、そこから狗邪韓国という 2 本の折れ線の距離の和が 7000 余里という値であって、実際の航路の長さではないだろう。もう一度繰り返すと、南や東に航路を変えながら、しかも潮流と風に流されて曲線となる航路の長さは測れない量である。直線距離か航路距離か、合理的に考えれば簡単に決着が付く問題であるが、最近まで岩波文庫本の読みと注が生きているので、念のためそれぞれについて 11 章で検討している。

行路距離はフラクタル：　いうまでもないことであるが、山道で歩いた距離を知ることはできない。私が地学科地理の学生の頃、測量学実習か地質図学実習か忘れたが、歩測で距離を測ったことがある。まっすぐで舗装されている道路であれば、10% 以下だいたい 5% 位の誤差で測定できる。また地図学の実習で使う器具にキルビメーターというものがあった。地図の上で歯車を転がしながら曲線を辿り、曲線の長さを測る道具である。同じ 2 点間の距離でも、地図の縮尺が異なると、違う値となる。小縮尺の地図ほど、道路の屈曲を地図編集の段階で滑らかに直すからである。それにしても道路を書き込んだ地図があれば、地図の縮尺に応じた精度で道路の距離を出すことはできるが、それはなかったであろう。

　フラクタルという概念の説明に使われる海岸線の長さはまさにこのような値である。川の長さも同様である。地図の細かい屈曲凹凸をどの程度拾うかによって、長さはいくらでも変わってしまう。一般に小縮尺の地図では凹凸をそのまま拾うと図が汚くなるで、編集段階で平滑にする。信濃川の長さ 367km などという値があるが、2.5 万分の 1 の地図と 100 万分の 1 地図で計った値は全く異なる。つまり川や山道などの曲線の長さは、曲線を線分に分解する、その

物差しの目盛りの長さで決まるわけである（つまりフラクタルな量である）。
　魏使が歩いた道のりを万歩計で測ったり、国道や鉄道の長さで測っても仕方ない。さらに魏使が通った道がどこであり、どんな状態だったか知るよしもない。さらに方向についても歩いているうちに、出発地の方向など分からなくなってしまう。こんなことは魏使でなくても誰にでもちょっと考えて見れば分かることである。しかし私は間違えた（6章）。間違えたのは私だけではない、類書もほとんど間違えている。魏志が自信たっぷりに、東南行500里などと記述しているからである。専門家がまえもって<u>直線距離</u>を測り、魏使はその測量方法を理解しているが故に、その値を信じて記事にしたのである。

倭人伝の陸上距離も直線距離：　話が脱線してしまったが、歩きながらでは距離は測れないので、陸上での距離すなわち2国間の距離は直線でしか扱えない。しかし倭国側では直線距離を測る技術が無かったか（あっても秘伝とされていたので）、一般的には時間距離で表したわけである。測量技術（国見）や物見の専門家は、原理を知らない普通の人には、魔術師のように見えたであろう。ちょうど軍師諸葛孔明のように。そして日本ではそれは物部氏の技術集団であったろう。物とは（素人目には神秘に見える）原理のことであろう。地理を知らずに戦争することはあり得ない。物部氏は武力担当だけでなく優れた軍師（地理屋）を擁していたはずである。

記述の距離と実距離：　魏志倭人伝の記述で、次のことに注目した。海を渡る部分は方向が決まっていて、選択の余地がないところ（対海国――一大国間）だけ地名や方位が記述されている、ということである。それ以外の、季節や天候によって港や方向が変わるところは方位を記述しない、という方針のようである。魏志倭人伝の国（港、中心都市）を現在の地名に対比するとき、異論が全くないほど確実なのは、対海国が対馬、一大国が壱岐という対比であろう。例えば対海国を隠岐としても、本州島との間に一大国に相当する島がない。それ以外の対比点についての記述距離と実距離の比較は循環論になる。例えば、末廬を唐津、伊都を怡土などと決めてから、方位や距離を議論するやり方を循環論というのである。

循環論であっても、それ以外のところで、全く矛盾が生じないのであれば、それは容認される。ただし破綻するときは、前提（循環論）そのものが否定される。科学はこのような思考方法で成り立っている。末廬を唐津、伊都を怡土としたとき、その後の経路に破綻があるからこそ、邪馬台国論争があるのである。こういうときは末廬を唐津、伊都を怡土とする前提を疑うことから始めるのが科学的方法の常道である。

　対馬・壱岐の間は「又南渡一海千余里至一大国」と距離が記述されている。ここで「又」とは引き続きという意味で、「南」はN150Eである（9章）。「渡一海」は陸地沿いの水行とは違うということを意味している。確実に距離の「里」の長さを推定できるのはここだけである。

　港と港はお互いに見えないので、もちろんこの間の直線距離ではない。先に述べたように航路の長さも分からない。潮流や風の方向・強さで変わるからである。知ることができる、すなわち測量できるのはそれぞれの島などの地標間の距離だけである。地標は地図作成の三角点と同じで、それを基準に近傍の事物の位置を決めていくわけである。そこでまず、対馬・壱岐の地標となる山を探してみよう。

　壱岐の地標は岳（の辻）の三角点212.9mであろう。この島にはこれしか山（岳）はない。対馬は山がちなのでどれが航海に使われる地標かよく分からない。注目されるのは壇山と呼ばれる山である。あたかも九州島の国見山のように数が多い。南から、舞石ノ壇山（536.4m）、野田の壇山（465m）・カズエノ壇山（491m）、柳ノ壇山（469m）、大坂壇山・穴ノ壇山（352m）、士冨壇山（235m）、八斗蒔壇山（195m）、塩屋壇山（199m）などいずれも南島に集中している。漁師の山当てに使われたものであろう。北島にもあったかも知れないが国土地理院2.5万分1地形図では見あたらない。高麗山（194m）や隈の付く山（ほかに発音でクマ）はある。ほかに北島で面白い地名は鰐浦（サメのこと）、船志・唐船志、東風防島、南風ノ波瀬など。

　壱岐への航海で使われる地標は、単に高いというだけでなく、特別な位置関係にある山であると考えた。対馬では厳原港背後の有明山（558m）と大崎山（206m）を結ぶ真来通る線の延長に壱岐がある。また最高峰の矢立山（649m）と宮ノ岳山（325m）の線も同様である。ここでは厳原に近いという理由で地

標を有明山とする。有明山から壱岐の岳（212.9m）までの距離は65.6kmである。矢立山からの距離も同じである。壱岐の方は地標に紛れはないが、対馬の方には山がたくさんあるので、選定を間違えているかも知れない。また余という表現は、概数をいうとき、切り捨てだけで、四捨五入は使われていないと解釈しているが、港と港の距離は地標間の直線距離よりは長いので、それを余として表現したのかもしれない。どちらとも判断できないので、1000里約66kmで不都合が生じたとき、ここまで戻って検討し直すことにする。

　上記の区間は港でいえば厳原から郷ノ浦である。港と港は見通せない。厳原は、金石城跡とか、清水山城跡、八幡宮、国分寺、などがあり歴史を感じさせる港町である。壱岐島は玄武岩の台地が準平原的に開析された平低な地形となっており、海岸線はいわばリアス式であるので、地形的に港に都合の良い湾はいくらでもある。原の辻遺跡や壱岐空港のすぐ北の深江、芦辺漁港、などは島の東岸にあるので、西風よけには好都合な港である。1つの島で2つの港を持ち、風向きによって使い分けることはよく行われる。伊豆大島の元村の港と岡田の港がそのような好例であった。島の最高点（212.9m）は島の南部にある。そのすぐ西（3.5km）に、島の南端に近い郷ノ浦（宇土）湾がある。湾の西側には大島など3つの島が西風を防いでいる。なおウドの地名は有明海と不知火湾を隔てる半島の名前でもあり、港（現在は住吉漁港）でもあったと思われる。地名がコピーされる何か共通性があるのだろうか。

1000里67kmの根拠：　これまでの検討で、1000里66kmという値が得られている。普通に歩けば、1歩の歩幅は65～70cmである。この100倍が1里、これが100里約6.6kmの最もわかりやすい説明である。歩測では普通左右2歩を1（複）歩とするので、50複歩で1里となる。しかしこれではあまりにも単純で、なぜこの単位が用いられたかの根拠が薄弱である。

　古代では収穫や租税の根拠となる田畑の面積に関心があり、距離は面積を確定する手段に過ぎないと考えられていたのかもしれない。日本の田畑の畝（せ）は30歩（面積単位で坪）で、1歩は1間×1間（6×10/33cm）だから、99.174m^{2}となる。日本では昔から5反（50せ）百姓という言葉がある。約5000m^{2}の農地を持つ農民である。この面積を正方形に直すと、1辺が約71m

の土地である。このことから分かるように、魏志倭人伝で（韓伝でも）用いられる（1）里は生活（農地の面積）とそのまま直結した単位であることがわかる。

新井宏（1997、2010）の古韓尺の研究は注目される。そのような物差しが考古遺物として出土したというのではなく、存在したに違いない、という科学的推定の産物である。建物や古墳などの土木構築物を作る際に、物差しが用いられなかったとは考えられない。物差しがあれば、その目盛りで区切りよい値が使われるだろう、という人間のすることの合理性に基づいている。奈良纒向遺跡の建物群の長さを見るに、1尺を26.7cm（古韓尺という）とすると多くの建物部分の寸法が尺の整数となり、古墳群では6尺1歩で、平面的な大きさが、歩の整数になる。しかし後漢尺（23.3cm）、魏尺（24.0cm）などではそうはならないという。新井氏のこの発見は多数の事例による統計的解析に基づいているだけに説得力がある。

古韓尺による1坪の面積は6尺×6尺：2.5664m^2、360坪を1反とすると（太閤検地以後は300坪が1反）、923.9m^2となる。いわゆる5反百姓の面積は4619.53m^2である。正方形に換算すると、1辺が68.0mとなる。

別の根拠を探そう。殷周・春秋時代には1尺が15.8cmであった（新井、1997、および安陽出土骨尺）。1尺は親指と人差し指を広げたときの幅であるという。自分で試してみたところ、軽く広げたとき16cm、最大で18.5cmであった。古代中国の畝（ほ）は、10歩×10歩の面積である。これは100×（6尺）×（6尺）であるので、1尺を0.158mとすると、1畝は89.87m^2となる。50畝（ほ）百姓の面積は4494m^2となる。正方形に直すと1辺が67.0mとなる。5反百姓の面積は古韓尺による面積と殷周・春秋時代の尺による面積とは厳密には合わないが、むしろ驚くべき一致という見方もできる。

1000里66kmは地標間の距離と記述値から計算で求められた値であり、上記の2つの値とは由来が異なる。ここでは誤差を考えて、66kmを67kmに訂正することにする。つまり、100里6.7kmとする。この物差しで、魏志倭人伝（朝鮮半島の国々を含む）の記述が合理的に読めるかどうか、次に検討する。

なおこのように距離の単位の意義付けが面積にあるのは、井田制が原因であると考えている。井田制は3×3ブロックの土地を8戸で耕作し、1ブロック分を公田として租に当てるという土地税制度である。1戸に割り当てられる

面積は政治的配慮で決められたらしい。それに伴って距離の単位が変動したのであろう。

例えば、戦国時代の1尺23.1 cmでは、1畝＝50×1歩×1歩＝96.1m²。同じようにして1戸あたり4805m²、正方形換算で一辺69.3mとなる。孟子の説話（梁恵王章句）に有名な「50歩100歩」がある。王朝交代で尺度が100歩（長さ）から50歩と変わったが、1尺が長くなったので、面積で比べれば、ほとんど同じという意味をふまえて、「50歩100歩」という例え話をしたのであろう。兵事では50歩も100歩も逃げたことは同じ、というだけの深みのない説話ではない。ついでながら孟子が信奉していた井田法では、税率は経営面積に関係なく、11％である。

100里6.7kmの適合性検討： ①魏志東夷伝高句麗条の高句麗（の中心都市）の位置について「遼東の東千里」とあるが、今の鞍山（遼陽に近い）のほぼ東（ESE）67kmの本渓市に対比されドンピシャリである。本渓市の五女山山城（卒本城）は朱蒙による高句麗建国（前37年）の地とされている。②次に東沃沮の条に、この国の海岸平野の幅が東北で狭く西南で広く、長さは千里ほど、とある。平野の平面形状についての記述から判断すれば、朝鮮半島付け根部分の感興（ハムフン）から文川（ムンチョン）近くまで間の日本海側の細長い平野のことであろう。それ以外に広い平野はない。この平野の方向はN165W長さは65kmくらい、つまり変則座標系で方位も距離も正確である。

濊は日本海側の元山（ウォンサン）から南にのびる国である。単単大山嶺（テベグ、太白山脈のこと）より西側は楽浪（郡）に属しているとしている。もちろん変則方位系で問題はない。韓国については全体の大きさ（方四千里）の記載はあるが、距離の記載はない。韓国は帯方の南にあって東西は海、南は倭と接しているとされる。西に馬韓（忠清南道・北道に五十余国）、東に辰韓（慶尚北道の12国）、南に弁韓（全羅北道・南道、慶尚南道の12国）の国名が列挙されている。（　）内は現在の地名とのおおよその対比であるが、変則方位系で南北の記述がぴったりする。このうち弁辰瀆盧国は倭と界を接す、とある。北九州に朝鮮半島から渡来してきた人が大勢いたように、倭人も半島側に住んでいたようである。というよりはその言語さえお互いに方言と思う程度の差でしかなかったのであ

ろう。

　倭人伝に記述がある狗邪韓国が韓伝の弁辰瀆盧国と接している国だと読める。瀆盧（呉音ドクル漢音トクロ）とトンヨンの発音は似ていないかもしれない（納営あるいは東営か？　営は陣屋の意味）。

　魏志倭人伝には島の大きさについての記述がある。③対馬の大きさを表現して、方400里、としている。なおここで「方」とは対象の大きさを正方形に換算したときの一辺の長さ、あるいはその面積である。島の南端から北端まで72km、幅については一番広いところで測ってみると、北の御岳（458m）付近で、15.8km、南の矢立山（649m）付近で11kmである。その他の部分では大体9〜10km位である。幅を平均10kmとして、72×10＝720、（平）方（根）を取って26.83kmである。1000里67kmとすると、400里である。このような島のサイズをどうやって測量したかは謎であるが、常識的には見込む角度と距離から相似三角形を用いて計算した数値と思われる。

　④次は壱岐である。倭人伝では、方300里と記述されている。地図で測ってみると、北端の若宮島から南端の河豚鼻まで18.8km、最高点212.9mを通り、南西端の平島と東の八幡浦左京鼻を結ぶ線では18.7kmである。計算するまでもなく方の表示では18.8kmとなる。100里6.7kmで換算すると、方281里に相当する。精度はよい。

　⑤倭の地（九州島）は周旋五千余里（魏 p.50）とある。実測では最北端（早鞆瀬戸）から大隅半島の先まで330km、最東端（鶴御崎）から福江島（五島列島）まで326kmである。100里6.7kmで換算すると、4895里である。地図を見ればわかるが、南北・東西の長さがほぼ同じである。周旋とは外接円の直径であろう。もちろん壱岐島の例にあるように、方でも良いはずである。しかし周旋を使ってみたかったらしい。子午線上の距離は天文学的に測ることができる（19章）。しかし東西（W—E）方向の遠距離の測定には時計が無い限り、三角測量が絶対に必要である。九州島の東西幅を知っていたとすると、古代の測量技術恐るべし、である。誰が何時九州島の大きさを測量したのか、不思議としか言いようがない。

　随書百済の条に、国の大きさを東西450里、南北900余里としている。首都は扶余であるという。チャリヨン（車嶺）山脈以南で、新羅（全羅南道光州）

と大田の平野を含まない範囲を百済国とすると、東西60km南北130kmくらいであるので、里の長さを魏志のころの2倍くらいにしないと記述が合わない。しかし新唐書新羅では、新羅国の大きさを、横は千里、縦は三千里としている。また1000里67kmの尺度に戻っているようである。方位は正則になっているようだが、確かめようはない。この部分は古い文献の引き写しかも知れない。根拠を示さない文献の数値（随書だけでなく魏志倭人伝の里程距離も）には要注意である。例えば時代によって距離の単位が変わっているのに、過去の文献の数字だけをそのまま使い、出典を明記しない例があるという。

⑥魏志東夷伝韓の条の最初に、韓の大きさを記述して、方四千里としている。韓とは帯方の南にあった韓諸国の総称である。帯方との国境は地形から判断して、キョンギド（京畿道、つまり畿内）とチュンチョンプクド（忠清北道）の境付近としよう。つまり帯方との国境を車嶺山脈（チャリヨン）として、そこから朝鮮半島南岸まで、245km、3657里、チャリヨン山脈を延ばした東西線（SW—NE）で黄海から日本海まで280km、4179里（100里6.7kmとして）。2つの里数を乗じて（3657×4179）平方根を求めると、3909里、これが方4千里と記述された国の大きさである。

さすがに当時の先進国中国である、距離測量の精度は非常に良い。朝鮮半島全体を彼らの距離尺度で正しく捉えている。こんな国からの使節団は、半数以上が地理の知識・技術（測量術・土地の性格を把握する術など）を持ったスパイかも知れない。こんな連中に国中を自由に旅行されたらたまらない、伊都国に留めておこう、ということになったのだろう。江戸時代末期シーボルトが伊能忠敬作成による日本地図を持ち出そうとして、複写を許した幕府天文方高橋景保らが罰せられるという事件があった。シーボルトは博物学者であると同時に、その国の地理を調べるという公的な役目を持っていたらしい。シーボルトがいかにこの正確な地図を欲しがったか、痛いほどよく理解できる。

大学院生の時、私はボリビアに滞在し、レアル山脈の氷河地形を調べていた。その時、国禁の国境地帯の精密な地形図が手に入るウラのルートがあった。シーボルトではないが、正直これは欲しかった。ちょうどその頃革命家チェ・ゲバラが同国東部の山岳地帯で戦死するという出来事があった。そして彼の遺品の中に地図と空中写真があったと報じられた。私も全く同じ資料を研究に使って

いたので、同国参謀本部敷地内の地理局に出入りしていた。というわけで私も疑われ拘束されそうになったが、日本大使館に身元を照会して貰い事なきを得た。もちろん地理局の大佐や事務屋さんと個人的付き合いをしていたことも幸いした。

　現在では外交官特権（荷物を検査されない）で、お互いに相手国の情報を表だって収集しあうことを認めている。現在世界の地誌でもっとも正確なのはCIA（Central Intelligence Agency, USA）のウェブサイトだということをご存じだろうか。
https：//www.cia.gov/library/publications/the-world-factbook/index.html
　話は脱線しているが、これまでに 1000 里は 67km という物差しに合う少なくとも 6 つの確実な事例を手に入れた。魏志韓伝・倭人伝の距離や方位についての記事で矛盾が生じたところは他に 1 つもなかった。古代人はどのようにして一千里とか一万里という長い距離を正確に得ることができたのか、12 章で考えている。

第11章　帯方から倭国へ

　前の9章と10章で魏志倭人伝の方位と里程を見直した。すなわち南はN150E、100里は6.7kmである。この方位距離系で6章と7章を見直すことにした。私が読み方を誤っていたときの産物であるので、6章と7章を読んだ読者には申し訳ないことになっているが、0章で言い訳をしているので、お許し願いたい。なお方位の混乱を防ぐため、この章だけではあるが、南、東南、東は原文のままとし、地理的な方位はN、S、E、Wで表すことにした。南はSE（N150E）、北はNW（N30W）、東はNE（N60E）、南東はE（N105E）である。（　）内はもっと詳しい方向が必要な場合の値である。

　帯方郡はどこか：　郡従至倭（郡より倭に至るには）、という書き出しで韓国（図11-1）を歴て、最初に到達するのが狗邪韓国で、次に対海国・一大国・末廬国と続く。当時、狗邪韓国は倭国の最北の国であったことが分かる。国のサイズは分からないが、対海国・一大国（いずれも島国）と同じくらいとして、巨済島の港町が渡海の出発地であろう。注記（魏p.40）に管政友が巨済県にあてたのは誤り、とあるが、誤りとしたのは誤りである。魏志韓伝では、辰韓と弁辰の国名が入り交じってリストアップされているが、弁辰12国の内の弁辰瀆廬国は倭と隣り合っていると記述されている。
　楽浪郡は漢によって設置された軍事力を持つ地方行政機構で、後漢末期には遼東の公孫氏が支配し、3世紀初頭には南方に帯方郡が分離設置された。238年からは魏が公孫氏に代わって2郡を支配した。倭国による魏との外交はこの直後に帯方郡を通じて行われた。しかし中国東北部に本拠（本渓）があった高句麗は313年に帯方郡を滅ぼし、さらに427年楽浪郡の中心地であった平壌に遷都した。

図 11-1　韓半島の地形（陰影図、SRTM から作成）

第 11 章　帯方から倭国へ

　平壌は東西と南を川または運河に囲まれ（大同江）、北は陸続きだが狭まっており、非常に防御性の高い立地となっている。市の中心部に大城山がある。偶然であろうが、伊都国や奴国の首都の近くで、太宰府の後山でもある大城山（重箱読み）が同じ名前である。地名のコピーが行われたと思われる。

　帯方郡は通説ではソウルあるいはサリウォン（沙里院）付近とされるが、もし確たる証拠がないのなら、地政学的にみると（あるいは地形から判断すると）ケソン（開城）ではないかという説も可能性としてありうる。サリウォンは平壌から続く同じ平野の南部で、郡を新設する意味があまりないように見える。新たな郡を創設するなら、ミョラク（滅悪）山脈を越えた南の方に置く方が植民地支配としての積極性を感じさせる。ヘジュ（海州）、ヨナン（延安）など海岸の町も候補になるが、この付近の海は遠浅で、しかも潮差が非常に大きいため、大陸からの大型船が海岸に近づき難いと考えた。大型船が入れるのは大きな川（の澪）筋である。

　そこでもっと内陸の川岸、ケソン（開城）に帯方郡の役所があったと考えてみた。ここは低い山に囲まれ盆地であるが、西に、Yesong Gang、南に Han Gang（ソウルの下流）、東にイムジンハン（臨津江）があり、防御性は優れている。またこれらの3つの大河川の岸まで約15kmで達せられる。そして海を渡って山東半島の港まで400kmくらいである。また平壌へは大きな河川を渡ることなく行くことができ、直線距離は N30W 方向に 150km くらいである。ケソン（開城）はその後李氏朝鮮の李成桂がソウルに遷都するまで、高麗の王都（918～1392）であった古都である。また夏至の朝日が金剛山（1638m）の方向から昇るところでもある。

　ソウルは南に大河韓江があるが西側や北側（カンウォンド江原道より）には何もなく、全く防御性に乏しい地形である。最大の難点は帯方郡が攻撃されたとき、楽浪郡からの援軍が臨津江（イムジン川）を越えなければならないということであろうか。楽浪からみて背水の陣のようなソウルに中国側が前線基地（帯方郡）を置くのは合理的とは思えない。

　以上のようなあやふやな根拠しかないので、帯方郡を通説のソウルかサリウォン（沙里院）あるいは新説のケソンに置いて、全てについて検討してみよう。ケソンは平壌とソウルを結ぶ線（N150E）上にあり、ソウルからの距離

は約 50km である。魏志倭人伝の解釈で、帯方郡の位置の対比が里程記事に関係するのは、帯方郡から狗邪韓国までの距離 7000 余里と、帯方郡から女王国までの距離 1 万 2 千余里だけである。弁辰狗邪国は韓国の国名リストにあるが、おなじ著者が 1 つの国を韓と倭に 2 回カウントすることはないと考えて、弁辰狗邪国と狗邪韓国は別の国と考える。瀆廬（呉音ドクロ／ル、漢音トクリョ）国の港は現在の統営（トンヨン）で、対岸の島が狗邪韓国の巨済（呉音ゴサイ 漢音キョセイ）島であると対比した。

　基本的なデータとして、ケソン、ソウル、トンヨンの距離をネット上の地図ソフト（Google Map）で求めた。
　　　サリウォン—100km—ケソン—50km—ソウル—330km—トンヨン
このうちサリウォンだけが、ピョンヤン—ケソン—ソウル—トンヨンの線からやや外れている。100 里 6.7km で換算すると、
　　　サリウォン—1493 里—ケソン—746 里—ソウル—4925 里—トンヨン
となる。

　A) 魏志倭人伝では帯方—狗邪韓国（トンヨン）が 7000 余里としているので、サリウォンからトンヨンまでの 7164 里は直線距離ということになる。迂回距離ではない。「到其北岸狗邪韓国七千余里始度一海千余里至対海国」この部分を、水行して……「（倭の国の）北岸に到達する。その狗邪韓国は（帯方より）7000 余里である。そこで始めて一海を渡って……、と読めば矛盾はない。そして帯方はサリウォンということになる。もう 1 つの読み方は「7000 余里で（倭国の）北岸狗邪韓国に到る。そこで始めて一海を渡って……」となる。どこが違うかというと、7000 余里が郡からの（直線）距離か水行の（迂回）航路距離か、ということである。迂回距離は誤差の問題とは別にその時々の海象・気象で値が変わる航路距離である。というよりも、そもそも航路距離は測れない距離である。というわけで私は前者であると思っているが、もちろん後者についても検討する。

　B) 帯方がケソンだとすると、ケソンからトンヨンまで 5671 里であるから、迂回した距離が 7000 余里ということになる。ケソン・トンヨン・半島南西端が直角三角形であるとして、ピタゴラスの定理から計算すると、南（S）下分 6420 里、南西端からトンヨンまで 580 里となり、朝鮮半島の形状には全

く合致しない。この場合は「……北岸である狗邪韓国に至るまでの航路距離は 7000 余里である。そして始めて海を渡って……」と読んだことになる。この読み方をしなければならないのは次の場合も同様である。

C) 帯方がソウルだとすると、ソウルからトンヨンまで 4925 里であるから、同じように計算すると、迂回距離 7000 里は南下分 5233 里と 1767 里となり、半島南西端における内角は三角関数表から約 70 度となる。この値は悪くない。ただし、ソウルから南下する線分が大きく陸地にかかっているのでよろしくない。

以上 3 つのケースでは消去法になるが、前ページ A) がもっとも合理的で自然である。B) と C) は測れない航路距離を使うか、形状も不確かな迂回航路長を計算で得ようとしている点で不合理である。なお A) の読み方と帯方がサリウォンであるという解釈は講談社学術文庫版の注の読み方と同じである。そして岩波文庫版のそれとは両方の点で異なっている。

自郡至女王国萬二千余里： この記述は行程を述べた部分ではなく、旁国の名前を列記し、最後に奴国をあげ、その南に狗奴国があるとして、女王国に属さないことを述べ、その後に（42 ページ 16.）唐突にこの文が入る。そして習俗の記述が始まる。この部分の段落の分かち方が問題である。私は「自郡至女王国萬二千余里」は習俗の記述の前置きだと読んでいる。地理（情報）の記述であるなら、場所：記述の順、は必然であり、歴史の記述が年代：記述が普通なのと同じである。どこかわからない地理をいきなり記述し始めることはないからである。この部分を口語訳・意訳すれば「郡から 12000 余里のあたりの女王国の習俗についてこれから述べよう」となる。

A) の場合、サリウォンから 480km（7164 里）でトンヨンである。トンヨンからさらに 4836 里（324km）の地を探ると、

230km（3433 里）で福岡市、268km（4000 里）で八女市、
311km（4642 里）で熊本市、333km（4970 里）で八代市、
343km（5119 里）で芦北港、366km（5463 里）で人吉市、
412km（6149 里）で西都市、413km（6164 里）で鹿児島市、
478km（7134 里）で大隅半島南端佐多岬。

この値に合致するのは八代市である。誤差を考慮すれば、熊本市から芦北港の間くらいであろうか。

　B）の場合はケソンからトンヨンまで380km（5672里）である（迂回部分を無視）。ここから6328里（424km）で探ると、西都市や鹿児島市より南になる。そこで迂回部分7000余里の残り5000里（335km）で探ると、八代市、芦北港、人吉市あたりが適合する。

　C）の場合はソウルからトンヨンまで迂回部分を無視すれば330km（4925里）である。ここから7075里では九州島を通り越してしまう。そこで迂回部分7000余里の残り5000里（335km）で探るとB）と全く同じで、八代市、芦北港、人吉市あたりが適合する。

　結局A）は航路は迂回しているが、距離は全て直線距離、B）とC）は測れないはずの迂回距離を用いており、その後はまた女王国まで直線距離ということで、この併用は合理的に読むという原則に合わない。やはり帯方郡がどこにあったのか、別の資料で確定できないと12000余里という記述から倭国あるいは邪馬壱国（2章16.）の位置は定まらない。それにしても水行し渡海した後に到達する地までの距離12000余里という値はどのような方法で得たのか、12章で更に追求する。

　狗邪韓国：　北九州に朝鮮半島から渡来した人が大勢住んでいたように朝鮮半島南岸にも倭国の北岸とされる狗邪韓国があった。朝鮮半島南岸や九州島北岸には韓人と倭人が入り乱れて住んでいたようである。

　地図を見れば分かるように、釜山付近を九州方面への出発地とするのは危険で、かつ合理的でない。なぜならそこからの出発だと日本海に流し出される可能性があるからである。WからEへの流れ（海流と卓越風）を横切るためには、なるべく上流側のWよりの地点から渡り始めるのが合理的である。釜山に立ち寄った場合でも、海流の弱い沿岸を通って、いったんWに戻り、巨済島付近から一気に渡海を開始したと思われる。

　①郡→海岸にしたがって水行、韓国をへて→狗邪韓国
　　（南行東行の繰り返し）
朝鮮半島南西（SW）端を廻った後に、実際に南（S）行・東（E）行を繰り

返すと、南（S）に行った分だけ次第に半島の南（S）岸から離岸してしまう。しかし SE：NE の繰り返しだと E に進む。このことからも、南＝ SE、東＝ NE という変則方位系が使われていたことが裏付けられる。なお沿岸航海は水行と表現され、同じ海でも「渡一海」と使い分けられている。狗邪韓国で水行と渡海が切り替わっていることから、ここで船を乗り換えたと思われる。ここから倭国の渡海船と船乗り（たぶん後の松浦党の祖先）による渡海が始まる。なお我が家の最寄りのガソリンスタンドに松浦水軍（本名）という日本人離れした顔の美青年が働いていて、名前の由来を訪ねたところ、お父さんが松浦の出身で、先祖に因んで付けた名前だと聞いている、とのことであった。ウソみたいな話しであるが、これだけはホントである（図 11-2）。

図 11-2　松浦水軍氏の名刺

里程の記述文：　魏志倭人伝で里程はどのように表記されているか、ここで整理しておきたい。魏使は 2 回来倭しているが、記事では分離されていない。上陸地あるいは滞在地の事物の記載があるのは、対海国・一大国・末廬国・伊都国だけである。魏使は奴国・不弥国・投馬国・邪馬壱国には行っていない。

・距離（里）＋至（または到）＋国名　という書き方をされている国
　　狗邪韓国・対海国・一大国・末廬国・伊都国
・至＋国名＋距離（里）　という書き方をされている国
　　奴国・不弥国・投馬国・邪馬壱国

後者の書き方は現在でも使われており、展望台などの方向板に、至ロンドン 9570km、至ニューヨーク 10860km、至ブエノスアイレス 18390km などと記されている。ヨーロッパ語の場合も同じである。なお至の距離の値が 3 つあると、その点がどこであるか逆に計算することができる。

　　②狗邪韓国→渡海千余里→対海国　（方位記載なし）

狗邪韓国の地標は、米軍のアジア 25 万分の 1 地図（Yosu, txu-oclc-6612232-ni52-6）を使って読図した。想定した地標は、Koje-do の S 端に近

い Wanjo-san（128.36E, 34.45N, 414m）と Yoch'a の東方 600m ほどの △ 275m の山（128.38E, 34.44N）とした。この 2 つの山をつなぐ線の延長に対馬がある。この近くには、Kara-san, Manchiri など不思議な地名がある。

　巨済島（狗邪韓国）S 端付近からみた対馬の地標は何であろうか。対馬は細長いので南下するときは時計回りに、風下側にあたる島の E 側を通って、厳原方面に向かうのが合理的であると考えた。そこで狗邪韓国から来る時の地標は上島の千俵蒔山（287m）とした。対馬は山国であるので、地標になりうる山はいくらでもあるが、蒔山（まきやま）とは真来通る山であるので、これが山当ての時の重要な山であると考えて選択した。狗邪韓国の △ 275m の山から千俵蒔山までの距離は 66.2km である（千里に近い値）。そして島の N 端をまわるための次の地標は蒔山から NE に 9km ほど離れた高麗山（194m）であろう。

　帰路に対馬から朝鮮半島に向かう場合は上記の航路を逆に廻るのではなく、島の南端豆酸（つつ）を廻って、朝鮮半島南岸を目指したはずである。この方が日本海に流される危険が少ない。釜山に用があるわけではないだろうから、風向きによっては一番近い狗邪韓国よりも更に西を目指したかも知れない。

　③対海国→南渡海千余里→一大国

この部分については方位と距離の記載があり、10 章で取り上げた。

　④一大国→渡海千余里→末廬国

この部分については方位の記事はない。したがってどこの港に着いたか（末廬国がどこか）分からない。しかたないので陸上コースの検討から、逆に末廬国の港の場所を決めることになる。なお、陸上の里程と方位が海上の場合と同じかどうか保証はない。しかし変える根拠もないので、魏志倭人伝の記述を地図に展開するとき検討することにする。

　⑤末廬国→東南陸行五百里→伊都国

この部分には問題がある。九州に上陸した後に南東（N105E）に歩くのはほとんど海岸線と平行な行程である。船に乗り続けていれば、潮・風とも順調なので、東に進むのは容易なはずである。荷物もあるのに船を捨てて、草木が茂って前を行く人が見えないような道を海岸沿いに同じ方向に歩く、これは明らかに不合理である。

　対馬海流の速さは夏で 0.5m/sec（1.8km/ 時、黒潮本流の 1/4 くらい）と

第11章 帯方から倭国へ

言われている。風（3章）も考慮すれば、九州北岸から壱岐あるいは朝鮮半島南岸方面に向かうときは、この流れに逆らわないように北九州のなるべく西寄りの港から出港したい。オキナガタラシ姫（神功皇后）も新羅を攻めようとして東松浦半島に来ている（肥前国風土記）。蛇足ながら、タラシとは顔が下ぶくれの、つまり頬がゆたかな当時の美人の相貌であるという説がある。古事記の息長（オキナガ）もそれから連想される特徴である。

風土記筑後国（逸文）（風 p.505）には、博多湾から出港しようとした狭手彦連が風と潮に阻まれ、「海にとどまりて、わたることをえがたし」とあり、これは海神の心なり、という考えを紹介している。この地域についての地理的知識によればこれは当然のことである。また秀吉の名護屋城は北九州海岸でも西に寄った東松浦半島 NW 端（呼子）に作られている。

このように博多湾から風や対馬海流（黒潮の分流）に逆らって壱岐・朝鮮半島方面に渡海することなどあり得ない。それに対して来倭するときは壱岐から W 風あるいは E に向かう海流に乗って楽々と、いわば E に流され、必要なところ（アル港）で上陸すれば良いのである。この港について後述することにして、魏使が帰国するときは、魏志倭人伝の記述の逆、つまり伊都国から陸路西北（N75W）に向かい、末廬国の港から壱岐に向かったはずである（図 11-3）。

つまり、末廬国→東南（N105E）陸行五百里→伊都国、というルートは、実は帰路の行程を往路のそれと勘違いして方向を書き換えて記述していると推定され、帰路は、伊都国→西北（N75W）陸行五百里→末廬国の港、でなければならない。さすがの陳寿も内陸国の人であり、北九州と朝鮮半島のあいだの海と風を知らなかったらしい。行きと帰りの港が同じだと勘違いしている。多分実際に旅行した魏使は行程をそのまま報告したが、陳寿の文章は簡潔を旨としており、帰路の行程を省略したために、このような誤った記述となったと推定される。この部分は魏志倭人伝のなかで、陳寿の唯一のミスではないかと思う。

この部分の粗稿は実は、南極クルーズ船 Hanseatic 号（ハンザ同盟のという船名）の船室で手を入れていた。そこで思いついてブリッジに行ってみたら、若い航海士の Hendrik Peters 氏がいた。そこで、対馬海峡付近の略図と、距

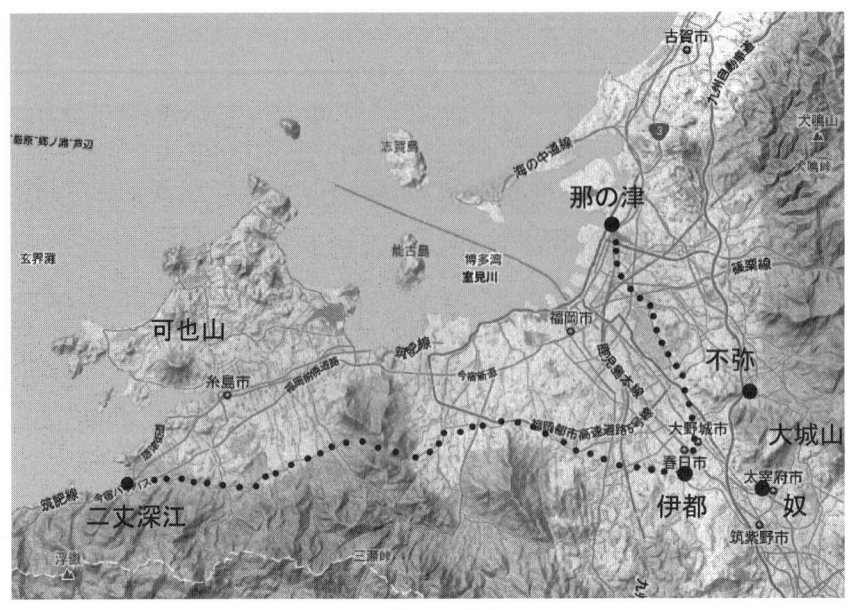

図 11-3　伊都国への旅行ルート

離を説明し、GPS なし（もちろん冗談）、磁気コンパスなし、海図なし、帆不使用という条件の古代航海術だと説明したら、すぐに彼は X 字型の航路を略図に書き込んだ。そして X の右側の 2 つ端に往復を示す矢印を付けた。つまり 2012 年 5 月に日本に来る予定という Hanseatic 号の航海士として、対馬海峡の潮流と風を知っていたのである。専門家なら常識のことであっても、非専門だと 1700 年経っても知らないままである。地理屋でも歴史家でも木材や鉱石から埴輪船のような大型船や銅鏡を作る製造工程や技術を知らないのである。時代を越えて専門家おそるべし、である。古代測量術も同じであろう。

倭国の港：　魏使が最初に上陸した「アル港」については「臨津」として、観察記事が出てくる津（港）であろう。「王、使いを遣わして京都・帯方郡・諸韓国に詣り、および郡の倭国に使いするや、皆津に臨みて捜露し」（魏 p.48）の「津」は那の津（博多港）であろう。魏使（つまり自分たち）への歓迎ぶりや入国時の物品の検査の情景が記述されている。この港が松廬国・伊都国・奴

国・不弥国のいずれであるか記述はないが、文脈からは伊都国である。しかし、前項で述べたように、復路の港は間違いなく末廬国であり、往路についての陳寿の勘違いを考慮し、「倭国皆臨津捜露」という記述から判断して、この津は倭国の首都国である伊都国の港とするのが自然だろう。

なおここで注目されるのは「王、使いを遣わして―」の王についてである。王がいると記述されているのは倭国を除けば、伊都国と狗奴国だけである。狗奴国は敵対国であるので、除外すると伊都国王だけということになる。末廬国には役人が居ないことから伊都国の直轄国かも知れない。しかし伊都国そのものではないので、倭国の連合体の治安維持に当たる一大卒の役人が積み荷などの検査（捜露）をしていたのであろう。

また旁国のなかには王を自称する国があったかもしれない。そしてそれらの王の贈り物や文書に差し違えのないように一大卒が検査しているととれる記述となっている。各国が勝手なことをしないように一大卒による通関・外交の一本化が行われていたらしい。そうだとすると、末廬国の渡海船は伊都国以外の旁国の人や荷物・文書も運んでいたことになり、まさに海運国の面目躍如たるものがある。

魏使の行動範囲： 伊都国までは2回来倭した魏使が直接目にしたことが記事になっており、伊都国から先にはそれがないので、国名や里程・人口などの記事があっても、伝聞であることが分かる。奴国と不弥国は伊都国と接して近いのに、観察記事がなく魏使はそこまで行っておらず、伊都国で足止めされていた。外国からの使節団を例えば伊豆下田や横浜にとどめ置く、という後例はある。しかし伊都国は首都であるので、外国からきた使節団に国内旅行をさせなくても不満を持つことはないだろう。卑弥呼の代理（男弟）と会見したという記述もある「奉詔書印綬詣倭国拝假倭王」（魏 p.114、2章25.）。また卑弥呼の墓も見学している。すなわち卑弥呼の墓は伊都国にあることになる。

伊都国に到着してから先の記載は、どの国がどの方向のどれくらいの距離のところに存在するかを記載しているだけであるので、伊都国までの行程記述とは異なる。倭国見聞録のうち「聞」だけの記事となっている。しかし「津」における記述や卑弥呼の墓は明らかに「見」の方である。

魏使が上陸した港は那の津であるが、念のため他の可能性も探っておこう。
　一大国から北九州の港へは距離千余里とあるだけで、方位の指示がない。港には地形的立地条件が必要なので、海岸のどこでも良いというわけには行かない。磯浜（岩石海岸）は対象外であるが、港に岸壁があったかどうか。岸壁は便利だが係留した船を傷めやすい。また大きな潮位変化に対応しにくい。50年ほど前、当時港がなかった与論島を訪れたとき、沖縄行きの本船は沖泊まりで、小舟に乗り換える必要があった。小舟はサンゴ礁の切れ目から礁湖に入り、船底が着く位の深さの砂地のところで下船となり、岸まで浅瀬を歩いた。このように縄文・弥生時代でも、波風が弱く、遠浅の砂地海岸が港の適地ではなかったか、と予想している。
　そこで一大国からEよりに流されて到着すべき、距離千里（67km）前後に「津」を探してみよう。そしてその港で上陸後歩いて行ける比較的近くに伊都国の中心都市があるはずである。そして伊都国の東南（E）100里6.7kmに奴国が、あるいは東（NE）100里6.7kmに不弥国がなければならない。そして伊都国からの帰路、西北（N75W）陸行500里（33.5km）で末盧国の港がなければならない。そのように各国の配置が収まるようなところを探すことになる。
　壱岐は△213m点から距離（直線）を測り始めることにする。壱岐の地標点に立って、国見をしてみよう。北（NW）には対馬の矢立山（649m）がみえる（距離66km）。本土側では、ほぼSSEには国見山（776m）が見える（距離56km）。SEには天山（1046m）がみえる（距離60km）。南北線（NW—SE）より左手（東より）では脊振山地の脊振山（1055m）は見えないが、十坊山（535m）と羽金山（900m）が見える。距離はそれぞれ46kmと53kmである．羽金山のNW麓には深江の港がある。さらに羽金山とNW側の二丈岳（711.4m）をつなぐ線（ほぼN60W）をそのまま延ばすと、一大国（壱岐）に達するので、この２つの山は非常に良い地標となっているはずである。
　立石山（210m）・可也山（365m、距離46km）・彦山（232m）・北端の蒙古山（距離47km）などは糸島の良い目標であろう。またほぼE方向に当たる三郡山地の鉾立山（663m、距離79km）も見えるだろう。鉾立山と壱岐の△213mを結ぶ線上には城ノ越山（180m）、香椎宮、志賀島（169m）、玄海島（218m）などが位置し、博多湾に入港するとき、良い地標となるはずである。

第 11 章 帯方から倭国へ

なお鉾立山は山当て（古代測量）に使われた山であるが、新幹線のトンネルの上あたりに、犬鳴山（584m）があり、別名を熊ヶ城としている。クマと犬鳴に関係があるらしい。△213m から玄海島（218m）まで 49km、そこから那の津（地標は名島城山）まで 19km（いずれも直線距離）、合わせて 68km である。一大国から千余里（67km）という記述にはこの那の津が最もよく適合する。

さらにほぼ E に当たる対馬見山（247m）（壱岐から 73km）は直接見えないが、近づけば津屋崎港や神湊のありかを示す良い地標であろう。さらに湯川山（471m、壱岐からの距離 79km、見えるかどうかギリギリ）から沖 11km の大島（•95m）を見通す方向は対馬（厳原）となっており、対馬から壱岐（一大国）をパスして宗像や遠賀川河口を目指す場合の良い航路を示している（対馬の矢立山から 127km）。

往路と帰路： 以上の検討から魏志倭人伝の来倭した使の上陸港は、壱岐の△213m 点からの距離 68km にある「那の津」であることにほぼ間違いはない。もっと特定して示せば、現在の地名の那の津ではなく、壱岐から 49km の玄海島（218m）をへて、志賀島（169m）を真来通す線上の名島城山（26m）の麓の港であろう。ここは多々良川の河口である。なお香椎の宮はここから NE2km のところにある。なお那の津は壱岐から来るときの港で、壱岐経由で帰るときの港は潮流・風の都合で、深江・唐津・呼子など W よりの諸港となる（前述）。

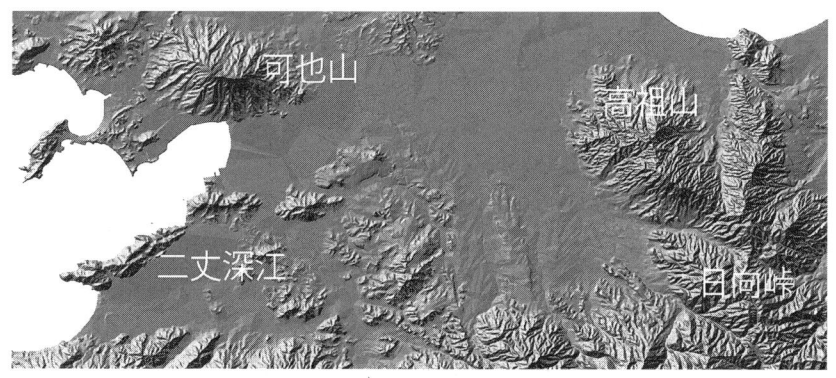

図 11-4　可也山周辺
国土地理院 10m-DEM から作成

念のため各港の地標と壱岐（岳の辻）の間の距離を調べた。以下の通りである。国見山（伊万里）SES56km、天山（唐津）SE60km、羽金山（二丈深江）SE（E）53km、可也山（前原）ESE46km。いずれも想定距離67km（千余里）よりかなり短い。
　いずれにせよ魏使の帰路では、伊都国（地標は大城山）から西方に向かって陸行500里の旅をして「末廬国の港」（深江港：地標は可也山）に行かなければならない。33.5kmだから1日の行程であろう。著者陳寿の思い込みを考慮すれば、来倭の際の壱岐から那の津までの距離は正しく、逆に帰路の「末廬国の港」（深江港）から壱岐までの距離は記載されていない、ということになる。
　話をもとに戻して、魏使の来倭時には、風・海流とも順風・順流なので、サービスとして（?）「那の津」まで送り届けてくれたのであり、帰りは伊都国から海原族の末廬国の港まで歩いて行き、そこから出港したのである。ここで記述の順序に注目すると、「草木茂盛し、行くに前人を見ず」の後に続けて、末廬国の漁民の風景が記述されている（魏 p.40）のは合理的である。草木の繁茂した道を通った後に海に出て、海に潜る漁民を見たのである。この記述順序から、この記述は帰り道のことであることが分かる（図11-3）。往路なら、海岸の情景→内陸道路の状況の順となるのが自然である。

念には念を：　魏使は千余里の航海で末廬国ではなく「那の津」に着いたのである。そこで歓迎を受け、倭国の通関手続きを見学して、伊都国の中心都市に向かったのであろう。首都を海岸に置かないのは海賊よけであり、イギリスの海賊を恐れたスペインの植民地（南米）ではいくらでも例がある。以上のように壱岐国―末廬国―伊都国/「津」の位置関係は原文を改変することなく、陳寿の思い違いを1カ所解釈しなおすだけで、合理的に解釈できた。しかし私は疑い深く行きたい。念のために、可能性のあるすべてのコースについて検討しておこう。まず一大国からは距離だけが頼りである（往路）。
　壱岐国岳の辻→海行千余里67km→北九州の港町（近くの地標）の検討
　　　イ　→SES56km→　伊万里（国見山）
　　　ロ　→SE60km→　　唐津（天山）
　　　ハ　→SE60km→　　浜玉（天山）

第11章 帯方から倭国へ

 ニ　→ SEE53km →　深江（羽金山）
 ホ　→ SEE46km →　前原（可也山）
 ヘ　→ E68km →　　那の津（名島城山）
 ト　→ ESE53km →　今津
 チ　→ E70km →　　津屋崎
 リ　→ E72km →　　神湊
 ヌ　→ ENE89km →　賀川河口

　上述したように、往路の港は那の津である（ヘ案）可能性が高いが即断は禁物である。上陸してから後の行程にも合理性が求められる。どこかの港—N105Eの線上500里33.5km—伊都国（中心都市）という物差しをあてて、両端の位置を探すことにしよう。伊都国から港は見えないので、港の近くの地標の山を選んでいる。なお奴国と不弥国は伊都国に近い。そして、距離が与えられている（6.7km）。この距離ならば、木よりも高い高殿などに上れば、見通せる範囲である。次の候補地一覧には、伊都国から見た末廬国の港の想定位置と、そこへの方位・距離を載せた（帰路）。

　　　　末廬国　　← N105E　500里33.5km　←伊都国→
　A　　国見山（伊万里）← N84E32km ←惣社跡
　B　　鏡山（唐津）　　← N118E26km ←惣社跡
　C　　十坊山（浜玉）　← N119E 34km ←吉野ヶ里遺跡
　D　　羽金山（深江）　← N129E25km ←吉野ヶ里遺跡
　E　　可也山（糸島）　← N106E 34km ←大城山
　Eは　深江（港）←　須玖岡本遺跡→ N114E 6.5km　　太宰府跡（奴国）
　　　　　　　　　　　　　　　　→ N68E 6.0km　　貴船付近（不弥国）
　　　　　　　　　　　　　　　　→ 12km　　　　　那の津

伊都国の所在地：　伊都国の所在地として本命であるEのコース、須玖岡本遺跡について述べる。これは古田武彦氏（2011）の推定地と同じである。古田氏は考古遺物などに着目し、私の尺度とは異なるが、同じ短里説でここにたどり着いている。私は変則方位系と100里6.7kmという尺度でここにたどり着いた。自然科学では別の方法で同じ結論が得られることを尊重する。

図 11-5　伊都国の位置
国土地理院 10m-DEM から作成

　ここで自然界の偶然の一致を紹介する。壱岐の△213m 点と糸島の彦山（232m）を結ぶ線（44.1km）をそのまま延ばすと大城山（410m、なぜかオオノジョウと重箱読みする）に至る（距離 33.8km）。この線の方向は N106E で、倭人伝の東南方向（N105E）に非常に近い。このように大城山の位置を決めることができるので、麓の奴国（太宰府跡）や伊都国（須玖岡本遺跡）の位置もそれを基準にかなり正確にを知ることができる。三角網測量による地図作りと全くおなじである。魏志倭人伝には記載はないが、中国側がもっとも知りたかったことは、上に示したような、伊都国および奴国の（壱岐からの）方位と距離であったと思われる。

　なお、大宰府は大城山（410m）と基山（404m）を結ぶ線上に位置し、油山（569m）と大根地山（652m）を結ぶ線上でもある。この線上には国分寺跡もある。

　可也山は北九州古代測量において、非常に重要な点である。壱岐の△213mと平戸の背後の大山（267m）あたりと可也山はかなりよい精度で 2 等辺直角三角形である。したがって平戸と可也山の直線距離は 62.4km であることがわかる。したがって壱岐△213m 点の直角を 2 等分する線は玄海町の原子力発

第 11 章 帯方から倭国へ

電所の近くを通り、N106E 線と直交する。距離は 31.2km である。このように N60E 線上にある地標間の距離については、壱岐△213m からの見通しによって相対値を得ることができる。

　適当な長さの紐を用意し、長さ 3、4、5 のところに目印をつけ、そこを頂点として三角形を作ると直角三角形ができる（内角は 51 度）。この直角を利用して、今度は斜辺に長さ 2 を当て、他の辺に長さ 1 を当てれば、内角が 30 度あるいは 60 度の直角三角形を製図できる。直角三角形であれば、三角関数表がなくても、1 辺の長さから他の辺の長さを知ることができる。

　可也山から E にたどると龍王山（616m）がある。この名前はもちろん偶然ではない。東の龍、青龍を意識して付けられた山名である。龍王山から大城山を見通すとその先に脊振山（1055m）がある。そして可也山—脊振山—龍王山は 2 等辺直角三角形になっている。これは地標の位置決めに非常に有効な特殊直角三角形である。ここに述べた 2 つの特殊直角三角形を北九州の大三角形と名付けよう。これと近間の地標を組み合わせて、必要な人工物（都市とか墳墓）の位置を定めることができる。と言うよりも、古代人（海原族）は測量に使う線の上に、とくに真来向く線が交差するところに人工物を配置しようと異常なほどの情熱を注いでいるのである。そして王権の側近は、海上の山立て、陸上の国見（原理は同じ）の技術者集団であり、国作り、都市作りのプランニングに関わっていたことが知れるのである。

　ところで、上に述べた地標はいずれも自然物（山）であるので、その規則性は全くの偶然の産物である。私は電子国土ポータルの地図を使って、このような偶然性を発見した。古代(何時だろう？)の人々は、丹念な国見(山当て)によって、このような山の配置に潜む規則性を発見しようとしたのであろう。測量器具としては、見通しにつかう 2 本か 3 本の鉾、直角や直角三角形を現場で作図するための縄が必要なだけである。

奴国と不弥国： 　太宰府跡付近の東（NE）側は山地であるので、不弥国が立地できそうな所はない。すなわちここはいわゆる榎一雄説（放射読み）しかあり得ない。つまり不弥国は伊都国（須玖岡本遺跡）の東つまり N60E 6.7km 付近に所在が期待される。探してみると、大野城市と宇美町の境、九州自動車

道が通る分水嶺の鞍部(御笠川と宇美川流域)の先に貴船という町名が見つかった。分水嶺の鞍部（約60m）まで5.4km、そのすぐ東側に貴船という地名があり（貴船二丁目の神社まで6.2km）、小さな川を挟んで、いまは四王寺坂という新興住宅地がある。ここはかって丘陵地であったが、宅地造成工事で元の地形は全く残っていない。ここまでの距離は約6.9kmである。貴船は京都の貴船神社（他に全国で450社）と同じ名前である。この神社名にはいろいろなあて字があったが貴船（キブネ）とすることに決めたのだそうである。重箱読みの変な社名である。しかし以前は木船、木布禰とも書かれたことがあるという。これならわかる。そしてさらに不弥国の名残りの名称だということも理解できる。宇美町は古くから不弥国の想定地の1つである。この場合、不弥国は港町であるという説は成り立たない。御笠川と宇美川の河口は博多港の一部と見ることもできるが、貴船は河口から10km以上も離れ、宇美川上流の小さな川のほとりにある。御笠川の右岸には板付飛行場があり、このイタ、つまり板で作ったロ船の船着き場があったところであろう。大阪の伊丹飛行場も同じイタの（ウ）ミであるのは面白い。

　伊都国が須玖岡本遺跡付近だとすると、放射読みしかできないことがわかったが、念のため脊振山地南側の候補地（A/B、C/D）についても検討してみよう。惣社跡の東（N60E）方面は山地であるので不弥国に適合する地形はない。また東南（N105E）ではデルタの方に近づき過ぎて奴国の中心都市としての適地がない。よってこの変則方位系では惣社跡伊都国説は全て不都合である。吉野ヶ里遺跡伊都国説はどうか。吉野ヶ里遺跡の東南（N105E）7km付近は暴れ川筑後川の河岸に近く、両岸とも都市（奴国）を造れるような所ははない。吉野ヶ里遺跡伊都国説は同じように不都合である。脊振山地南側の候補地は正常な方位系（北がN）でない限り、候補地（A/B、C/D）にはなり得ない。

　なお風土記（風p.540）の「怡土」は糸島半島付近の地名であるので、伊都国とは関係ない。数百年後の風土記のころには伊都国はなくなっていた。後世にそれを復元するつもりで、誤った場所に怡土という地名を付けたのであろう。九州大学の伊都キャンパスの「伊都」も同様である。

通常方位系でも検討：　疑い深くさらに念には念を入れることにして、上陸

後は通常の方位系に戻った場合（南はS、東南はSE、東はE）についても検討してみよう。つまり2つの方位系、放射読みと順次読みの全てについて検討してみる。電子国土ポータルで得た距離表を下記に示す。

	末廬国	SE	33.5km	伊都国	SE	6.7km	奴国
K	伊万里	SE	28	鹿島市周辺	SE		XXX
L	唐津	SE	30	惣社跡	SES	8	佐賀城址
M	浜玉（唐津）	SE	26	惣社跡	SES	8	佐賀城址
N	深江	SE	31	吉野ヶ里	SE	10	大善寺付近
O	前原	SE		XXX			
P	今津	SE	31	基山404m東麓	SE	7	小郡官衛遺跡群
Q	津屋崎	ESE	33	糸田町	SE		XXX
R	神湊	SE	35	糸田町	SE		XXX
S	遠賀川河口	SE		XXX			

　上記の表から分かるように、通常の方位系で検討に値する候補はL、M、N、Pである。これらの候補L～Pについては、伊都国あるいは奴国からE方向6.7km程度のところに不弥国がなくてはならない。Pの今津は糸島半島の東端、能古島の対岸の港である。前原と違って港の入り口付近にある今山・浜崎山・毘沙門山などの博多湾側は岩石海岸となっている。

　今津から南東に直線で31kmで基山404m付近にいたる。そこには基肄城址があり、そこは脊振山（1055m）と英彦山（1200m）が真来向かう位置にある。近くには五郎山古墳と筑紫神社がある。この付近がPの伊都国である。そのSE7km付近には小郡官衛遺跡群が点在する。遺跡の時代は律令時代のようであるが、これらの遺跡群は基山と水縄（耳納）山地の嶺々との真来向かうところに位置している。太宰府跡―甘木―浮羽―久留米―鳥栖―太宰府の三角形をなす平野（筑紫平野）はその自然をコントロールしやすい水田地帯である。つまり山地からの小河川や扇状地末端の湧水を利用した灌漑がしやすい、という自然条件を備えている。この大水田地帯は奴国の土地としてふさわしい。古事記に出てくる葦原の中国とはまさにここを指していると思われる。

　それに対して、久留米を頂点に、佐賀・柳川方面、有明海に向かって広がる筑後川のデルタ地帯は古代人には制御できる自然環境ではない。脊振山地の山麓の扇状地帯（吉野ヶ里遺跡など）や八女の山麓、あるいはデルタの中の微高

地（三潴など）に点々と水田があったと思われるが、デルタの核心地域は人が住める状態ではないはずである。デルタの微高地（自然堤防）では水利をコントロールできないので、台風などで全滅する可能性がある。近世までの新潟平野（蒲原平野）がそうであった。

　LとMでは佐賀城址内に古代遺跡がないことが弱点である。さらにこれらの想定位置からE方向に港となる川がないので、この2つは不採用とする。Nについて、吉野ヶ里遺跡のE8kmに白壁・千栗・長門石などの地名の残るところがある。ここは筑後川の昔の（捷水工事前の）蛇行が西の台地に付き当たっているところである。この付近（トロになっていた）は大規模な川港として絶好の立地条件である。川面が標高5m程度であるので、満潮時には容易に河口から遡上できるだろう。もちろん引き潮のときは容易に海に出られる。一日に2回の干満を利用できるのである。長門とは、茨城県の那珂湊と同じ意味で他にも例が多いように、海への港である。この付近の筑後川が運んでいるのは砂であるので、この長門石は遠くの上流から運んできた大きな石であり、船を舫やっていたのであろう。

　すでに案から外した佐賀城址や柳川城址は、デルタの古い集落（輪中のようなもの）をそのまま城郭として利用したのであろう。集落の形態として、環濠集落が注目されるが、これは全てデルタ地帯の村落形態をコピーしたものである。デルタ地帯では村の周囲の堀をさらって片側あるいは両側に盛り上げ（切り上げ）、耕地や居住地を確保してきた。軍事的な目的だけではなく、生活に密着した目的（排水・灌漑と舟の運河）でも堀は維持されていた。

　Nは筑後川デルタの右岸側の吉野ヶ里に伊都国を、左岸側の大善寺あるいは三潴あたりに奴国を想定している。この三潴付近は風土記にも登場する歴史の古い自然堤防上の集落があったところである。不弥国は吉野ヶ里からE8kmの千栗付近となる。Pは伊都国および奴国と想定されている地域の東に川港になるような川がないので放棄される。

　以上の検討を通じて、有力なのはDとE（玄海灘河川流域）、ついでBとC（有明海河川流域）である。Nも有力であるが、正常な方位系が適用できるのがここだけ、というのが難点である。

　1つだけ選べ、というのであればDかEを選ぶ。なぜならB・Cの場合、弥

生遺跡の多い、つまり水田開発が進み人口が多かった玄海灘沿岸地域が、沿岸を占める末廬国を除いて、倭国に直接属さない空白地帯となるからである。さらに方位を考えれば、本命はEしかない。朝鮮半島半島との迅速な外交のためには、南九州の邪馬壱国は論外としても、伊都国が惣社跡あるいは吉野ヶ里であるとすることは、それが魏志倭人伝の記述が無い空白地帯の後ろに位置していたことになり、何となくしっくりしない。つまり惣社跡あるいは吉野ヶ里は、弥生時代を通じて先進地域であった玄海灘沿岸から見たらやはり僻地である。

中国大陸の政治情勢は、大陸との交通が頻繁な北九州の沿岸だからこそ察知できるのであり、公孫氏が魏に滅ぼされると直ちに、魏に使いを送るなどの素早い反応は、吉野ヶ里や、もちろん南九州の邪馬壱国からでは無理であろう。中国の政治情報は朝鮮半島西海岸の海原族（たぶんそこに住む倭人）によって北九州にもたらされた。倭国あるいは伊都国（不弥国・末廬国・ある港）の港がすべて玄海灘に面しているとしたら、空白になるのは筑後川デルタと熊本平野である。それが狗奴国であろうか。

邪馬壱国・投馬国はどこか： 魏志倭人伝ではこの2国への距離は時間距離で表現されている。地理的な距離にはいろいろなものがあり、これまで述べてきたものは2点間の直線距離であり、ユークリッド距離と呼ばれる。最短距離である。その他には、街区距離というものがある。都市が方形に区画されていると、その街路に沿った距離しか意味は無い。これをマンハッタン距離ともいう。そのほか道路距離がある。2点間を行き来するとき、道路に沿う距離が意味を持つからである。鉄道でも同じである。カーナビで経路を最短距離という条件で探索するとき、有料道路を使うか使わないかなどの選択がある。一方通行路は織り込み済みである。混雑度をリアルタイムに取り込んで最短時間の経路探索もできるようになっている。要するに、道路距離は道路を特定するか、最短（道路）距離、最短時間（道路）距離など条件を付与しない限り、客観的に意味のある距離にはならない。その他、心理距離みたいなものもある。通いなれた道は近く感ずる、などの習慣・心理を考慮したものである。

ところで、随書倭国伝に「夷人里数を知らず、但だ計るに日を以てす」とあ

るが、里数で表されるような距離の有効性は大陸の人の言い分で、山有り谷有り、川有り湿地有り、まっすぐの道なしの日本では全く実用的でない。魏志倭人伝の行程里数を現在の道路距離で厳密に考察している著書があったが（私の場合は6章）、道路は必ず曲がりくねり、川があったり、湿地があったりして、およそ厳密とは無関係な話しとなってしまう。古代の道を現在と同じと仮定するのは仕方ないとしても、その道の橋のところに当時も橋か「渡し」があったというのだろうか。日本の川は上流でも下流でも平水時の流速が0.5～2m/秒位の急流であり、腿（もも）か腰の近くまでの深さがあったら、川の微地形を知らない素人が渡れるものではない。必ず流される。そのような配慮までなされた時間距離は極めて合理的で客観性のある距離であるといえる。

　邪馬壱国や投馬国への出発地がどこかについては伊都国でも不弥国でも奴国でも大した差はない。100里6.7kmしか離れていないからである。港がどこかだけが問題である。すでに検討したように（7章）、南行して筑後川の川港を使うのが合理的である。川港の候補は吉野ヶ里遺跡付近かその手前の千栗（ちりく）（長門石）付近であろうか。伊都国の対比地玖須岡本付近から脊振山地の東麓を廻るとして、川が蛇行して山地側に近づいている千栗まで28km、吉野ヶ里まで34kmである。ここまでの間に川はなく地形は平坦であるので1日の行程であろう。

　南九州に行くのに北九州の海港から西回り（平戸島経由）あるいは東周り（関門海峡経由）の航路は合理的でない。伊都国から陸路1日行程で筑後川の川港にいけるので、そこから川を下り、有明海を通って投馬国や邪馬壱国に行く方が遙かに近い。これについてはすでに第7章で述べている。また、旁国の多くは東海岸に分布しているので、投馬国や邪馬壱国に行くときの通り道となる国々が遠絶と記述されることはないだろう。

　有明海は潮差が大きいので、かなり上流まで川の水位・流速が変化する。上げ潮にのって川を遡上し、引き潮で海に出る。これは有明海沿岸地域の常識である。潮差の大きい有明海沿岸には岸壁を持つ港を作ることは難しい。したがって筑後川をある程度遡ったところに設けられる川港は港として合理的な立地である。

邪馬壱国の範囲：　倭の 30 国の中に倭国は入っていない。倭国は名称だけの連合国で、実態として領土や国民を持つ国があるわけではない、と解釈される。卑弥呼の名前は、この倭国で共立された王として初出する。卑弥呼は邪馬壱国の王であったが、倭国の王となり、首都に住むようになったため、邪馬壱国は官（役人）がいるだけの国となった。つまり、邪馬壱国は卑弥呼が都せし国である。

以上のことから、邪馬壱国≠倭国であり、倭国＝女王国である。ただし、女王国＝邪馬壱国である箇所もあり（2 章）、魏志倭人伝の記述は混乱している。魏志倭人伝は、倭人で書き始めているのに、いつの間にか倭国のような扱いになっている。倭国を構成するのは、伊都国、末盧国、一大国、対海国、狗邪韓国、奴国、不弥国、投馬国、邪馬壱国の 9 ヶ国である。旁国 20 国は友好国である。これらの国に王を自称している国があるかどうかはわからない。

唯一の敵対国は狗奴国で、ここには男王がいる。この王は自称か、呉に公認された王かどうかなどわからないが、たぶん前者であろう。卑弥呼も田舎にいたころは王を自称していたかもしれないが、倭王となってからは、中国側公認の王である。歴史的には倭の奴国の王が中国側から王として認められたことがあった。この奴国と魏志倭人伝の奴国は同一と考えている。但しすでに外交権は倭国のものとなり、奴国に王はなく、官（役人）だけの国になっている。末盧国（狗邪韓国も）には役人の記載はない。

伊都国の王も同様に自称であろう。明記してあるわけではないが、伊都国の王＝倭国の王とは読めない。伊都国王≠倭国王である。倭王卑弥呼をたすけて政治を行っていた男弟がこの伊都国王であろうか、それとも奥部屋に出入りできるただ一人の男子（男弟とは別人として）が王であろうか。このあたりの記載はさっぱり要領を得ない。たぶん、共立して王を選ぶ、などという政治形態も含めて、中国本土とあまりにも異なる政治制度あるいは国の運用方式を著者陳寿は理解していないのではないか、と感じる。自分が分かっていないから、人に分かるように書けないのであろう。そうであるなら、空想で補ってやることができる。歴史小説の楽しみかもしれない（21 章に続く）。

南水行二十日投馬国、南水行十日、陸行一月邪馬台国（陸行の方位を明示せず）とある。この行程を投馬国経由で邪馬台国と読むのは合理的でない。つま

り南九州をUの字に迂回するのがおかしい。途中で下船して陸路行く方が遥かに近い。ましてそこから1月陸行で海に達しない行き先は元に戻ることになってしまう北九州しかない。要するに九州を横断するに1ヶ月では日数が多すぎる。つまりここは全ていわゆる放射読み（榎説）であり、伊都国から九州を分水嶺道路で縦断し南の邪馬壱国にいたる、と解釈する。これ以外に原文を訂正することなく解釈できる行程はない。分水嶺道路については3章で述べている。

有明海水行の行程については7章後半で述べているので参照していただきたい。邪馬壱国の範囲は人口（7万戸）と沖積平野の面積を考慮して、人吉盆地・米良の庄・宮崎平野あたりと考えている。有明海コースにおける邪馬壱国の港町は芦北としておく。港を芦北としたのは海から人吉盆地へのアクセスを考えたからである（もちろん川のない山道経由）。邪馬壱国の範囲に宮崎平野までを含めたのは、宮崎県北部から大分県にいたる沿岸の国々が全て倭国の旁国（友好国）になっていることから、邪馬壱国は太平洋岸にも出口のある大きな海原族の国だと考えたからである。古事記の神話も参考になっている。

投馬国は南九州を横断する邪馬壱国の南の全ての地域である。大隅半島には別の海原族がいたので（隼人）そこは除かなければならいかもしれない。人吉盆地のようにまとまった大きな平野があるわけではないが、ばらばらな各地にある沖積平野をまとめれば戸数5万はそれほど不自然な人口ではない。

この11章に述べた地標とその間の計測直線距離を簡単に要約すると次のようになる。

1) 巨済島　△275m　—66.2km—対馬千俵蒔山287m
2) 対馬有明山558m　—65.6km—壱岐△213m
3) 壱岐△213m　　—68km—那の津名島城山（玄海島218m経由）（往路）
4) 末廬国深江港可也山—33.0km—伊都国大城山（復路）

ここで、1)から3)は海路（往路）でいずれも千余里（67km余）と記述されている距離である。距離の精度は恐ろしいほど良好であることがわかる。4)は復路の陸上距離であるが、近くの地標間距離となっている。記述では500里（33.5km）となっているので、この精度は極めてよい。

第12章 古代の天文測量

暦： 時間を表す単位に年・月・日がある。年は地球が太陽のまわりを1周する時間（公転周期、365.2422日）、月は新月（満月）から新月（満月）までの周期で29.53日（公転周期は27.32日）、日は地球自転の周期（南中から南中までの時間）が単位となっている。これらは生活に関係する時間の単位であるが、互いに原理的に独立であるので、これを組み合わせて暦が作られる。現行の太陽暦では1年を12月とし、各月に28日（2月）、30日、31日などと割り振り、4年に1回（閏年）2月を29日として調整する。これでは平均して1年が365.25日になるので、その差0.0078日分を100年ごとに日単位で調整する。これ以下の調整は日常生活に関係ない。

時間は1日を24で分割した時間の単位である。昼間は太陽の運行が時間の基準になるが、日の出・日の入時刻は季節で変わるので、それを基準にはできない（ただし江戸時代は変動時間長）。鉛直に棒を立て、午前中と午後に棒の影の長さが等しくなる2点を求める。この2点を結ぶ線の垂直2等分線の方向が南北（S—N）である。あるいは夜間に北極星の方向で北の方位を知ることもできる。

この線（子午線）を太陽が横切る（南中する）時刻が基準となる。当然のことながら（定義であるので）、同じ子午線上にある2点は南中時刻は同一であるが、東西方向に斜めに位置する2点では南中時刻は異なる。どれくらいずれているかは経度によって知ることができる。例えば日本の標準時は東経135度で設定されているので、東経130度（ほぼ唐津のあたり）では20分遅く南中する。計算の根拠は経度360度で24時間である（1時間は経度差15度）。

日時計： ローカルな時間は太陽が 15 度動く時間が 1 時間である。垂直に立てた棒（ノーモン）の影が一番短くなる方向が北であり、ここを基準にして時刻が計れる。さらにノーモンを垂直でなく先を昼には見えない北極星に向けて設置するタイプの日時計もある。

日時計で計れるのはローカルな時間であり、広域に渡って同じ時刻を持つことはできない。ローカルな時間差はつまり経度差であるので、移動中に狂わない時計が無い限り、経度差を知ることはできないという関係にある。日本の明石を通る子午線が東経 135 度であるということと、グリニッジ標準時との時差が 9 時間であるということは同一のことである。水時計（漏刻）や砂時計（沙漏）は精度に問題があり、振り子時計は携行に全く適さない。いわゆる大航海時代（15〜17 世紀）には時計なしで、つまり経度を知ることなしに太洋を渡っていたのである。改良されたゼンマイ時計によって始めて遠隔地の経度が測れるようになった。

ある点から見て、もう 1 つの点の方位が 30、60、45 度ずれている場合は、特殊な直角 3 角形の性質を使うことができる。つまり緯度差の観測によって、経度差（距離）を簡単に（三角関数表を使わずに）得ることができる。

月の盈ち虧け： 月齢の周期的変化は直感的にとらえやすい変化であり、年を 12 分する月という単位はわかりやすい。しかしこれでは年（12 ヶ月）が 354.36 日となり、1 年について 11 日程度進んでしまうので、閏月を設けてそれを調整した。例えば 9 月の次に置かれた月は閏 9 月と呼ばれる。どこに閏月を置くか、原理に基づいてはいるが、一般にはわかりにくいので、政権（専門家）が発表したものが用いられた。月齢変化は潮の干満（地球に働く太陽と月の重力）と関係が強いので、海で生活する人には重要な時間である。年周変化は季節の変化（太陽光の入射角度）であり、農業などで生活する人には基本的な時間である。歴史的に見ると暦の実施は政権の任務であり、観測に基づいて適切な暦が用いられてきた。しかし現在では暦は世界共通となって、時間の基準も天文事象ではなく、原子時計（日本では産総研の JF-1）が用いられる。したがって、政権が決めることは祝祭日等の制定だけとなっている。

第 12 章　古代の天文測量　　　171

2 年暦問題：　1 年を 2 年とする暦があったという説があること（古田武彦、2011）を知って驚いた。裴松之の注「其俗不知正歳四時、但記春耕秋収為年紀」（魏 p.23）に起源があるのだろうか。大陸の内部に比べれば（洛陽などは大陸性気候）、北九州には冬の厳しさはなく、夏も多湿であるが比較すれば低温である。だから九州には冬と夏はなく、春と秋を 2 つの季節と見なしたかも知れない。しかしこの文「春耕秋収」は 1 セットで 1 年とすると読むべきであろう。

　北回帰線より北側では、太陽高度は 1 年に 1 回しか高くならない。北東アジアでは太陽の位置だけでなく、モンスーンによる大規模な風向の変化によって冬と夏という明瞭な季節が生じる。昼と夜を合わせて 1 日であるように、異なる季節（4 季、24 節、36 旬）を合わせて一年である。モンスーンに合わせて農業が行われ、海原族も風をみて生活している、年周変化には敏感である。

　文献を不合理に読まなければならないときは、そう読みたい意図がそもそもおかしいと考えられる。赤道地帯（回帰線の内側）だと、太陽が真上に来る時期が 1 年に 2 回ある。そして雨季も 2 回（乾季も 2 回）あるところも多い。太陽が北半球、南半球にあるという差はあるが、1 年を 2 年と数えてもおかしくない地域である。鳥とか蜂などの昆虫は太陽高度と体内時計で方位（ミツバチの場合）や位置（伝書鳩の場合）を把握している。だから赤道直下の春分・秋分のころの正午ごろには、方向を失う。だからそのとき鳥は飛ばない、という話しを科学的冗談として聞いたことがある。1 年を夏と冬に分けて 2 年に数えるなど、この話より合理性を欠く。

　また熱帯では一般に季節変化より日変化が顕著で、かなり規則的に夜半から正午前まで雨が降り、午後は晴れる、あるいはその逆という地域がある。もちろん 1 日は 1 日である。中高緯度帯とくにモンスーンアジアでは 2 年暦が使われる素地は全くない。2 年暦採用について徹底した文献学的追求が必要であろう。私のカンでは、証拠となる文献記述は無い、と思う。こんな不合理的な暦法が存在したとは信じられない。例えば、日本書紀の年代を世界共通の暦に合わせたいという目的があるなら、例えば、在位 60 年以上、年齢 80 才以上の天皇がいたら、その記述自体をまず疑うのが合理的な読み方であろう。

1寸千里法： 谷本茂氏（1978）は「周髀算経」という数学教科書にある、8尺の棒の影の長さが1寸違うならば子午線上の2点間の距離は1000里になる、という例題を紹介し、地球の半径（6357km）を与えると、距離千里（長さ1寸相当）は76〜77kmという値になると述べている。これはいわゆる「短里」が使われていた可能性を示唆する記述であるとされている。

ここでは逆に、千里は67kmであることから、地球の大きさを計算してみよう。赤道上に太陽がある場合、北緯35度付近で、8尺（80寸）の棒（ノーモン）の影がs寸だとしよう。そして千里（67km）北の北緯α度で、影の長さが（s＋1）（寸）であるとする。

$1/\tan 35.0 = s/80$

$1/\tan \alpha = (s + 1)/80$

この2式から、$1/\tan \alpha = 0.7002 + 0.0125$

$\alpha = 35.48$（度）

すなわち、緯度の差、0.48度が67kmであるので、1度が約140km、90度（赤道から極まで）で12560kmとなる。

伊能忠敬は、緯度1度の距離として28.2里（110.75km）という驚異的精度の値を得ている。それに比べればはるかに劣る精度（約26％過大）の値であるが、弥生時代に中国ではすでに1寸1000里法ということで、地球の大きさを知っていたとは驚きである。

ところでこの計算には幾つかの前提を理解しておく必要がある。まず、①2点は同一子午線上になければ2点間の距離にならない。②同時刻の測定でなければならない。太陽の南中時に測定することで、同時性は確保できる。さらに考えれば狼煙でも同時性を確保できる。中継があっても良い。5分程度の時差で中継できれば実用上問題にならない。立ち上がりの速い狼煙が求められる。これによって太陽高度を観測する。

ただし、これが有効なのは子午線（経線）上であって、経線と斜交する方向の2点間距離の測定にはこのままでは使えない。③季節と緯度によって1寸千里の割合は変わるので特定が必要である。例えば、春分の南中時というように指定する。④棒や影の寸と距離の里は比例関係にあるので、棒と影の長さの単位として連動している限り、例えば、10寸1尺、6尺1歩、36歩1里と

第 12 章　古代の天文測量　　　*173*

いうような単位系が崩れない限り、1 寸の長さが変わっても、この計算方法は有効である。

　この方法をもう少し追求してみよう。緯度 35N では春分・秋分の南中高度は 55 度、夏至には 78.4 度、冬至には 31.6 度である。夏至の正午に 8 尺（80 寸）の棒（ノーモン）の影の長さは 36N で 17.74 寸、35N で 16.28 寸である。差は 1.46 寸である。ここで地球の大きさを考慮して緯度差の 1 度は 111km とすると、1 寸は 76.0km となる。同じようにして、30N 付近では 1 寸 77.9km、40N 付近では 72.6km、45N 付近では 68.3km となる。ただし当時は地球の大きさなど知るよしもないので、1 寸 1000 里という比例定数をどこかで測量しておく必要がある。なおここでノーモンの長さを区切りよく 6 尺（歩または間など）とせず 8 尺としたかの理由を考える。

　8 尺に加えて 6 尺、10 尺の長さの辺で三角形を構成すると、エジプトやギリシャですでに知られているように、この三辺の長さ（比は 3：4：5）は直角三角形を作る。したがって、錘で 8 尺の辺を垂直に保てば、6 尺の辺（つまり目盛板）は水平になる。これは相似三角形の問題であるので、例えば、40 尺の辺を垂直に保てば 30 尺の辺が水平となり、50 尺の辺が斜辺となる。つまり、ノーモンの長さを 8 尺としたことは、この直角三角形のことを知っていたという強力な傍証となる。

　ピンホール付きノーモン：　このように三角形を大きくすれば測定の精度は上がるが、太陽は点でなく視直径 0.53 度を持つ光源なので、影がぼやけて精度の向上にはあまり寄与しない。レンズは当時存在しないので、ピンホールを通した影で測定したとしよう。10 尺（100 寸）の斜辺の先端では太陽の大きさは約 0.87 寸である。ピンホールの開口径は小さいほど鮮明となるが、像を見るためには天からの放射光を遮蔽する必要がある。遮光の程度と開口径はトレードオフの関係にあるので、状況に応じて最適な開口径を探すことになる。たぶん 1/4〜1/10 寸ぐらいが適当であろうか。10 尺の長さの竹の棒を用意し、1 つだけ残した節にピンホールを明け、その竹筒を使って遮光を兼ねるなどの工夫が必要であろう。このような太陽観測機器を弥生人は作れないだろうなどと考えてはいけない。この工作は小学生の課題研究程度であり、数十人が乗れ

る大型船（後の埴輪船から想像）を設計し作るより遙かに簡単な仕事である。

　しかしながら、この１寸千里法は実は実用化されなかったと考えている。太陽高度（影の長さ）は緯度と時間と季節によって変わる。それを考慮すると測定できる季節（夏至日など）と時刻（南中時）についての制約が強すぎるからである。

北極星の高度測定：　時計がない時代の天文学的緯度測定法は北極星高度の測定が王道である。この場合の制約は北極星が見えることだけで、季節や時間の制約はない。しかし魏志倭人伝のころかそれよりすこし前の時代に、北極点に星があったどうかである。答えはなかったである。地球自転軸のコマ振り運動（歳差運動）のために、天の北極点（自転軸の方向）は移動するからである。現在は、北極星（ポラリス、こぐま座α星）は北極点の近くにある（角度44分）。したがって厳密に言えば、北極星は直径約1.5度の日周運動をしているように見える。とはいえ北の方位を知るには十分な精度を与える。なお、匿名のウィキペディアによれば、ピュテアス（前４世紀ごろのギリシャの地理屋）は四辺形を作る３つの星の星のない頂点が北極点だと記しているそうである。

　地球自転軸のコマ振り運動の周期は約25800年であり、AD200年頃は現在と比べて、$360 \times 1800/258000 = 25$度ほど位相がずれていた。また朝日が出る付近の星座（黄道12星座、約30度ずつ）もその分だけずれていた。占星術の成立を仮に2160年前とすると、$360 \times 2160/25800 = 30$度であるので、当時とは星座１座分がずれたことになるが、昔の星座の月日（太陽暦）をそのまま使い続けている。歳差運動は占星術の神秘性を失わせる事実ではある。姓名判断で新漢字の採用で画数が変わったとき、新字の画数を使うのか旧字の画数を使うのか、たぶん混乱があったと思われるが、占星術では歳差運動を無視しているらしい。

　地球を一周360度とするのはピュテアスに始まるとされているが、緯度の決定は太陽の高さの観測か、北極星（なければ北極点）の高さの測定によるか２つの方法しかない。このとき、正接か余接（コタンジェント）を整数の比（整数辺長の相似三角形）として使っていたらしい。これが60進法の角度と関係づけられたのはいつ誰によってであろうか。当時小数は使われていなかった。

中国の 1 寸千里法などと同じである。

　2000 年ほど前にはポラリスは天の北極から半径で 10 度くらい離れていた。そして北極点付近にこのように明るい星（2 等星）は他になかった。現在北極星を探すには、おおくま座の尻尾の部分、北斗七星のひしゃくの先端部分を 5 倍ほど延ばした先の明るい星とされている。このような方法で記述するとすれば、当時の北極点はこぐま座のひしゃくの先端部分を 2 倍ほど（角度で 3 度ほど）延ばした先の、星のない方向にあった。目分量でこの位置を定めて高度角を計る方法が考えられる。目分量が入ることが難点である（精度が悪い）が、1 回の観測で緯度が分かる。

　2000 年ほど前にはポラリスは直径約 20 度の円周運動をしていた。このうち季節によって半周分が夜に見えることになる。したがってポラリスの高度に極大がある季節は、その高度から 10 度を引いた値、極小がある季節では 10 度を足した値が北極点高度（緯度）になる。ポラリスの高度が極大あるいは極小になる方向が地球上の北の方位となる。夜間に極大も極小もない季節には日の出・日の入直前・直後の朝夕 2 回の観測値の平均値がほぼ北極点高度である。この方法の精度は良好であると思われる（自分で観測した経験はない）。

天文測量：　地球の自転・公転などの事象を用いて地球上の方位、位置、距離を決めることを天文測量という。上述したように古代測量で使ったのは、太陽高度か北極点（星）高度であろう。そして時計が無いので、同一子午線上の 2 点間距離しか測れない。2 点が同一子午線上にない場合は、2 点間の距離（ベクトル成分）うち、南北成分を計っていることになる。三角関数表は知らないことを前提にしているので、東西成分あるいは斜辺の長さ（2 点間の距離）が計れるのは特殊直角三角形が適用できる場合だけとなる。ここでいう特殊直角三角形とは内角が 30 度（60 度）あるいは 45 度のほか、辺長比が 3：4：5、5：12：13、7：24：25、8：15：17 などのピタゴラス三角形である場合を指している。結果は整数にならないが、〜余、という表現で小数を切り下げているとみれば、一般の直角三角形で、南北成分の他にもう一辺の長さが与えられれば他の一辺もピタゴラスの定理で計算できる。ピタゴラスの定理やピタゴラス三角形はエジプトで測量に使われていたらしく、その後古代ギリシャのピタゴ

ラス（BC582〜496）学派が抽象化して幾何学に取り入れた。3世紀以前に中国の幾何学でもこの知識が使われている。その証拠は、ノーモンの長さを8尺としていること、直角三角形の相似を用いて測量していること、長方形の面積を正方形の面積に換算していること、などである。「その道里を測るに」（魏志倭人伝）、「夷人は里数を知らず」（隨書倭国伝）という記述が中国ではこの原理を知っている、ということを示している。この道里や里数はもちろん道路距離や航行距離ではない。2点間の直線距離である。

　天文測量の技術については文書としての記述が無いかもしれないが、測量結果は考古学遺物と同じで（例えば航海用大型船）、測量技術（比喩では造船技術）の存在は疑いのないことである。現代の歴史家が大型船を設計できないように天文測量を行うことができないのは当然である。話しはちょっと逸れるが、川を橋以外で渡ったことのない人が、つまり徒渉経験や技術のない人が、想像力も働かせず川を横切る行程距離の議論をしたり、船に乗った（乗せて貰った）ことのない人が、想像力も働かせず航路の長さを議論しても仕方ないことである。何も考えない場合、現代人が、ピタゴラスや弥生時代の専門家より数学力が優れているわけではない。

天文測量の可能性例示：　もし子午線上の2点間で緯度に1度の差があることが観測されたとしよう。直線距離は111（10000/90）kmである。もちろん地球の大きさを知らないとこの値（比例定数）は出てこないので、距離が既知の2点で高度角を測定する必要がある。200年ほど前に、伊能忠敬は積極的にこの値を知ろうとして、測量によって緯度1度28.2里（110.75km）という値を得た。日本の成果が国際的に知られるような状況にあれば、19世紀初頭のこの快挙は里や尺（0.30303m）が世界の共通尺度法になってもおかしくないほどの精度である。

　地球の大きさ、半径は簡単にわかる値ではない。しかし北極星（正確には北極点、時代によって変わる。現在は小熊座α星）の高度差と距離の関係は1度知ってしまえば天文測量の基本的な値となる。この比例定数（1度が何kmか）は誰かが、あるいは専門家によってたびたび観測されたに違いない。呉都の建業（南京）は洛陽のN115E方向660kmにある。魏がこのような基本的なこ

第12章　古代の天文測量

とを知らずに戦争を続けることはない。

　角度を測る方法については後述することにして、間縄で距離を測れるような南北に長い道路が当時あったかどうかである。日本では律令時代の官営道路は非常に直線的で、小さな起伏の地形を断ち切って計画されていることが知られている（木下良、2001）。緯度1度の長さは無理としても、せめてその1/3（20分）に相当する37km位の南北直線道路が古代にあれば、北極星高度と地上距離のキャリブレーション（つまり地球の大きさの測量）が可能であったろう。律令国家が手本とした大陸の中国では60km程度の南北直線道路は現在いくらでもみられる。

　とにかく周髀算経の1寸千里法に代わって、ピンホールを用いてボケを少なくし、長さを測る物差しではなく、角度の物差しを使うという方法で、距離測量の精度は飛躍的に向上する。また太陽だけでなく北極星を使う方法も考えられる。どのような方法が使われたかは明らかでないが、値がある以上、中国では子午線上の2点間の距離を天文学的に測る方法を知っていたことは疑いないことである。

　つぎに、それ以外の、つまり子午線と斜行する一般的な距離の測り方について、1つの例を示したい。ただしこれは当時の測量法を復元しようというのではなく、一例が可能である以上、別の方法もある、と理解していただきたい。数学の定理の証明と同じことである。

　九州島の北端（遠賀川河口付近）と南端（大隅半島先端）が国見によって子午線方向（N―S）にあることが分かったとしよう。この2点で北極星高度を測り、差が3度だったとする。距離は333km（5123里）である。この例では全く架空の数値であるが、国見で南北線（子午線）を探すこと、北極星の高度を2点で測ることだけで、九州島に距離の基準線を引くことができる、という実例として示したつもりである。つぎは子午線上に2点がない場合について述べる。

　例えばソウルのほぼ南にムトン（無等）山あるいはクァンジュ（光州）がある（これは国見で方位を測量する必要がある、図13-11）。Q（ソウル）とJ（ムトン）山で太陽高度あるいは北極星高度を測り、緯度の差が2.4度だったとしよう。すると直ちに2点間の距離は266kmとなる。また国見の結果、三角形Q・

J・S（チンヘ）が内角 30・60 度の直角三角形だということがわかったとする。すると直ちに J—S は 154km、Q—S は 307km と計算される。以上の例では説明のためにムトン山で測量を行ったことになっている。しかしこれは不要である。ソウルとチンヘを結ぶ線分が N150E だということが国見の結果判明したとしよう。またソウルとチンヘで北極星高度を測り、緯度の差が 2.4 度だったとしよう。これだけのデータでソウルとチンヘ間の距離は 307km と計算される。計算式は、2.4×111（km）$\times 2/\sqrt{3}$ である。

北極星高度角の測定器： この測定には特殊な器械が必要なわけではない。原理的には分度盤である（図 12-1）。ネットで quadrant 画像 で探したら全く同じ実用製品が多数見つかった（図 12-2）。佐原の伊能忠敬記念館の展示物にもある（図 12-3）。私が使っている分度器は半径が 9cm であるが目盛りは 0.5 度刻みである。0.5 度というのは太陽の視角（0.53 度、0.0093 ラジアン）に近い。10 度（0.1755 ラジアン）で目盛り幅は約 1.6cm である。この分度器のサイズを 20 倍する。半径 1.8m の分度器である。1 度では目盛り間隔は 3.15cm。緯度 1 度が張る地上距離は 111km であるので、1.84cm で 67km

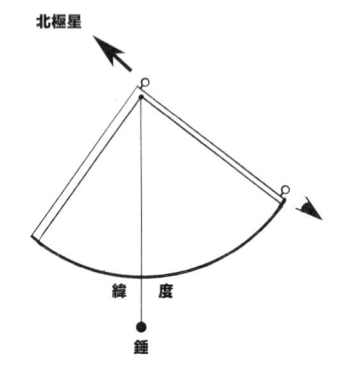

図 12-1　高度角測定器の原理

図 12-2　Quadrant

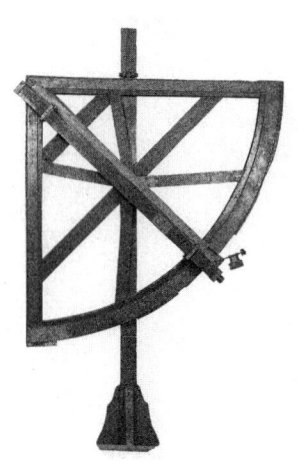

図 12-3　高度角測定器（伊能忠敬記念館蔵「中象限儀」、渡辺一郎編著『伊能忠敬の全国測量』2009、伊能忠敬研究会、p.19 から）

（千里）である。千里を十分読める目盛りである。角度の目盛りはもちろん度（360分割）でなくても良い。しかし説明に便利なので度を用いる。北極星の高度は中国では22.5～45度の範囲（香港からハルビン付近まで）であるので、分度器は半円である必要は全くないが、鉛直線の設定にも使えるように、0度から45度までの扇形の目盛板とする。図12-1に測定器の原理が示してある。測定の精度を上げるには分度器の半径を大きくするだけである。しかしそれは携行性とトレードオフの関係となる。古代に使っていたかのような実物は大阪市なにわの海の時空間に展示されている。実用になる角度測定器は六分儀と呼ばれ、16万円位でネット購入できる。この原稿のチェックを南極クルーズツアーの船中で行っているが、洛陽から南九州まで、古代測量をしながらの、魏志倭人伝ツアーが企画されれば、真っ先に参加したいと思っている。

　証拠があるわけではないが、洛陽・会稽・ピョンヤン・チンヘ（あるいは巨済島）・対馬・壱岐・博多などの天文測量データが存在していたのではないかと考えている。あるいは図13-11のように三角測量が行われていたのかもしれない。正確な距離値があるということは、文献に記述がなくても、その測定技術が存在した、ということを示している。

　古代人が具体的にどのように角度を測っていたか、それは考古学や文献学の問題である。ここでは原理と可能性を示すだけで十分であろう。帯方から少なくとも九州北岸までの行程距離を「山当て」や「国見（くにみ）」で測定し、その知識を共有していた渡海技術集団がいたことは確かである。つまり文献には残されていなくても、その距離の数値が正確であれば、測量技術の存在を疑うことはできない。青銅製品があれば、採鉱・冶金・合金・鋳造の技術があったと考えるのと同じことである。エジプトで実用化された技術（測地法）、ギリシャで抽象化された学術（数学、ピタゴラスの定理）を使えば、とくに特徴ある直角三角形（内角が45度、30度、60度）を構成できれば、見通し点（山あての山頂）間の距離など簡単に計算できる。

第13章 国見の話

　上原和氏の著書（1994、p.59）に、古代の渡来人は対馬の山を目標に朝鮮半島の南岸を離れ、瀬戸内海沿岸の山々を次々に目標にしながら、大阪湾から二上山を望んだ、という趣旨の記述がある。こういう視点を持った文系の方は珍しいので、ここで取り上げた。当時このような航海術を身につけた海運技術者集団がいて、渡海や沿岸舟運を運用していたということである。魏使が海上や陸上を旅行しながら測量したかのように書いてある著書を見かけるが、これは全くの誤解である。車の運転を知らなくてもタクシーに乗って目的地を告げるだけで到着できる。交通規則や渋滞状況を知らない客が右折左折などを指示できるわけはない。人間はほかの人間が作ったインフラ（交通手段・航路・港・道路・飲食宿泊設備）があるからこそ旅行できる。これは今も昔も変わることはない。

　鳥居： 神社には鳥居がある。赤いことが多いが、これは"鳥居を実用的に"使っていた人々が好んだ色だからであろう（図13-1）。鳥居には白木のものもある。鳥居は神社の入り口ではあるが、門ではない。鳥居を通ってから商店街が続くこともある。だから鳥居の先に神社がある、といった方が良い。2本の柱と直角方向に神社があるわけだが、鳥居と神社が離れている場合は、直角方向がどっちかわかりにくくなるので一の鳥居、二の鳥居と複数設置し方向に迷いがないようになっている。山が信仰対象であるとき、神社（拝殿）があってもなくても鳥居は必ず、山体の方向を示しているはずである。というよりは海原族は山に向かって、船の鳥居と同じで、もっと立派な鳥居を陸地に立てたいのである。常設の神社は古墳時代以後の創設である。
　平地の神社や寺院は方向の基準となる山がないのでそれに変わる方位を選ぶ

第 13 章 国見の話

図 13-1 厳島神社の鳥居

必要がある。「西国浄土」とか「天子は南面す」などという基準であろう。円墳には方位性はないが、前方後円墳には方向がある（図13-2）。方向がバラバラであるから、方位ではないようである。その方向は祀られている人が生まれ育った故郷とか住んでいた場所とか何か因縁があるに違いない。

民間では鳥居に見立てた門と玄関が直対しないようにして、神社に敬意を示している。要するに普通の住まいは船（神社）ではないことを表している。船の鳥居は舳先の方にあり、舳先が神の宿る山（山あての対象）の方をさして

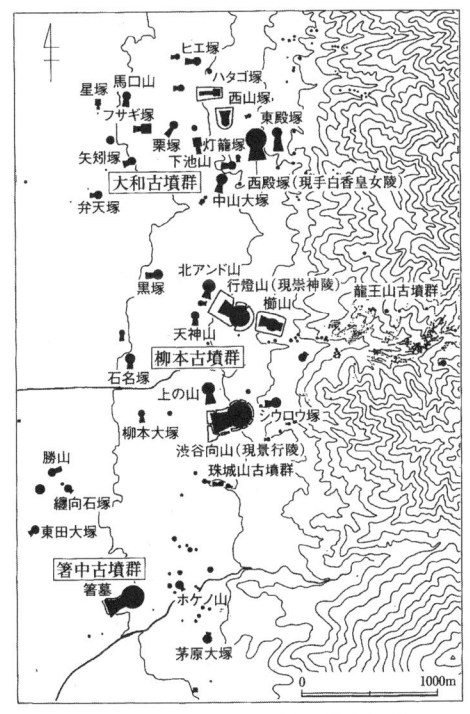

図 13-2 前方後円墳の方向（奈良盆地）
（三国志がみた倭人たち、山川出版社、p.273 の図）

いる時は安らかで居られる。とくにその山が帰る港の山であれば、無事だった漁からの帰りであるので感謝の気持ちも加わる。

　鳥居の2本の横木のうち、上の方を笠木という。笠置山の例のように「笠」である。間を人が通れるようにしたために、2本の立て柱となり、上が平らになったが、原型は山当てに使う笠の山、すなわち「や」根か「や」間（山）であろう。漁港によくあった三角形の目印である。これは漁港背後の山と対になって1本の線を作り、漁港に船が入るときの航路を示している。「笠」は古代測量と関係がある。厳島神社では海の中に大鳥居が設置されている。息栖神社（茨城県神栖）では川縁に鳥居がある。測量学的には神社と鳥居が離れていればいるほど、それを結ぶ線から外れているかどうか判定する精度が増す。

　真来通ると真来向かう：　2点を結ぶ線の延長を航路とすることを古事記では「真来通る」（記 p.75）といっている。つまり遠近2つの高さの違う地標（ランドマーク）があるとき、上下で重なれば、その場所は2つの地標の延長線上にあることになる（図 13-3）。これから向かう方向が2つの地標と同じ方向（帰港、近づくとき）であっても良いし、逆方向（出港、離れるとき）であってもよい。器具を使わず目視だけで、極めて正しい方向を得ることができる。これは古代地文航法の基本である。この方向のことを古事記に因んで「真来通る」線と呼ぶことにする。真とは真南、真っ正面、あるいは真後ろ、という言葉のマと同じ意味である。太陽や月の方向に、山（富士山など）や人工物（タワーなど）を配して写真にする、あのやり方である。

「真来通る」線の測量

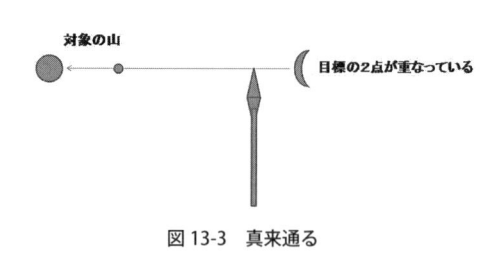

図 13-3　真来通る

　先の例は2つの地標の外側にいる場合であった。それでは2つの地標の間にいる場合はどうであろうか（図 13-4）。好例を奈良盆地に見ることができる（図 13-5）。奈良盆地は西側に生駒山地、東側に笠置山地があり、地標にこ

と欠かない地である。重要な、しかし地名は耳納（水縄）のコピーらしい三輪山（466.8m）から見てN70Eの方向2.0kmに巻向山（567m）がある。逆方向N160Wの方向6.08kmに耳成山139.2mがある。つまり耳成山は巻向山と三輪山に真来向かっている。これは偶然的に稀な自然の配置である。しかし人工物（古墳や京の跡）

「真来向く」点の測量

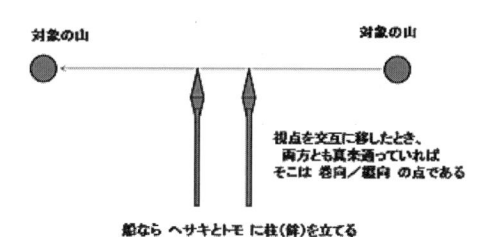

図13-4　真来向かう

では、その立地に人間の意志が働いている場合が含まれる。葛城山と熊ノ岳（904m）の線上には高松塚古墳、石舞台がある。金剛山の北端（659m）と笠間（525m）の間に藤原京という具合である。二上山（517m）と巻向山（567m）の間に大和政権発祥の地とされる纒向遺跡・古墳群が位置している。箸墓古墳の立地には纒向山が関係していることはすでに千田氏の指摘がある（p.183、上田ほか、2011）。また纒向遺跡の建物群の中軸線が斎槻岳（ゆつき）を指していることも指摘されている（同前書、p.137）。ここには巻向（真来向く）という地名がそのまま残っている。

　さらに龍王山（585m）と葛城山の間に箸墓古墳（纒向古墳群）が位置している（図13-5）。箸墓古墳から龍王山まで3.9km、葛城山まで17.2kmである。このように山あてによって立地が決まっている場所は日常的に山あてを行っていた海原族が選定した可能性が大きい。箸中古墳の場所を選定した当時、例えば、箸墓が龍王山と葛城山を結ぶ線上に

図13-5　古墳の立地と真来向く線（奈良盆地纒向）

あることをどうやって知ったか。想像してみよう。まず先の尖った棒（なければ銅鉾）を地面に立てる（図13-4）。そこをA点とする。Aから見て龍王山が真来通るように少し離れたB点を選び、鉾を立てる。こんどはB点からみてA点と葛城山が真来通っていれば、その付近（もちろんA・B点も）は龍王山と葛城山を結ぶ線上にあることになる。この方向のことを古事記に因んで「真来向う」点と呼ぶことにする。真来通る場合と違って、2本の銅鉾（あるいは代用品）が必要であるが難しい方法ではない。2本の銅鉾の間隔が狭いと精度は落ちる。

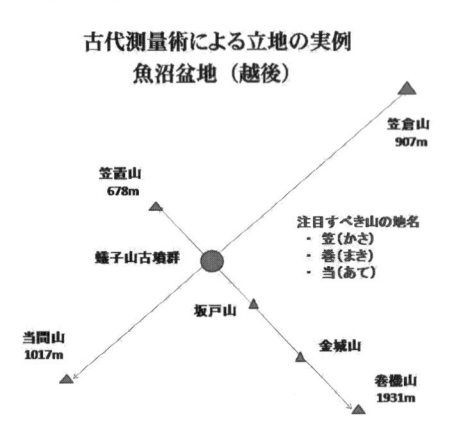

古代測量術による立地の実例
魚沼盆地（越後）

笠倉山 907m
笠置山 678m
蟻子山古墳群
当間山 1017m
坂戸山
金城山
巻機山 1931m

注目すべき山の地名
・笠（かさ）
・巻（まき）
・当（あて）

図13-6 蟻子山古墳の真来向く線（魚沼盆地六日町）

図13-7 真来通る線の実例（写真）
手前は坂戸山、中景金城山、遠方の笠型の白い山は巻機山
写真は野上久男氏（六日町在住）撮影

郷里の我が家の裏山に蟻子山古墳群と飯綱山古墳群（南魚沼市）がある。低い丘に小さな円墳が密集しているが、ここが2重に真来向く点になっている（図13-6）。使われている山は地名に笠が付く2つの山（笠置山と笠倉山）、巻機（真来ハタ：旗）山・当間山である。このうち南東に向かう線上には坂戸山（直江兼継ゆかりの地）と金城山が偶然に位置している。写真（図13-7）ではやや視点がずれている。そして2本の真来向かう線は直角に交差している。これらは自然物なので、もちろん偶然の一致である。しかし蟻子山の古墳は誰かがここに意志を持って配置したのである。六日町盆地西縁には同じような地形の所はいくらでもある。しかしここが2重に真来向かう点であることから、選ばれた、と

考えることは合理的である。我が故郷のあたりの地籍図ではここは一ノ坪という地名となっており、検地の起点であることも確かである。この地方では蚕のことをボコさまという。養蚕は鉾を持って測量に来た人たちが教えてくれたのだろうか。

関東地方の例： 図13-8は横浜市の辺境にあたる我が家のベランダが消防サイレンと富士山の真来通る線上にあることを示している。関東地方には真来通る線を用いた立地の例がたくさんある（図13-9）御荷鉾山の真東に鉾田（市）がある。ここには地標（山）はない。鉾田と筑波山の真来向く点に常陸国府が置かれている。赤城山の鍋割山（1992m）は上つ毛の国府、上総・下総の国府の立地に使われている。富士山はもちろん関東平野でもっともわかりやすい地標である。実は鉾田は富士山（正確には北端の白山）と大室山（1588m、丹沢山地北端）の真来通る線上に位置するという、特別な地点でもある（9章）。この線上には谷保の城山、武蔵国府、石神井（城址）、霞ヶ浦の牛塚古墳、香取神社が置かれている。香取神社の近くには富士見という地名があり、鉾

図13-8 我が家の真来通る線
山は丹沢山地。その先サイレンの真下に富士山

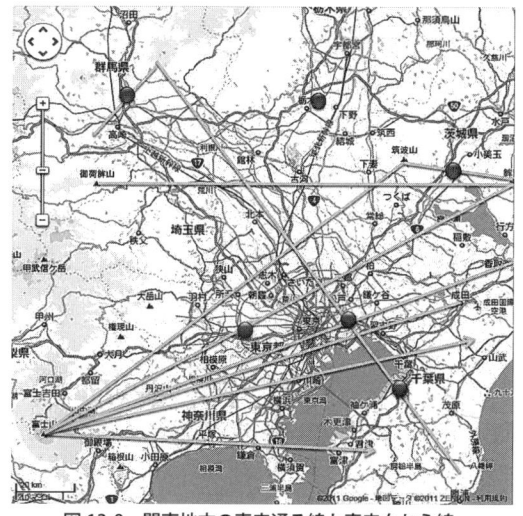

図13-9 関東地方の真来通る線と真来向かう線

幡という集落がある。大正年間に隣の幡織と合併したという。

　前述のように武蔵国府は富士山（厳密には西の白山峰）と大室山（丹沢）が真来通る線上にあるが、さらに大山（1252m、丹沢山地）と筑波山（877m、茨城県）、武甲山（1302m、埼玉県）と鹿野山（379m、千葉県）が真来向かう点に置かれている。鉾田の真西（W）には（西）御荷鉾山（1286m、群馬県）があるが、その線上にはさきたま（埼玉）古墳群（行田市）がある。一番高い（18.9m）丸墓山古墳は円墳であるが、その他は前方後円墳で、稲荷山古墳（国宝金錯銘鉄剣出土）・双子山古墳など後円部の直径は 60m 以上ある。どういうわけかこの古墳群の真北に足利学校があり、真南には所沢城址、武蔵国府がある。つまり、鉾田・さきたま古墳群・武蔵国府は時代はそれぞれ違うであろうが、見事な直角三角形を作っている。方向ではなく方位に基づく三角形である。いずれも平野の点であるので、相互には見通しはできない。遠くの地標から知りうる方向に方位を加味した古代測量の結果がこのような立地の必然となったのであろう。なお丸墓山古墳の高さはその付近の森林の樹冠高度を超えている必要があったと思われる。関東平野では近畿地方などと異なり、地標が遠方にあるので低角度に見えるからである。またここで火を焚けば灯台の役目を果たせる。

　そのほか、関東地方の古い地名についてさらに立地を調べてみよう。富士山と筑波山では所沢、富士山と天巻山（533m）では河越城址（川越市）がある。丹沢山地には、南東端に大山（1252m）、丹沢山（1569m）、蛭ヶ岳（日留か）（1673m）、北西端に大室山（1588m）、がほぼ直線上に並んでいる。これらの山と富士山が作る真来通る線を調べてみよう。富士山から大山を通る線には川崎大師（真言宗智山派）、千葉城址があり、その先には犬吠埼がある。犬吠埼はその崎から戌亥の方向に鉾（筑波山）が見えることが語源になっているらしい。

　富士山と丹沢山では相模の原当麻（当麻山無量光寺の山号、大山街道の渡船場、JR駅名）、成瀬城址（町田市）、品川寺（ほんせんじ）（真言宗醍醐派、品川区）、船橋神宮（船橋市）、成田山新勝寺、神栖がこの線上にある。神栖には息栖神社があり、この神社の鳥居は外浪逆浦からの常陸利根川（旧河道）に接している。つまり鳥居のすぐ外側は川となっている。

富士山と蛭ヶ岳（日留、手前に見えるツガダチ）では、その延長上に狛江、江戸城、下総国府（△24の近く）、下総神崎、潮来、鹿島神社など古い地名がきれいに並んで居る。

実は私の前任校であった当時の東京都立大学の南大沢キャンパスでは理学部・工学部の脇の直線道路は、この大室山―富士山の線と一致するように計画・設計されている。私は新キャンパス移転当時の委員だったので、設計事務所からこの話しを直接聞いている。古代測量術は今でも生きているのである。

要するに富士山は関東地方・東海地方の非常に広域にわたる優れた地標であって、それを背後の遠間（とうま）の地標として、近間（ちかま）の地標を用いて真来通る線を設定す

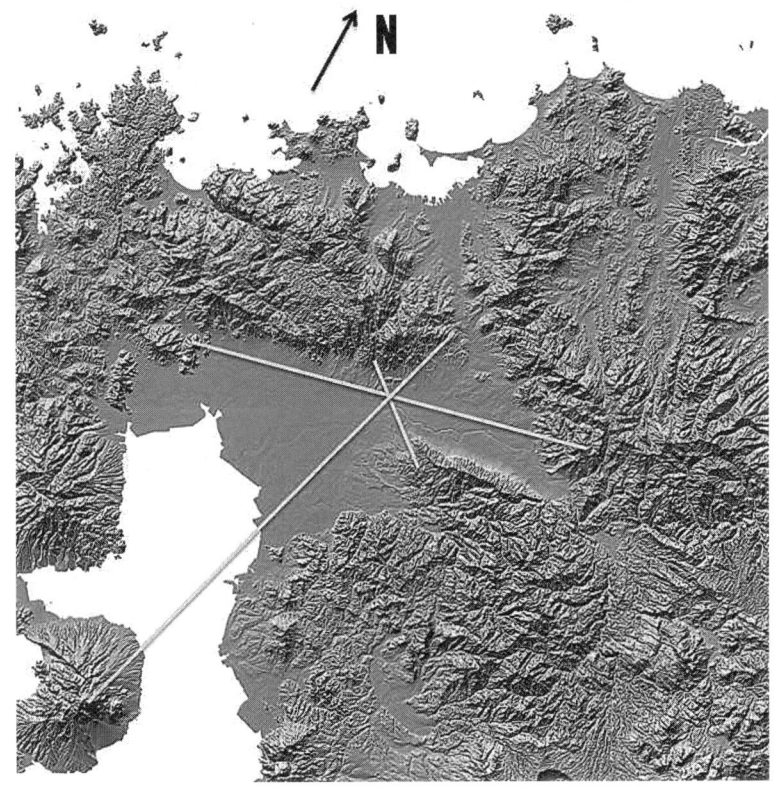

図13-10 吉野ヶ里遺跡の真来向く線（図は30度回転させている）
金立山―日の隈山―吉野ヶ里―白金山（N109W）
両子山―吉野ヶ里―大平山（―英彦山）（N67E）
経ヶ岳―吉野ヶ里―基山（N38E）

ると、非常にわかりやすい位置決めが可能となるのである。纏向遺跡だけでなく吉野ヶ里遺跡も3本もの真来向く線の上に立地している（図13-10）。真来向くことを強く意識して立地しているこれらの遺跡から海の匂いをかぐことは傍証とはいえ、かなり合理的だと思っている。

山当てに使える距離： 山はどれくらい遠くから見えるか。富士山を対象に、そこから富士山が見えるかどうか判定して作った地図がある。紀伊山地から見え、三重の海岸からも見える。白山、信越国境の火山、栃木県・福島県の国境などからも見える。南の島では八丈島から見える。近くても山陰（かげ）になれば見えないのは当然である。関東平野北西部には富士見などという地名は全くない。陰にさえならなければ、富士山は220kmくらい離れた海岸の平地からでも十分見える。地球の半径を考慮に入れて海から山の可視性を判定する公式を示す。

$$d = \sqrt{(h \times h + 12740 \times h)}$$

近似的には $113\sqrt{h}$ としても良い。ここで d は見通し距離（km）、h は山の高さ（km）である。釜山から英彦山（1.2km）は距離が250kmもあるので見えない。壱岐島の最高点は213mであるので、海上では52km離れると見えなくなる。もちろん波があればもっと近くでも見えなくなる。以上は大気の密度差屈折を考慮していない場合であるが、これを考慮に入れると、見える範囲はもうすこし広がる。

山当てと生活： 地方冨士といわれているものが多数ある。これらの多くは更新世末期〜完新世に形成された安山岩質の成層火山であるが、中には讃岐冨士（香川県）、近江冨士（三上山、滋賀県）、松浦冨士（腰岳、佐賀県）など成因的に火山でないものもある。孤立している形態が似ているから富士と呼ばれる、というのではそれまでである。しかしなぜこんなに多くの地方冨士・ご当地冨士があるのか、それは笠や鉾に見立てて、航海や漁場の山当てに、つまり生活に密着して使われているからである。

　測量に使う鉾は武具が起源であるが、平和な時代になると杖になる。先が尖った宝珠が付いた錫杖である。鉾立山の他に杖立山という地名もあることから同

じ用途であることが分かる。修験道では杖を持って山に登る。鉾も杖も宗教的な意味合いがあり、その神秘的な使い方として国見（測量）があった。鉾や杖は権威の象徴でもある。エジプトの古代の像にも鉾のような頭部（パピルスは玉房状）の杖を持った人がいて、古代の測量にも杖が使われたのではないかと想像できる。公共用地の強制収用のトラブルで、測量隊が用地内に立ち入るかどうかは大きな節目である。測量に対して現在でも古代と同じ感覚があることがわかる。測量することはその土地の支配の象徴なのである。

ステッキでは鳩杖がある。鳩は方位を知っているので測量器具としては最高であろう。伝書鳩は当時から使われていたことが分かる（ホント？）。なお帰る方向を示す鳩杖は徘徊老人の必需品とされ、私もそろそろ購入しようかとインターネットで比較検討している（いまはウソ、間もなくホントになる）。

山当てと航海： 航海中では、舳先と艫に鉾を立てる。銅鉾がなければ、船の構造として、両端を高くして尖らせておく。そこに一等航海士と二等航海士がワッチに立ち、声を掛け合いながら、常にお互いの（つまり前後の）地標と鉾先が真来になるように、操舵手や漕ぎ手の組長（機関士）に指示を出す。機関長は漕ぎ手の疲れ具合を見計らって、組を交代させる。前方の２つのランドマークが真来通る状態になったら、航海は極めて容易なので２等航海士一人でよい。これが当時の渡海船の航海術である。と見てきたかのようなウソかも知れないが、この役割分担は動力が人からエンジンになった現在でもそのまま残っている。もっとも８時間労働３交代制ではある。よほどのことがない限り、船長と機関長はヒマである。古墳時代の大型船（西都原出土重文埴輪船）に鉾を立てる穴があるかどうか、知りたいとおもっている。知らないことを武器に思いを馳せれば、当時の船には地文航海のための仕掛けがかならずあり、鳥がとまりたくなるような鳥居の原型のような構造物があるのではないだろうか。

この地文航法は天候の具合によって地標を２つ同時に失うという危険を常に抱えている。未曾有などではなく、かなりの頻度で悪天候は発生する。もちろんそれは季節による。方向（南北などの方位ではない）が分からなくなったら、冷静な船長なら漕ぎ方やめ、の指示で漂流に任せるだろう。五里霧中（短里で

335m先）で走り回ったのではエンジン（漕ぎ手）を痛めるだけである。地標を失っても太陽か北極星が見えたら、ともかく北か南の方位に進めば、九州の北岸か韓国の南岸に到達できる。運悪くそれもできなかったときは日本海に流し出される。漂流先は日本列島の海岸である。

　日本海沿岸には漂流でやってくる稀人伝説が多いようである。2011年9月13日にも能登沖半島沖で、漂流してきた北朝鮮の2家族9人が保護されている。2012年1月6日隠岐の近くに同じく北朝鮮からの漂流者3人ほかに死者1名を載せた木造船が漂着している。日本列島は大陸からの意図的・非意図的漂着民を多数受け入れてきた歴史を持っている。しかし大陸からのゴミ漂着物が日本海沿岸に多いのは困ったことである。

　魏志東夷伝「東沃沮」条に言葉の通じない漂流民の記事がある。たぶん日本海沿岸北部から北朝鮮の日本海沿岸に漂流したのであろう。内海である日本海の海流は反時計回りである。これはオホーツ海も同じである。だから沿海州東岸の流氷は北からやってくるのである。高緯度でも北海道の西岸には流氷は来ない。そして日本から漂流者は反時計回りに北朝鮮側に流れ着く。

　この地文航法のもう1つの欠点は船からの方向がわかっても、そこまでの距離が分からないということである。地標までの距離を感じ取り、半分来たとかあと4分の1などと判断していたと思われる。航路沿いに他の地標（小島）があれば問題ないが、韓国南岸―対馬―壱岐の間はそれがないので、目視経験による距離測定か地標（山）の高度角の測定から距離を測定したのだろう。ただし航海中には距離は測れなくても、誰かがすでに天文測量などで距離を測ってあれば、途中の航路がどうであれ、その値を教えて貰って、対馬より1000余里壱岐など記述できることになる。

　海を渡る技術を持っていた集団は渡部氏と呼ばれていたらしい。航海技術のうち位置決め技術は陸地でも全く同じなので、国見あるいは物見の専門家集団らしい物部氏も同類であろう。ヨットでは船長は艫に座っているようなので、大伴（友）氏も海洋技術集団かもしれない。とにかく纒向遺跡付近にあった初期の大和朝廷を支えていた部族は、海洋技術集団であったろう。

　神功皇后その御裳に纏きたまひし石は、筑紫国の伊斗村にあり。また筑紫の末羅縣の玉島里に至りまして（記p.152）「真来通りて」とは、目標となる2

点を結ぶ線の上を通って、という意味で、最も誤差の少ない航路を通ってこられる、といっているのだろう。

　ニニギノミコトが豊葦原中国（筑後川の平野）を目指して、高千穂の峰（火山）に降臨したのはちょっと方向違いで、南九州のどこかの国の建国神話を、ヤマトの国の神話として利用したのであろう。西都付近から霧島火山群の高千穂峰（1574m）を通り、野間半島に至る真来通る線があるので、高千穂峰からではなく、西都付近からだとするとわかりやすい。つまり、西都から高千穂峰を目標に、都城盆地を通り国分を経て、日置（つまり日没方向の地）にいたる。そこからは吹き上げ浜沿いに笠沙（野間）へ向かう。

　（野間半島の）笠沙の御崎を真来通りて（記 p.75）は、屋久島（1936m）―野間岳（591m）―権現山（402m 天草）―西彼杵半島―平戸を通る「真来」線を指している。この線は九州島西岸天草灘を通る航路である。平戸の灘からこの線をそのまま延ばせば、対馬の南端である。つまり対馬から薩摩に至る真来向く線である。

　三角網測量：　距離の測定法について、思いを馳せてみよう。現在の日本列島は三角点を結ぶ網によって覆われている。基準になった三角形は、日本経緯度原点（東京都港区麻布台）・丹沢山・鹿野山を結ぶ三角形である。この三角形網を更に細分して細かい三角形を得て、測量を重ねて行くわけである。このようにすれば、形は決まるがどこかで辺の長さを測らなければ大きさは決まらない。そこで設けられたのが相模野基線である。この線は 1882 年陸軍によって測量がなされ、5209.9697m という値が得られた。このときこの基線上に中間点が 2 点設けられた。つまり厳密に真来向う 2 点を設定した。そしてこの直線性の厳密さを追求するために、両端から 2605m に観測台を設け、更にそこと端点の中間点（端点から 1302.5m）に仮設の観測点を設けている。(ISHIDA Satosi 氏のホームページによる）要するに真向線・真来線を用いている。測桿は長さ 4m、直径 9mm の軟鉄製円桿を温度補正しながら基準として用い、相模野基線では約 5210m に渡って精密に距離を測ったそうである。

　その後は長さ既知のこの基線の両端から対象点までの角度を測定し、三角法の計算でその位置を決定する。このような作業を繰り返しながら三角網を拡大

したり縮小したりして多くの三角点の位置を角度の測定だけで次々に確定していく。これが三角網による測量の原理である。精密なしかし短い物差しが、測量の基準となっている。したがって距離が遠いと原理的には誤差が蓄積するはずである。ただし日本の陸地測量部—国土地理院の地図は恐ろしく正確である。

韓国と北九州の国見： 先に帯方郡から狗邪韓国までの水行距離は測れない距離であると述べた。しかし7000余里という距離値が記載されている。この値はどのような方法で得られたものであるか、考えて見よう。1) ソウルに帯方郡があった（岩波文庫版の注）場合は、ソウルとトンヨンの直線距離をもとに、韓半島西岸・東岸を廻る航路を直角三角形に見立てるラフな（測量に基づかない）近似を行い、その長さを計算で求め7000余里という値を得た、2) サリウォン（沙里院）付近に帯方郡があった（講談社学術文庫版の注）場合は、航路とは関係なくこの2点間の直線距離であるということになる。

それでは韓諸国内ではどうやって距離を測ったのか、その可能性を探ってみたい。まず特殊直角三角形網による測量で必要な、自然界の偶然について述べる（図13-11）。白頭山（2744m）A—ソベク（小白）山Bを結ぶ線はほぼN30Eの線、ブクスペク（北小白）山（2522m）C—ミョヒャン（妙香）山（1999m）DはほぼN60Eの線である。したがってBとクガン（金剛）山（638m）E・ソラク（雪岳）山（1708m）F・テペク（太白）山（1567m）Gを結ぶ線（N150E）とC—Dの線は直交する。なお、Fとソペク山（1439m）Hを結ぶ線は地理的N—S線となっている。朝鮮半島の西部には高い山がないので、地標に乏しい。

次に人工構造物（都市）の立地に付いて述べる。もちろん偶然も入っているが、規則性があまりにも見事な場合は統一した意図によって立地を選んだと解釈する方が自然である。瀋陽M・本渓(ペンシー)O・平壌（大城山）P・ケソン・ソウルQ・チョンジュ（清州）R・カヤ（伽倻）山I・チンヘ（鎮海）S・対馬・壱岐・唐津はほぼ一直線に並んでいる。その方向は変則方位系の南（N150E）に近い。遼陽Nからみると高句麗の本拠地本渓はE方向だが（正則方位系）、遼東の郡がより南の鞍山近くにあったとすると変則方位系となる。この変則方位系が韓半島と九州付近以外の、どのような範囲で使われていたか、三国志の他の事例を知りたいところである。ケソンの東（N60E）にはC金剛山（1638m）Eが、

第 13 章　国見の話　　　　　　　　　　　　　　　　　　　193

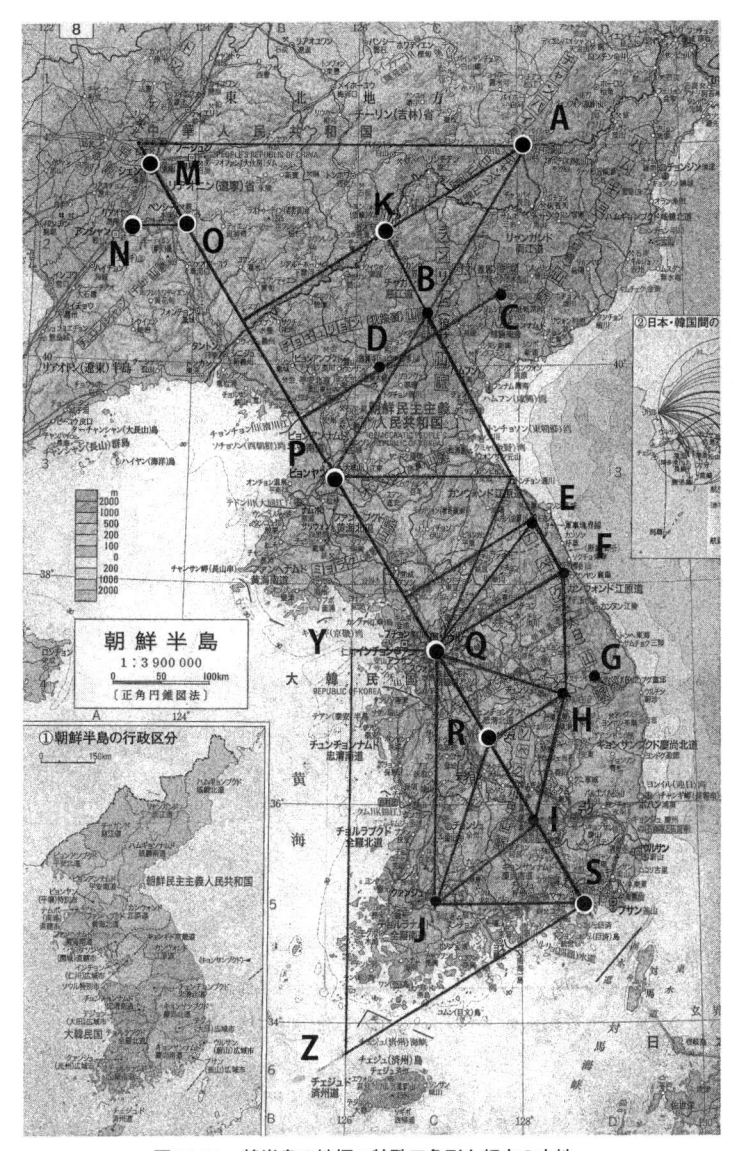

図 13-11　韓半島の地標：特殊三角形と都市の立地
（下図は二宮書店基本地図帳、正角円錐図法）

山：　A：白頭山パイシャン（白山ペクト）2744m、B：小白ソペク山 2184m、C：北水白フクス
　　　ペク山 2522m、D：妙香ミョヒャン山 1909m、E：金剛クムガン山 1638m、F：雪岳ソラ
　　　ク山 1708m、G：太白テペク山 1567m、H：小白ソベク山 1439m、I：伽倻カヤ山 1430m、
　　　J：無等ムトン山 1187m
都市：　K：集安（好太王碑の町）、M：瀋陽、N：遼陽、O：本渓、P：平壌、Q：ソウル、R：清州、
　　　S：鎮海

ソウルの東にはテレビドラマで有名になった春川とソラク（雪岳、1708m）山Fがある。つまりこれらの山は夏至に日が出る方向の山である。雪岳・ソベク（小白）山（1439m）H・ソウルはほぼ正三角形を形作る。

また清州の東にはソベク山H・テベク（太白）山（1567m）Gがある（真来通っている）。カヤ（伽倻）山（1430m）Iはソウルからチンへまでの距離を三分する位置にあり、小白山・ソウルと内角45度の直角三角形を作る。カヤ山は北九州糸島半島にもコピーされ同名の山がある。清州Rはこの三角形を2分割する位置にある。また伽倻山はクァンジュ（光州）の近くのムドン（無等）山Jとソウルで、子午線にほぼ一致する直角三角形を作る。更にムドン山とチンへで内角30度60度の直角三角形を作る。このように韓国も北九州（図13-10）も地標には事欠かないので、どこかで距離測量が行われれば、上記の特殊三角形網を使って次々に距離の計算か可能となる。九州島についても直角三角形となる地標（山）を地図上で探すことができる。

出雲風土記は方位と距離の記事だらけであるが、日本書紀にはほとんど距離は出てこない。しかし崇神65年の条に「任那は筑紫を去る二千余里」（紀（一）p.304）とある。伽倻山（主峰サンワンボン、1410m）と大城山（おおのじょう）の直線距離は335km、九州島北岸と韓半島南岸の距離でも210kmくらいはあり、魏志倭人伝のころの距離尺度千里67kmは日本書紀では使われていないことがわかる。なお、これは日本書紀初出の国外に関する記事であるが、任那は少なくとも5世紀以後の地名であり、崇神天皇の時代にはあたらない。

面積の求め方： 土地を記載するにあたって面積は基本的な項目の1つである。しかし初等教育で習うような基本的な図形の面積を公式で計算することはあまりない。とくに円の面積の公式など実用的に必要になったことは一度もない。もし必要になったとしても、円に外接する正方形をつくり、正方形に方眼をかけ、円内に落ちる方眼の数を数えればよい。もちろんこの面積測定法にはどんな不規則な図形でも面積が測れるという汎用性がある。幾何学 geometry と測地学 geodesy の分離は幾何学が図形の方位・位置を取り去ったとき（ギリシャ時代）に始まる。幾何学では円、方形、三角形などの面積の公式は教えるが、不定形の図形の面積を求める方法を教えない。これはコンピュータ時代

に必要とされる数学として時代遅れである。

　土地を均等に分割するとき正方形を使うのはわかりやすい。数学の公式で面積が求めやすいからである。しかし正方形だけだと窮屈である。例えば500m×500mの土地を50戸で均等に配分するとしよう。10m×10mの正方形を単位とすると、この単位の区画が縦横50個ずつ並んでいることになる。2500個の区画を50等分だから、1戸50単位である。50単位の正方形は作れないので、面積を保ったまま長方形に直すと例えば縦100m、横50mの長方形となる。つまり500m×500mの土地について、縦を5等分、横を10等分して50区画を作れば良い。もちろん縦25等分、横2等分でも良い。このように正方形の大きな土地を長方形に分割すると自由度が増す。しかし面積の単位は正方形であるということにこだわると、正方形では一辺が70.71mとなる。この区画の面積を魏志倭人伝風に表現すると1区画は方70余mとなる。つまり250m×20mあるいは100m×50mの土地の面積を方70余mと表現している。

　魏志倭人伝の対海国の「方400里」とは、この島の外接長方形の面積を正方形の面積に換算すると、1辺が400里になる、ということを述べているのであり、この数値は行程の里数とは関係ない。だめ押しになるが、150里×1100里の長方形の島があったとしよう。この島の大きさ（面積）は方400余里となる。総里程（12000余里）の数字合わせのために（島の形状を無視した値である）400余里を行程に加算するのは不合理なことである。

距離計算の例： 洛陽からN60Eの線をたどると済南、東営、大連を経て、現在の国境の町丹東に至る。ここで方向をほぼ90度変えて南下（N150E）するとトンヨン（統営）かチンヘ（鎮海）付近に至る。洛陽と丹東の直線距離は1220km、丹東とトンヨンの距離は690kmである。これを直角三角形として、斜辺の長さをピタゴラスの定理で求めると、1402kmと計算されるが、地図による計測値では1456kmであるので、内角がほぼ30・60度の直角三角形と見なして良いことがわかる。中国側が洛陽—丹東の距離1220km（18485里）と、トンヨンが洛陽と同緯度にあることを知れば、丹東の南（N150E）にあるトンヨンまでの距離は704kmと計算される（実際は690km）。

ちなみにソウルから海を渡らないように、コースどりするとして、都市間は直線として距離を測ってみよう。ソウルから瀋陽まで560km、天津まで1170km、洛陽まで1820kmである。1日20kmとして、ソウルから洛陽まで90日はかかる。梅雨明けの現行暦の8月に倭を出港するとして洛陽に到着するのは正月頃（推定月平均気温0℃）であろう。帰路にも渡海の風向きの問題があるので、梅雨前に帰港できるかどうか、つまり倭から洛陽との往復は最低でも1年はかかるだろう。この時間差は外交のやりとりや紀年の入った鏡などの解釈に際し十分意識する必要があろう。例えば洛陽で皇帝死去のニュースは、季節にもよるが、倭国に達するのは半年後かもっと後であろう。
　ピタゴラスは、BC6世紀ごろのギリシャの数学者といわれている。ピタゴラスの定理といわれているものは古代エジプトなどですでに知られていて測量に使われていたとも言われている。魏の時代の教養ある中国人が「道里」の技術の一部として知っていた可能性は十分ある。AD3世紀ごろには「ピタゴラス三角形」（一例として辺長3、4、5）の知識は中国では正史の著者と目されるような人の基礎教養だったと思われる。

　我古代にありせば：　日本では風土記に多数の烽（とぶひ）が記載されている。日本では白村江の敗戦（663年）の後、唐の来襲を恐れて作られたとされている。烽の数は風土記の記載項目となっているほどである。地図で探すと烽火台は朝鮮半島にもたくさんある。烽は白村江の敗戦以後に初めて作られたと考える根拠はない。烽は通信手段だけでなく、測量にも使われ（三角点と同じ役目）、それが済んだのちも、烽火台として燃やし続ければ、夜間の地標として、海上でも重要な役割（灯台とおなじ）を果たしていたと思われる。神籠石という意味不明の遺跡が山中にあるそうであるが、その中のあるものは測量の施設（灯台）ではないだろうか。大文字焼きはその名残ではないかと思うのである。
　さらに思いを空想の世界に進めてみよう。黒色火薬（原料の硫黄は琉球か九州産）は唐の時代には実用化されていたとされているが、もっと古い時代（魏志倭人伝以前）にも烽火台や火薬があったのではないか。花火や地上の爆発を遠くから見・聞すれば、音の速さは340m/sec（気温15℃）だから、規格化された砂時計（沙漏）で光と音との時間差（つまり砂の重さ）を計れば、方位

既知の点の観測で直線距離が得られる（極座標表示）。雷は、ピカ・間・ゴロゴロだから、この時間差（間）×音速＝距離、は誰でも気がつく事象だろう。遠雷という成語があるくらいである。地標（山）で夜に火薬で雷爆発を起こせば光が見えやすい。この測距法は 1km（3 秒、砂時計の精度を考えて）から 15km（音の聞こえる範囲）くらいまで有効であったはずである。私が古代人であれば、この方法で地標周辺の詳細な地図を作ってみせる。出雲風土記のような極座標系を原データ（方位と距離）とする地図である。

　後期高齢者間近な私は最近朝早く目が覚める。その直後が最も頭がさえる時間帯である。比較の対象は他の人でないことはもちろん、過去の自分でもない。午後の自分に比べてである。そのときひらめいた天文測量の話しである。

　月は地球のまわりを公転しながら、ほとんど同じ周期（27.32 日）で自転している。したがって地球からは月の裏側は見えない。地球の引力のために月の質量分布が偏ってしまったからであろう。月の公転面を白道という。地球の公転面は黄道である。白道は黄道に対して平均で 5 度 8 分 7 秒傾いている。もしこの傾きがないと日食と月食が新月と満月のたびごと（2 週間おき）に交互に起きることになる。しかしそうではないので、18 年 10 日 8 時間（サロス周期）後に同じような位置関係に戻ることが知られている。つまりこの周期で日食や月食が起きやすいということである。ただし 8 時間の時差があるので経度は 120 度分ずれる地域となる。同じ地域に戻るのは、3 周期後の 54 年 31 日後である。この周期は非常に古い時代から知られており、天動説のプトレオマイオス（ローマ時代の天文学者・地理学者）ももちろん知っていた。ただしアマ・テラスの国ではマヤ文明（600〜900 年ごろ）と違って太陽の運行に全く興味がなかったようである。

　地球から見ると地球の公転のため、月が太陽の反対側に来る時（満月）から次の満月までの周期、すなわち月の盈ち虧けの周期は 29.53 日となっている。もちろんこれを基準にした暦が太陰暦である。月の質量は地球の 100 分の 1 程度しかないが、地球の近くにあるので、液体である海洋水に対して働く力（潮汐力）は海水の水平移動を引き起こす。潮の満ち引き（運動方向の変化）と潮位変化である。潮汐は太陽と月の方向の一致（大潮）と不一致（小潮）に依存し、海で生活する人にとって、天候と共に最重要条件である。明治 5 年に太

陰暦から太陽暦に変わったということは、夜の生活を月明かりに頼る時代から照明の時代への変化を象徴していると同時に、潮汐に関わるような沿岸漁業を切り捨て農業へシフトすることを意味していると見ることもできる。

ところで、地球から見て月は黄道付近を太陽を追い越すように（速く）移動している、と見ることができる。つまり 29.53 日ごとに追いつく（12 章冒頭）。29.53 日（708.72 時間）で 360 度である。つまり 1 日（24 時間）について 12.19 度の割合で追い越してゆく。1 時間について 0.51 度である。別の表現にすると、2 つの点で日没とか日出とかある決まった時刻（地方時で良い）に太陽と月がなす角度が 0.5 度異なる場合、その点の経度差は 15 度（時差 1 時間）ということになる。洛陽（112.454E, 34.618N）と福岡（130.402E, 33.580N）（いずれも市役所）の経度差は約 18 度であるので、角度差 0.6 度が測れれば良いことが分かる。これは時計を使わない天文測量であるので、精度のことは抜きにして、古代でも可能な方法である。ただしこの 0.6 度という角度差は魏志倭人伝のころ測定することは難しかったかもしれない。

この方法は月からの距離方法（lunar distance method）と呼ばれ、16 世紀ごろから観測が行われるようになった。月と天体の距離（もちろん角度）を使う方法は太陽を基準にしなくてもよい。18 世紀には太陽以外の星 10 個について月の運行表が作られ、航海年鑑に掲載され経度決定法として広く使われた。

コロンブスがこの原理に気がついていれば、カリブ海（75W）付近をインド東岸（85E）と間違えることはなかったであろう。経度差 200 度は太陽と月がなす角度差の変化 6.8 度ぐらいに相当するので、十分観測可能な角度である。コロンブスご一行は準備不足だったのである。つまり十分長い日数（実際の航海日数 37 日）にわたって、出発地における例えば日出時に太陽と月のなす角度を計算で予測した表を作っておく。そして少なくとも 0.5 度くらいの精度で読める角度測定器を携行すればよかった。歴史に if は許されないことは承知しているが、コロンブスの航海がトルデシーリャス条約に連なり、その後の世界地図を決めることになっていることに鑑み、測量というものの重要性を気づかせる事例となっている。

月からの距離法をイギリスの王立天文台が推進したことにより、経度 0 線がグリニッジを通ることになったといわれている。ただしこの方法は船に搭

載できるクロノメータの実用化によって役目を終えた。1904年には無線による時刻の放送が始まり、LORANの時代を経て、1970年からGPS（Global Positioning System）の時代となっている。

ラスタ型地理情報と裴秀：　三国志の著者で、歴史家官僚であった陳寿（233～297）とほぼ同時代で、同じように魏から晋の移行期を過ごした地理屋官僚に裴秀（Pei Xiu、224～271）がいる。この人は禹貢地域図の著者であり、幾何学書と思われる「製図六体」も著している（現物はないらしい）。アメリカでは中国のプトレマイオスと称せられるとして、研究が行われているようである（私は文献未読）。プトレマイオスを超える彼の独創は地図を方眼の上に表現し、距離や面積をいわばデジタルに計測することにあったといわれている。これによって、整数の平方や（小数を使わずに）結果が整数となる平方根を使いこなしていたようである。里（67m）という単位を使いながら、100里より小さい距離は登場しない。それはたぶん彼の地図の方眼が1格子100里だったからであろう。

　空間を規則正しい格子で分割し、そこの事物を記載する方法による情報をラスタ型地理情報という。この地図には50里とか1里とかは存在しない。当時、ありふれた方眼とは何か。それは織物以外考えられない。縦糸（経）と横糸（緯）の織物上に地図を描けば自然とラスタ型地理情報になる。ラスタ型地理情報の地図には普通の意味の地図にある縮尺という概念はなく、あるのは格子間隔が何メートルかという定義である。広域を表すときは格子間隔を広く、対象が狭域の時は狭くする。これが地図の縮尺に相当する。陳寿の地図の格子間隔は100里だったのである。

　地図に方眼をかけて計測する方法は、日本では昭和の初期に、寺田寅彦（物理学者）・松井勇・吉村信吉（いずれも地理学者）などによって盛んに行われ、外国ではコンピュータによる地図計測の先駆けであると評価されている。それにしても1750年も前に、このような発想があったとは驚きである。学問は着実な積み重ねだけで進歩するものではなく、独創的な発想によって不連続的に進歩するものだ、ということをつくづく思い知らせてくれる。ラスタ型地理情報が全盛となるのは、もちろんコンピュータで大量のデータ処理が可能になっ

たからである。実は私の専門はこれである、現在の年齢を考慮して正確に表現すれば、専門としたラスタ型地理情報学である。

　私が得ている証拠は今のところ何もないが、この2人裴秀と陳寿は、魏から晋の移行期に同じ経歴を持つ、非常に高度な頭脳を持った地理屋と歴史家であった。学問的交流が無かったとするのは不合理である。陳寿は裴秀から、道里（方向・距離）について学んだに違いない。倭の風俗を記述した部分の中にさりげなく記述されている一文「その道里を計るに、当に会稽東治の東にあるべし」（魏 p.45）は陳寿が裴秀に呈した謝辞である、と私は理解している。文献を読む専門家の解明を待ちたい。

　陳寿は当然のこととして方位系の定義などしていない。私がその定義を復元し（東＝N60E）、この一文を読み直したとき本当に驚いた。そこでもう一度繰り返したい。会稽の東治（点である）の東とは、漠然と九州を指していたのではない、魏使が滞在し習俗を観察している北九州を指していたのだ、と。

　なお裴秀は鉱物系麻薬（五石散）の中毒になり、狂死したとされるが、成分の鉱石をみると、硫黄以外の岩石粉末で害のありそうなものは何もない。陳寿は帯方の太守を通じて、遣倭使の梯儁（2つ目の字は少し違う）に呼邑国の硫黄を個人的な土産として持ち帰るよう頼んだのではないだろうか、そして梯儁は卑弥呼にそれを手に入れたいと頼んだ、陳寿と10才違いの先生裴秀へのお土産として。ただしこれはあり得ない話しである。卑弥呼が死亡したころ陳寿はまだ少年だった。

　ここで何を言いたいかというと、これらの人たちがほぼ同時代（240〜260年代）の人だということである。魏志倭人伝は単なる歴史書ではなく、著者陳寿が魏使だった人から倭の話を直接聞いたかも知れないような、つまり同時代に書かれた記録、地誌・歴史書である。何百年間のできごとについて、口述─記憶の繰り返しを経た後にまとめられた古事記や日本書紀とはそれが持つ意味が異なると言うことである。

第14章 倭の国々地名考
（末廬・不弥・奴・投馬・対海・一大）

「漢字」で記述された「和語」の地名についてできるだけ調べておこう。古代の地名ほど地形に因むものが多いということは、卒論・修論のフィールドだった十勝平野の例で知っていた。学生・院生時代に毎夏、小疇尚（明治大名誉教授）氏の実家に居候させて貰いながら十勝平野の地形を調べていたことがある。アイヌ語起源の地名はかなりの部分が地形地名だということを知っていた。

例えば、十勝川の支流札内川は乾いた（普段は水の少ない沢川）という意味で、典型的な扇状地河川のことである。支笏湖は、大きな（ショ）kot（コッ）凹みである。古事記（記 p.99）にホトタタライススキヒメについて、こはそのホトと云ふ事を悪みて後に名を改めつるぞ、と記している（古事記のこのあたりの記述は猥雑である）。kot と hot は通じる。またカムイと神やどる、も意味が似ている。洞爺はトウ（池）ヤ（陸）、滝川はソ（滝）ナイ（川）の翻訳だそうで、なかなか面白い。しかし古代語とアイヌ語の語呂合わせは難しそうだ。発音変化の規則性を明らかにしないで似た音を探しても意味はないだろう。和語の地形地名は1文字（1音）が多く、アイヌ語地名は長い。アイヌ語地名もトウ・ヤ、ソ・ナイのように語素にさかのぼって分解すれば、和語との共通語源が見えてくるのかもしれない。

私ごとながら我が妹も一時アイヌ語に凝り、住み込みで言葉を覚え、そこのお祖母さんの語り（ユーカラ）を翻訳して出版したほどであった。3.11 大地震のあとのことだが、日高静内川上流の地名に「イタ」オラキがあり、これは和人の船が壊れ（て流れ着い）た（場所）という意味だ、これは津波に因む地名ではないか、と電話してきた。イタは和人の舟（たぶん艪の船）で、彼らの舟はチップ（私の想像では櫂：オールの船）といい、同じ舟でも違うのだそうである。板船は現在でも使われている和船である。

アイヌ語の話に戻ると、大雪山は雪に覆われた山かと思いきや、カムイニンタル（キ）といい、神の宿るお庭（花園）の意だそうである。羆もカムイであるので、彼らが霊性を感じたものが同じ語になっている。カムイは山という意味ではなかった。カミはどこにでもいるので、カムイコタン、カムイワッカなどとなる。アニミズムの原点をみることができる。この例からも分かるように地形だけでなく、出来事なども地名になることが分かった。地形地名は地形が分かればある程度理解できる。出来事地名はその言葉を理解していないと、何のことだかわからない。（何しろ古事記の神話や魏志倭人伝で夢を馳せていることでもあるので、話題があちこち飛ぶことはお許し願いたい。今後も）。倭国の地名について、順不同でわかりやすいところから検討してみる。

不弥国： 不は漢音でヒ（ビ）、呉音でフであるので、これはフ（府）（官庁）であるとした。官庁なので中国の音のまま使ったと考えた。平仄はあっている。倭国側は漢字と音を使って説明したのに、魏使は、中国の制度による府と勘違いされないように、倭の府を音と平仄だけは合わせて「不」と記述したのであろう。弥の意味はアマネシ、イヤサカニ、イヤトオナガシ、日数が長い、などの意であるという。倭国では距離でなく時間（で計る）距離を使っているのだから、「日数が長い」と「遠い」は同じことである。辞書の付録である同訓異義（新字源 p.1278）に、「弥地数千里」を引用し（すべて旧字）、どこまでも届き、ゆきわたる、つまりこの地から数千里もゆける（船で）、というようにこの言葉を使うのだと説明している。

不弥（フヤ）国とは遠国の（出先）官庁の国か遠国を管理する官庁の国だと魏使に説明したのかもしれない。離島の統括官庁は離島のどこかにあるのではなく、本土の港にあることが多い。離島ごととの結びつきは強くなく（地域の性格が似ているので用がない）、本土との交通の方が重要であるので、あまり用はないが隣の島に行くのに、いったん本土に行き、そこから目的地の隣の島に行く、などということが普通であった。用もないのに島巡りをさせられるのは時間の無駄である。島巡りの航路はエンジン付きの高速船が用いられるようになってからであろう。以上の語呂合わせ、古事つけはあまりにも、遠回りすぎる。それに弥の字義は仏教用語としても使われる抽象的な言葉でもあり、古

代人はもっとストレートだと思いこの説は棄却することにした。

　最初のころ、不弥は扶余かと思ったこともある。Googleで探すと中国吉林省にも同名の地名がある。日本との関係が深かった百済の都であった扶余（現在もある古都）は扶余族が作った国で、古都とはいいながら、吉林省からコピー（移動）されたものであった。日本にコピーがあってもおかしくない。民族が移動すれば地名も移動するから、もっと小さい地名にも大陸地名のコピーがあるのではないだろうか。日本でも九州の地名が大和平野・近畿地方に、あるいは全国に広くコピーされている（長谷川、1974）。

　例えば、日田が飛騨に、五瀬（いつせ）が伊勢に、福智山（ふくち）が富士山（ふじ）にといった具合である。例えば福智山にはそう呼ばれる理由があるのに、富士山の古名は律令国家に付けて貰った地名である。しかしさすがに浅間は定着しなかった。地名のコピーの話しをもう少し続けよう。

　「吾をば倭の青垣の東の山の上に拝き奉れ」……こは御諸山の上に坐す神なり（記p.60）。原文は、伊都岐泰干倭之青垣東山上（記p.259）とある。p.60のページの注（五）では倭を大和として、御諸山を三輪山としているが、なぜこうなるのか。この話しはイワレビコ（神武）東征より前の出雲の大国主神の話である。倭は、ヰと発音されるときは北九州の倭（国）、ワと発音されるときは大和（国）である。いずれにせよ中国側が日本側を呼ぶ名称である。北九州の倭がヰ（＊）を自称していたのなら分かるが、奈良盆地大和でイワレビコ東征より前に、つまり倭とは何の関係もないのに、倭を自称するのは絶対に変である。ここは古事記のトリックが不注意にもバレた箇所の1つであろう。北九州での出来事だと解釈すると、倭（ヰ）の東山とは髙良山（耳納山地、水縄山地）のこととなる。そして論理の帰着として、出雲は高麗渡来系ということになる。

　ここには髙良神社がある。高良山にはもともと高木神（＝高御産巣日神、高牟礼神）が鎮座しており、高牟礼山（たかむれやま）と呼ばれていたというが、祭神は髙良玉垂命とされている。髙良は高麗に通じ渡来系であるとされている。風土記(p.385)では高羅山と呼んで、船の梶にする材をとるところ、と具体的な説明をしている。髙良山の近くに住んでいた人が方々（ほうぼう）（地方地方）に移住し、そのひとつが寝屋川市の髙良神社（産土神）にコピーされた。中央（大和）が地方の地名を制御できるようになるのは律令時代以後であり、それ以前は人が移住しない限

り、地名はコピーされないと思われる。それにしても、渡来系のタカムスビがアマテラスとともに天孫ニニギの祖父になっているのは面白い。この神話は日本人の民族的ルーツを示そうとしているとみることもできる。

　耳納：(高) 牟礼：(御) 諸：三諸：美和：三輪、音が似ているということ以上の根拠はないが、これはお互いにコピーだと思っている。もしそうだとすると、最初に帰り、倭の伊都国は青垣の東山の西にあることになり、話しは合う。伊都岐泰干（記p.259）という表現も思わせぶりで、私はこの霊力に取り憑かれたのかもしれない。沖縄にオモロ唄がある。これは神の「よりしろ」となる杜でうたわれるものであり、オモロは御諸山（ミモロ）などとは語源的には底通する一般名詞であり、各地の地名になってもおかしくない。オモロ→御諸→三諸→三輪の方が古事ツケで、三輪が沖縄のオモロになったのではあるまい。

　大和の三輪山付近から九州の耳納山付近に人々の移住がない限り、この地名がコピーされることはない。だから逆だと考えた。ただし地形地名の場合は言語が同じであれば同じ地名が遠隔の地で同時発生することはあり得る。ミモロなどは地形地名ではないようだ。それにしても、北九州の出来事が、なぜ出雲の話になり、大和での出来事になるのか、この2段跳びの理由は理解できない。

　不弥国の話に戻ろう。不は漢音でフツかヒ、呉音でフ、弥は漢音でヒ、呉音でミ、だからプヨにはならない。呉音だけだけをとると、フミとなる。ここでミは水のことで、ミアミ（水浴み）、汀（水際、みぎわ）、澪（三角州で水路となるところ、みお）などミの用例がある。フは芝生のフ、単にフなら草木が茂る、の意味。しだがって不弥の国とは、草木が茂る水筋（川）の国ということになる。

　また、ミには川や山際・海岸線などが曲がって凹んだところという意味もある。アイヌ語にも通ずる古い和語ホトに類する言葉である。海岸ならフ・ミとは2つの湾ということになる。伊勢のフタミが浦（二見浦）や福岡糸島郡にも二見ヶ浦がある。古事記の神話で、降り立った2人の神はイザナギとイザナミであるが、ナは海、ギは杵（出っぱったところ）、ミは凹んだところである。古事記ではキミが死語になりそうなことを心配して、文学的に「なり余れるところ」「なり合わざるところ」と補足表現してくれている。日本書紀では即物的に「雄のはじめの所」「雌のはじめの所」といっている。

　地形学的に見れば岬の隣には湾がある。このセットが繰り返されているよう

な海岸をリアス式海岸という。リアス式海岸とは陸地で刻まれた山と谷が沈水した地形である。山戸(やまと)と谷戸(やと)に対応させることもできる。稲作をする海原族はこれを杵と臼にたとえた。大分県の臼杵地方の海岸は九州山地が海に没するところで、典型的なリアス式海岸となっている。リアス（Lias）はイベリア半島北西端の海岸地方の地名であるが、昔の地理学者にセンスが無かったためにこんな学術用語になってしまったが、意味をこめて臼杵式海岸と翻訳すべきであった。ナギとナミは海の岬と湾である。イザナギとイザナミは貝や魚が豊富な臼杵（リアス）式海岸で働く男と女の表象である。

　海でなく川の場合なら、川が曲がりくねったへこみ、つまり川の蛇行の攻撃面がミである。蛇行河川の水深分布を見ると攻撃面で深くなり瀞(トロ)を作っており、反対側の滑走斜面は浅瀬となっている。ナギは古語でヘビである。ギが男のシンボルだとすると、古代は亀ではなかったことが分かる。

　昔の地理学者は良いセンスを持っていて、meander を蛇行すると訳している。海原族にとってはナギ（ウミヘビ）は見慣れたものであるが、陸にもナギがいるのを見てびっくりして、陸のナギに名前を付けて、草むらから出る蛇だから草薙(くさなぎ)と呼んだ。ナギに薙ぎ払うという意味が生じたのは後からのことである。武家の女性のたしなみとして薙刀術がある。ナギは雄であるので、薙刀術とは雄を自由に操る（あるいはちょん切る）術という意がウラにこめられている（ウソ）。

　川を渡るときは、蛇行の左右（上・下流）の攻撃部（出っ張り、反対側から見れば凹み）の中間部分で、瀬音は高い（流れは急だ）が浅いところ（浅瀬）がある。そこを徒渉するのが常識である。浅くて流れがある瀬はアユの友釣りのポイントでもある。徒渉は川の上流側から流れを斜めにうけて、トロに流し出されないように気をつけて斜めに横切るのがコツである。流れを真横にうけて横切ろうとしてはいけない。風や潮の流れがある対馬海峡を横切るときも同じ要領であろう。

　逆に船で渡るときは、深くて（み）流れの静かな瀞（とろ）に港ができる。陥入蛇行の峡谷部分は平水時には川幅の割に水深が大きい。つまり立つセ(瀬)がない。峡谷は平時には流れが穏やかなので（瀬がないので）、川下りの交通路（現在は観光）として重要である。上流の山の物資（木材）は筏に組んで流

し下される。筑後川でいえば、久しく天領だった日田盆地がその木材供給地である。下流の川港はその筏を拾い上げるところである。都市は木材がないと建設できない。だから不弥の港の近くに大きな都市があっても良い。

以上のことから、川の蛇行が２つある国がフミの国となる。蛇行の波長（トロから次のトロまでの直線長）は流量に比例するので、蛇行２つ分で国（戸数1000余）になる川とは、かなりの大河かもしれない。なお筑後川が蛇行しているところ（蛇行帯）では低水時でももちろん徒渉できる深さではない。橋がなく、渡し船の制度がないときには、とくに濡れては困る荷物を持った人には、川は絶望的な交通の障害となる。例えば江戸時代の東海道は中央高地から東海に注ぐ大河（大井川、天竜川、木曽川など多数）がことごとく障壁になり、川止めを強いられた。そこで間道としての中仙道が季節によっては（春秋の河川増水期に）優位性を発揮した。中仙道には大きな川の渡しが１つもないからである。

なおフミには踏み台・踏み板とか足踏み、という語義もあり、足（将棋のフと同じ）を地に降ろすことを意味する。つまり下船地である。船をイタと言い、板付き（船着き）という。イタツキ（福岡空港）、イタミ（大阪空港）、イタコ（茨城）など同じ地名は各地にある。アイヌ語でも倭人の船はイタである。イタツキ場まで湿地の中に幅広い木道が続いている、尾瀬の木道（もくどう）のようなイメージも不弥国にふさわしい。土を何回も踏んでいると自ずと道になる。しかし湿地ではいくら踏んでも道にならない。木道が必要である。雪国では雪を踏んで道を作る。踏んでないところ（道路の外、専門外のこと）に、はみ出すことを道を踏み外す、という。このように地名の語源を探る作業は私にとって専門外のことであるので、道を踏み外していないことを願っている。

古事記では畝傍山に宇禰麼夜摩と漢字を当てている（記238,489）。祢（ネ）の音が禰と同じならば、不弥国とは船（ふね）国である。これがもっとも単純な近似の音を当てるやりかたの地名起源探索法である。ただし祢がネと発音されることは普通はない。このように、規則性もなく近似音による語呂合わせをするのは、一種の言葉遊びであり、これはそれで、楽しいものである。一般に親父ギャグと言われている。不弥の国として以上４つの地名起源が想定された。どれが良いか判断できない。全部外れているかも知れない。

投馬国： 一番簡単なのは、チカマ（近間）の国ではなく、トウマ（遠間）の国という解釈である。しかしこれでは自称でないことは明らかなので、当時伊都国（倭国の中心都市）あたりで、この国の代表を、遠くからご苦労のトウマさんと呼んでいたのかも知れない。これはあまりにも単純明快過ぎるので、もう少し考えて見よう。地名でトウマを検索すると北海道の当麻町がでてくる（Google 検索）が、それ以外に大きな地名はない。しかし古事記では「當摩の咩斐」（記 p.170）として地名らしく登場している。日本人の名字ではかなりの数の「トウマ」（当摩、当間、藤間など多数のあて字あり）さんがいる。特に沖縄地方に多い。「投」は辞書に寄ればトウとしか発音されず、稲麻竹葦かと思ったがこれは考えすぎであろう。和語に漢字をあて、それを又漢字読みにする例（シロウマ―白馬―ハクバ）だとすると、トウマは当間で「当て間」かも知れない。図 13-6 に示すように、新潟県魚沼丘陵では山の名前「アテマ」になっている。関東平野東部の由緒ある地名「鉾」田市に小字当間があり、ここでは「トウマ」となっている。19 章で述べているが、当間は山当て測量の用語である。

原文（魏 p.107）の「投」は「殺」の誤りという注記があるが、殺は漢音でサツ呉音でセツ、薩は漢音でサツ呉音でサチ、馬は漢音でバ、呉音でマであるので、漢音呉音の重箱読みをしないと薩摩にはならない。「薩」は仏教用語なのでその後使うのを避けたのかも知れないが、魏志倭人伝が記述する位置から言えば投馬は現在の薩摩なのに語呂合わせは上手く行かない。そして馬と摩は平仄も合わない。

南と北で 1500km も離れているが、アイヌ語でサッは「乾いた」（札幌のサッ）なので（マはあたり、場所）、意外にも乾いた土地という意味かも知れない。気候的に雨が少ない、という意味ではなく、鹿児島湾周辺に広く厚く分布するシラスが水を地下に通してしまうために（透水係数が大きいという）、広く分布するシラス台地が乾いてしまうのである。サツマ「乾いた土地」は地域の自然特性を上手く捉えている地形地名だと考えたい。これを漢字で表して殺馬（呉音でサツマ）とすると漢文として意味を持ってしまうので字を変えて投馬とし、その経緯を知っている人（仏教伝来後の日本人）がさらに薩摩に変えたのでは

ないだろうか。

　対海国：　対海は「ツイ」カイである。岩波文庫版の読み下し文では、何の疑いなく対馬となっているが、私が使ったテキストでは対海国である（魏 p.105）。相対的な位置や地形の記載などから対馬であることに間違いはないから見過ごしてしまう翻訳である。単純に考えれば、ツイになった海の国、海の国だから島国、つまり対島が対馬と表記されて、これには疑いがないように見える。しかし「ツイ」と読むのは唐音である。さらに、海の国＝島、は意味をとっての翻訳であるが、普通の島を海の島と呼ぶ例がない限り、古えからからの解釈といえども私は採用しない。何も考えずに、根拠も示さずに対海を対馬とする定説には再吟味が必要であろう。人間は考える葦である。考えることによってのみ進歩があるとして、先に進む。

　海はカイとしか発音されず、カイと発音される和語は櫂か椀（ナ）である。対馬は両方の島とも細長いので、それを両舷の櫂に見立てることができる。有視界航海（地文航海）術と山に登っての国見は同じ技術であるので、海原族は山に登ったり船から見たりして、島の形を正確に把握していたに違いない。また腕（カイナ）はどうか。浅茅湾に向かって両側の島から伸びる数本の半島は２本の椀についている指が組み合っているようにも見える。２つの島の中央部分が地殻運動で沈降しリアス式海岸で向き合っているので、このような地形が見られるのである。櫂の国か、指を組み合わせた椀の国か、いずれももっともらしく、甲乙付けがたい。

　ここでは対馬の古代名を対櫂国（ついのかい）、あるいは指組み手つなぎ国のいずれかとしておく。後者は古事記では天之狭手依比賣（アメノサデヨリヒメ）といわれている（記 p.23）。復古趣味の最近の若いカップルに多い手のつなぎ方である。老人でも自分の指を組み合わせて力を入れて刺激するのは健康に良いと言われている（ホント？）。しかし、ここまで来てもっと簡単な解（カイ）があることに気がついた。対海は２つで１つの番であって、海でも島でもなく、櫂でもない、単に番い（ツガイ）（和語）で良かった。天之狭手依比賣などというから、手つなぎ国と思い込んでしまった。もっとも手をつなげば番い（カップルであり）、櫂も番で初めて用をなす物ではある。対海国は番い（ツガイ）国であった。シマという地名は出てこない。当時の言葉でツガイ

はあまりにも直接的なので後の知恵者が変更したのであろう。古代は上（北）島と下（南）島はつながっていた。

　末廬国：　壱岐島から末廬国（の港）への方位の記載はない。（港の近くの）地形は山海に沿う、とされている（魏 p.40）。また潜水して貝や魚を取る情景が記述されている。これは岩石海岸の情景である。しかしこれだけでは長く続く砂浜海岸を対象から除外できる程度の記載に過ぎない。また卓越風の西よりの風を避けたいであろうから、末廬国の港は湾奥か西側に半島があるようなところである。壱岐島からの距離と地形から判断して、末廬国の湊に相当しそうな候補は、伊万里、唐津、津屋崎（福津市）、那の津（福岡）、神湊（宗像市）、波津などである。現在は当時より湾の埋め立てや干拓などが進んでいるので、現在は水田になっているところも港の候補に入れるべきであろう。内陸国魏からの使者は末廬国で素潜りで海に潜り魚や貝をとっている光景に強い印象を受けたらしく、記録として正史に残ることになった。そして我々にとっては、港の近くの岩石海岸で漁業をしている海士の記述から、末廬国や伊都国は漁業国・海運国・海原族の国だと理解する。末は松に通ずるので、松が生えた砂丘があるらしい。また現在の地名として松浦・松浦半島があるので、このあたりの伊万里、唐津などの港が候補となることはごく自然だとされてきた。

　古事記では末羅とあるが、松浦という地名が現存することから、常識的にはマツは松とされるだろう。それなら廬が和語の「浦」に相当しなければならない。辞書では漢音でリョ、呉音でロで、いおり、一時的な家、田の中に造った小屋、仮の住まい、などの意味で、浦（プ）とは音も平仄も異なる。したがって松浦は関係ない。つまりこの付近の砂丘に多く生えている松を「末」（漢音バツ）とする限り、また廬では意味から、松の庵の国ではないかということになる。これはかなりくるしい。編み物・織物の羅とは平仄は同じだが、発音が異なる。羅漢川・松末羅漢川（糸島市深江、国土地理院 2.5 分の 1 地形図）という地名があっても惑わされてはいけない。仏教伝来は数世紀も後のことである。

　考えて見れば、末廬国のひとが自分たちの庵を漢字の廬というはずはない。そこで魏使は重箱読みになるのを知った上で和語の意味を漢字に翻訳したとい

うことになる。廬（漢音リョ呉音ロ）の同音異義の字に蘆がある。これは葦である。蘆で家を造れば庵であるが、末廬国は松と葦の国であるという解釈も成り立つ。この場合は、魏使はマツを見て松と理解したが、松とは表現せず、音から末を当てた、そして和語の葦に蘆を、音から廬とした、となる。そこで末は松としたまま、とりあえず重箱読みにならないように、廬（ラ）に当たる部分も和語としたい。

　新羅は白木、しかしここ倭国では松羅木、という親父ギャグで魏使をからかったのではないことを祈りたい。冗談はさておき、ここでは真面目に和語を探したい。廬の発音はロまたはラ。ロの字に組んだ櫓、あるいは船で使う「ろ」。しかしこれが和語か漢語か判別できなかった。そのほか辞書によると艫は①へさき船首、②とも船尾、とある。要するに前後同じ構造ならどちらでも良い訳である。それに対して和船の艫はトモに付いている。「村のわたしの船頭さんはことし74のおじいさん　年はとってもお船をこぐときは　元気いっぱい「ろ」がしなる」（武内俊子作詞）（数字は野上が改変）の「ロ」。実にうまい古事ツケであるが、一抹どころか大きな不安もある。

　ウィキペディアによると「ろ」船の分布は本州、四国、九州、中国、台湾、朝鮮半島、ベトナムなど東アジアとある。これらの地域独特のものらしい。

　船に屋根の覆いを持ったサンパンの推進方法も「ろ」である。日本では屋形船という。川底が浅いときは「ろ」より棹の方が効率がよい。「ろ」は、潜水して魚の泳ぎを観察した海原族独自の発明である。冷たくて海に潜れない地域では櫂で漕ぐ船、スカルになってしまう。沖縄では櫂で漕ぐサバニもあるが、板付き船もある。

　古事記では鰭（魚のひれ）の幅の大小をかなり気にしている（記p.76）。イタ船では艫の幅、漕ぎ手の腕力と船の大きさの関係について関心があるからであろう。このことも「ろ」が「ひれ」から発想したという傍証である。ここでは松で作った「ろ」と考えた。ただし艫の材料として水が滲みない方が良いと思われるが、節が多い松が適しているかどうかは知らない。末廬国は松（材）の「ろ」の国である。

　地理屋の私としては、どちらかというと「やぐら」の方が気に入っている。「やぐら」は港に出入りする船を高いところから監視するだけでなく、出入りする

船の地標になるからだ。松櫓(マツヤグラ)の国でどうであろうか、とここまで来て、２つ候補があるのがどうも気になり、今度は違う辞書（広辞苑）を調べた。そして「マ」の和語に「湾または海岸の船着き場。北陸地方などでいう語」という意義があることを知った。何のことはない末廬国とは、船着き場の（ある）浦の国だったのである。松とは関係なかった。この地名からは港湾の国というイメージが得られるだけであるので、末(マツ)が松でないならば末廬を現在の松浦など特定の場所に結びつける根拠にならない。唐津を中心にみると、言語や通婚圏は二丈深江付近までが同一で、前原は博多だという（唐津マツロ館館長堀川義英氏談）。これはもちろん江戸時代に唐津藩として定着した地域認識であろうが、それより古い時代の名残とも解釈される。なお、末廬国には王もいないし、役人の記載もない。しかもいわゆる旁国ではないので、この国は伊都国の直轄地であったと思われる。狗邪韓国も同じである。

奴国： 次は大国（人口２万戸）の奴国である。奴の発音はヌ（呉音）漢音ではドである。もちろん「奴」と発音されるのは和語で、漢字はあて字である。自分から文字の意味のまま「奴」国を名乗ることはない。また外交交渉で相手国を侮称で呼ぶことなど絶対にあり得ない。人種差別の激しい国でも、知識階級ほど相手の前では丁寧な言葉使いをするものである。しかし中国は周辺国は未開だと思い込む癖が昔からある（中華思想）ので、外国語の発音を漢字化するときその種の字（卑語や動物名）を使いたがるようである。しかし反論すれば、そのような四周の国にすぐ中華の地を占領されてしまうという歴史がある。そうなっても中華は中華としてそれを飲み込んで現代まで続いている大国である。そして次の王朝があるからこそ前の王朝の歴史を厳しく書ける。日本の古代の歴史書がダメなのは政権（王権）交代を隠蔽しようとしたからであろう。卑語・卑字が使われていれば、これは現地語の発音を漢字表現しただけだとはっきり分かるので、かえって便利である。

奴は「ヌ」という和語であろう。これは沼（ヌ間）のことであり、湖より小さく、棹が立つ程度に浅い水体である。江戸時代の国学者によって「ノ」の発音を示す万葉仮名（奴・努・怒）を「ヌ」と誤って読んだといわれている。「野」は広い平野か山裾（緩い傾斜地）であり、「ヌ」とは異なるイメージの地形で

ある。

　もちろん奴国は倭国（幾つかの国を含む連合国）の1つで固有名詞であるが、地形に由来する一般的な地名でもあったから、旁国（16章）の国名として幾つか使われている。ヌは弥生時代という時代背景から判断すれば、水田にもっとも関係が深い「ヌ（マ）」とするのは妥当であろう。和語でヌレル、ヌグウ、ヌカルミ、ヌマタなどと使われることがあるように、「ヌ」は水であり、ヌ・マは水のあたり（間）＝沼という意味になる。

　「ヌくに」とは沼の国すなわち水田国という意味であろう。そして、この奴国は人口が2万余戸と多いことから大きな平野の国であることが分かる。またほかにも奴国はあるが、この奴国だけは蘇奴国・烏奴国のように、〜奴国とは言っていない。何も付けないとき、言わずと知れた大国の奴国なのである。この奴国は中国の正史に最初に記録された（1世紀中頃）歴史の古い国である。

　筑後平野を筑紫平野とわけておこう。境は鳥栖と久留米を結ぶ線付近とする。下流のデルタ地帯は当時手に負える地域ではないだろう。だからこの奴国という水田国は筑紫平野の国である。耳納山地北側の山麓や扇状地末端の湧水を利用した水田地帯が核心地域ではないかと想像している。どれくらい下流のデルタ地帯に進出していけたかは分からない。その左岸の南では狗奴国と必ずどこかで接する。どこに国境があったかわからない。

　筑後川下流左岸には久留米市三潴（みずま）（沼と同じ意味だろう）町があり古い水田地帯であるが、現在は都市化されつつある。また、さいたま市にも見沼（区）という地名があり、もとは水田に囲まれた田園地帯であった。西鉄天神大牟田線沿いにある御塚・権現塚古墳（対）はちょっと気になる。標高8mぐらいの土地に22.6m（北）と24.7m（南）の高さの円墳（径132m）があり、南の方は前方後円墳のようにも見える（径110m）。「方」の大部分は道路と鉄道で破壊されている。方と円を直に計ると180m近い巨大な古墳である。これは卑弥呼に支配された後の奴国の指導者の墓かもしれない。一般に立派な古墳の高さは周囲の木立より高く、眺望に恵まれている。

　水郷として名高い柳川市、その市役所文化部の堤氏のお話によれば、江戸後期以来この地域の船はサオ船で、江戸時代の図絵に描かれ、白秋の詩にうたわれているという。ただし沖端川の河口近くで船大工をなさっている古老（横山

氏）がいて、漁船（つまり口船）を作っていたとのことである。沖端川と塩塚川に挟まれた地域、それらの河川がくの字に曲がるところに柳川城址が位置し、その南には6列ほどの浜堤列が並んでいる。この浜堤列のどれかが魏使倭人伝のころの海岸線である。神社寺院が多数見受けられるので、浜堤列の時代を特定できる可能性がある。

柳川城址は外堀が約 1.1 × 1.1km もあり、内堀も 540 × 540m 程度と非常に大きな城構えである。600 間あるいは 300 間が地割りの単位（条里の単位）になっていることが分かる。サイズからみると、佐賀城跡を上回るほどである。外堀の中も外も同じ方向の地割りが見られ、極めて大規模な水堀に囲まれた囲域の一部を利用して柳川城が造られたと読図できる。城内には弥生時代の遺跡はないようである。柳川市のホームページによれば、東 3.3km の三橋垂水には古墳時代の遺跡があり、大和徳益八枝には弥生中期前半以降の遺跡、三橋磯鳥フケ遺跡では弥生後期の大規模な掘立て柱集落跡があるという。この周辺のデルタは魏志倭人伝のころかなり開発が進んでいたと思われる。なおフケとはデルタ地帯特有の深田のことであるので、全国に同名の地名が多数ある。

同じように水郷として有名な茨城県潮来市では、5月末から6月末にかけて、アヤメ祭りの期間中、口船による観光船を運行している。航路は潮来駅の近くのあやめ園から前川を行き、同じ川を引き返してくるというもので、30分で往復約 1.6km 程度である。船の大きさは 8 〜 10 人乗り、漕ぎ手は 1 人である。これが 2 人になったところで速度が 2 倍になるわけではない、つまり和船が進む速さは人がゆっくり歩く程度である。さらに同市のページによれば、常陸風土記に板来とあるそうである（潮来市役所総務課、風 p.59 で確かめた）。奄美諸島では板付（イタ：ツキ）という船がある。北九州では宇美川の板付が福岡空港となっている。どうゆうわけか大阪の飛行場も伊丹（ミは海）。和船が広い地域にわたって「イタ」と呼ばれていたことがこれで分かる。しかし、水郷の農業用の船では棹が立つので普通は口船は使わない。口船はもう少し大きな湖や大きな川あるいは海で使われるらしい。伊都国か不弥国から投馬国や邪馬壱国へ水行する際に用いられた船は櫂で漕ぐ渡海船ではなく、口船だったのではあるまいか。口船の速さは人が歩く程度かそれ以下である。古代の海原族の海洋国家を理解するためには、船や航海術を勉強しないといけないようであ

る。

一大国： 一は呉音でイチ、漢音でイツ、大は呉音ダ（イ）、漢音タ（イ）。あわせて、一大はイチダイあるいはイツタイ（漢音）と発音される。促音は平安時代からといわれるが、もっと古くからあったかも知れない。例えばイツ丁ではなく、イッ丁で、二丁、三丁で、二ッ丁、三ッ丁でないところが面白い。ヒフミの方ではヒトツ、フタツ、ミッツである。日本語を上品語と下品語にわけると、促音は下品語の方である。

ところで、魏使が辿った航路の前後関係から、これは現在の壱岐であることは間違いない。「一」は壱であるが、大を支（シ）の誤りだとして（魏 p.39）、同じ字母の「岐」（呉音ギ、漢音キ）にあて、これで壱岐となったらしい。これは対比したい地名が予め決まっているので、誤字と判定したわけである。古事記では伊伎島と書き、天比登都柱（あめひとつばしら）を別名としている（図 14-1）。そして日本書紀では壱岐島となって、現在まで続いている。つまり、大は支、というのは後漢書・古事記から始まったことである。

しかしよく考えてみると、2つの変更をした上で、ここまで地名は全て和語だったのに、ここで壱岐などと漢字の漢音読み地名になるのはちょっとおかしい。もちろん魏志倭人伝の時代より先の弥生時代に漢字の単語がすでに北九州に入っていたらしいこと（稲作・金属関係の単語など）は確かであるが、壱岐という地名には律令地名の気配が強すぎる。しかしも一大が壱岐になる経緯がひねくれている。何か理由があると追及したくなるところである。大を岐（キは和語）に直したのなら、ついでに一（イツは中国語）を五つ（和語）に直してくれているとわかりやすい。

昔アンデス地帯学術調査団（泉靖一団長）の考古学班に参加したときのことである。よく知られているようにアンデス古代文明は文字を持たないのに非常に高度な文明を持っていたことで知られている。情報伝達にはキープ（結び目を付けた紐）が使われていたが、文字のような岩絵が残されており、解読できていなかった。そこで象形文字の国の人（私のこと）だから何か感じることはないかということで、リマの大学で岩絵の拓本を見せられた。もちろん解読できるわけはないが、「大」の字のような形があった。そこでこれは人が手足を

第 14 章 倭の国々地名考（末廬・不弥・奴・投馬・対海・一大） 215

広げて立ったさまで、大きいという意味の字だ、またそれをそばめれば小という字になると説明して、大いに感心されたことがある。壱岐の島の形は大の字に似ていないだろうか。

地形地名として現在の壱岐の島を見ると地名の由来が解釈できそうな気がする。まず最初に理解しておくべきこととして、

図 14-1　天のヒトツ柱はこれか？

キは男である（ミは女）。最初の男女はイザナギとイザナミである。キ（杵）は脱穀や餅つきに用いられ、でっぱったものだから、岬（岐、半島）である。御崎ともいうがミは美称か海であろう。岬は海原族が関心をもつ地形である。壱岐の地図をよく見ると御崎が6つあり、北を向いた亀のような形をしている。1つは尾であるのでそれを除外すると、5つの出っ張り（杵）がある。イキ（五つのキ）である。尻尾を除くと、湾（凹み）は4つであるから、ヨミ（4つのミ）の国になる。しかし、古事記などには黄泉の国が出てくるが定義がない。まさかこれではあるまい。日本書紀では根の国がよく出てくる。海にある根のうち地上に出れば島であろう。

一大国の一は改竄されやすい文字なので、同じ発音と平仄の壱／壹が用いられる。これは現在でも同じである。しかしこのイは要注意文字という考えもあるかもしれない。司馬懿（曹操の武将、後に晋の宣帝）に通ずるからである。壱は壹（イツ）の略字であるから同様である。しかしこれは考えすぎではないだろうか。島の名前で壱のかわりに一を使ったとしても、邪馬壹国（魏 p.107）の国名には壹を使っている。

しかし原文を読み返してみると、自分で勝手に作った謎ではあるが、それが解けた。刺史の如きと形容された一大卒という武力が記述されている（魏 p.48）。卒という字に惑わされてはいけなかったのだ。これは帥（呉音ソチ、漢音ソツ）であり、一大卒とは元帥である。つまり大陸側の官名職責がすでに倭国側にあったことになる。ただし一大卒を中国側の進駐軍と読むのは行き過

ぎであろう。刺史の如し（魏 p.48）と形容していることからもこのことが分かる。

　魏志倭人伝の頃から、太宰府の長官、明治初年代に復活した元帥という称号。戦前育ちの世代であれば、「元帥」が諸国を検察せしむ。諸国これを畏憚す（魏 p.48）という記述がよく理解できる。一大国とは元帥府の国である。一般に環濠集落の環濠は防御性の現れだという。この意味であるなら本土（九州北岸）から数十 km も離れて、海に囲まれた島なら防御性は完璧である。湿地族に冒されることは絶対にない。そして海原族だから、どこへでも船で出撃できる。大卒（元帥）自身は伊都国にいたが、いわば海軍機動隊の実働部隊はここにいた。各国に治安部隊を常駐させるより遙かに効率がよい。したがって、諸国これを畏憚す、ということになるのだろう。

　この島の地名には多くの場合「触(ふれ)」が最後に付いている。触（漢音ショク呉音チョク、ハングルでチョク）で視覚障害者のための触地図のショクと同じ意味の漢字である。ここでは「触れ」と和語となっている。お上からのお触れ（行政伝達）のための単位集落だそうである。例えば「芦辺町住吉東触」「同後触」「同前触」（南が前）は住吉神社を中心とした地名である。相互の距離は1kmかそれ未満となっている。この小字程度の集落（塊村）は調（産物物納）庸（軍役、労働力提供）租（供米）の単位だった思われる。朝鮮半島にも「触」の付いた地名がある。つまりフレは村という意味である。いくら何でも明治以後のように一戸ずつ戸籍を造って調庸租を科すのは無理であろう。しかしこの「触れ」には別の意義があったらしい。それについて私の推定を述べたい。

　壱岐の現在の人口（2010年29,373人、1970年42,983人）は魏志倭人伝（3,000戸、約15,000人と推定）のころの2倍か3倍でしかない。逆にいうとこの島の当時の人口は農地に比べて異常に多かったのである。竹林・叢林多し（魏 p.39）であるから、台地はあまり畑になっていないようである。つまり耕地は主として浅い谷間の水田ということになる。水田面積は地形から判断して非常に狭く、現在より広かったということはありえない。

　耕地の狭いところに大勢の人口があった。何故か。それは住民が純粋な農民ではなく、兵卒が大勢いたからであろう（屯田兵）。この島では農業は副業だったのだ（米を移入している）。だから村で農業をしながら団結心を養い、おそ

らく訓練を行い、いったん「触れ」が回れば直ちに招集されるシステムができていたに違いない。触れは軍隊編成の単位であろう。軍の単位を出身地ごとに編成する方式は明治から昭和まで残っていた。触れが単に村という意味なら、他の地方にも触れという地名があっても良さそうだが、日本ではほとんど壱岐に限られている。

　島の最高地点岳の辻（213m）からは、全島が見えるだけでなく、対馬や九州北岸が見え、その烽火も見えるかもしれない。事が起きたときは烽火や伝令によってお触れがまわり、原の辻遺跡近くの港（幡鉾川河口付近）から、船に鉾を立て、幡をなびかせて出撃したはずである。

　元寇の時、この軍事拠点は占領され多くの犠牲者が出た。ペルー天野博物館創設者芳太郎氏談によると、日本海側では（秋田）モコくるぞというと子どもが泣きやんだそうである。その脅威はナマハゲとして現在まで残っている。一方、東シナ海の中国では倭が来るぞ、が同じ効果らしい。和・洋（イギリス・ノルウェー）を問わず、政権自らか、非公認か、その差はあるにせよ海賊が活躍する時代があったのである。

　日本でも北海道に屯田兵がおかれた。中国はさすがに大陸の本場国である。私も３回ほど訪れたことのある天山山脈の周辺には、朝鮮族、満州族、モンゴル族、馬族（中国南西部の人々）などの村が点在しており、それぞれの習俗がかなり保存されて、しかも共存しているということを現地で知った。これは異民族を移住させ、屯田兵として使ってきた中華の国の伝統的な政策の歴史的所産である。しかし現代では人民解放軍の大農場集落（屯田兵集落）や大学まで、新疆の地にあり、少数民族を圧迫しているように見える。これは多分人民解放軍の国が過去を忘れた失政であろう。

　「触れ」という村名があるのは、日本ではここと朝鮮半島だけである。米軍が作った25万分の１地図には漢字とハングルが併記されている図幅がある。私はハングルが読めないので、これで「触」を探しだした。村という意味の古語だそうである。琉球王国にもあったらしい。そして壱岐では「触れ」とはお上からの命令であると理解されている。それにしても、倭国は魏使に対して壱岐島の軍事的性格を完全に隠すことに成功している、といえる。とにかく食料（穀物）が足りないとだけ記述されている。あるいはさらに疑い深く考えると、

中国側では知っていても、知っていることを公となる文書では隠したのかもしれない。

外交： 使節団の往来とは自国を隠す・相手を知るという情報戦（9章にでてくる泉堅二郎氏のはなし。この方は日本国大使の経験者である）であったわけである。そう考えると、伊都国でレクチャーを受けたことを魏使がそのまま記載せざるを得なかった部分、つまり、投馬国・邪馬壱国までの距離や人口は疑った方が良いかも知れない。筑紫平野の国（奴国）の人口2万戸に対して、投馬国5万戸、邪馬台国7万戸とある。これらの国については地形から判断できる、水田化可能な沖積地の面積に比べて人口がすこし多すぎるようである。

このとき多分魏使を騙し果せたが故に、また中国（元）の2回の軍事的試みの失敗（元寇）から、中国側は倭（日本）は奥深い国であるので侵攻できない、それより慰撫した方が良い、「之を懐くるに徳を以てするに若かず」と考える伝統的認識が生まれたのだろう（講談社倭国伝 p.352 明史）。中国側には、倭寇の民族構成は、7割が中国人という認識はあったにせよ、倭寇の暴虐を真面目に取り締まらない日本に対して、中国が日本を武力で攻撃することは一度もなかったのである（2回の元寇を除く）。元には風や海や山を熟知した参謀・軍師（古代の地理屋）がいなかったので無謀な攻撃をしかけ失敗した（我が国は助かった）のであろう。

一大国の名前を壱岐国に直しながら一大卒を壱岐卒にしないのはおかしい、というより、一大卒がそのままなら、一大国もそのままで良かったのである。だから一大国の倭名探求はこれで終わりとする。弥生時代の末期に、中国の職責官位（帥）を、倭国の官や名や国名にしているという事実だけは注目されることである。ただちょっと気になるのは一大が単純にイチダイがイッタイではないかという疑いで、伊都と一体かと思うと、これは一大事である（ダジャレ）。伊都国や邪馬壱国の意味にも関係しそうである。

伊都国・邪馬壱国（倭国）については次の章で、お互いに関連させながら地名の意味を考える。これらの地名は当時の国のあり方を探る非常に重要なポイントだからである。

第15章 邪馬壱国・伊都国の地名考

　邪馬壱国か邪馬台国か：　ここまで邪馬壱国という名称を使ってきたが、これは私が使っていたテキスト（岩波文庫版魏志倭人伝）が壹（壱）国となっているからである。実はこの地名は「邪馬壱国女王之所都」と一回しか登場せず、壱は卑弥呼の宗女「壱与」でも使われている。なおこの「宗」は一族というより、本家つまり（卑弥呼が都せし）邪馬壱国（本国）の女という意味だろう。

　台は「因誼台……」（倭人伝末尾部分）と使い分けられている（台は洛陽の政庁）。山勘を働かせれば、「壱」国の元の字は台国であったが、台は政庁（うてな）と紛らわしいので（あるいは台を中国以外で使わせたくないので）、写本の時誰かが「因誼台」の台を除いて、残りを壱に書き換えた、のではないだろうか。しかし私が理由無く勝手に変更することは許されないので、そのまま使うことにする。古田武彦氏は古くから壱国であると文献学的論拠を示して主張している。しかしその後の歴史書ではすべて「台国」が使われている。この字の誤写問題は文献学では解決できない問題であると理解している。イチかダイかは元の和語が何であったかの考察と合わせて解明するのがよい、と思っている。

　最初に私の結論を提示したい。元の字はやはり壱（呉音イチ漢音イツ）ではなく臺（台、呉音ダイ漢音タイ）だったのではないかと思っている。いずれにせよ、その字は和語の発音を写したものであるので、念のため両方について検討してみよう。

　まず邪馬は山であり、和語であることは間違いないであろう。その後の派生語に山鉾の略としてのヤマや壇尻が主に関西方面で使われ、関東では山車、屋台がある。鉱山もヤマという。ヤマを掘り当てた、とかヤマ感などの成語がある。

古代から続く測量術に「山当て」がある。海上の位置決めに漁師の人々が使ってきたが、陸上でも使われている。奈良盆地の纏向遺跡などは何重にも山あてで場所が選ばれており、海原族が立地に関与した可能性を示唆している（13章）。山分けは全員平等に分けることで、漁獲の代分(シロワケ)の方法をいう。海原族の伝統である。

　邪馬が和語であれば次の語「台」も和語であろう。タイは田居(タヰ)と解釈するのが最も素直である。「居ヰ」は神居(かむゐ)と同じである。この場合、邪馬台国は山田居国、つまり山に田のある国、棚田の国となる。高千穂を高地(たかち)の穂(いね)とすれば、九州山地で棚田のある国（集落）となる（図15-1）。また脊振山地にも棚田がある。観光で有名な上高地は、神か上（高い）の地であるが、気候条件から水田とすることはできないので、「高地」のままである（ホはない）。

　その他の可能性も検討してみよう。邪馬壱(イチ)国の場合、数字のイチ（壱、1）は中国語であり候補にならない。二語だとしてイ・チとする場合、チは地（呉音ジ漢音チ）ではないだろう。紛らわしいがツチ（土）は和語で、チ（地）は中国語と考えた。和語チの候補としては、千、父、乳、茅、道など、和語のイ（ヰ）については、威は中国語なので除外して、五、猪、藺(いぐさ)など。しかしどう組み合わせても適当な和語がない。

　「壱」でも「台」でも、もとは和語を漢字表記したものであるから、適当な和語があれば、逆に「壱」「台」論争に決着が付けられると考えたが、イチ・イツでは適当な和語がみつからなっかった。それではダイ・タイではほかに可能性があるだろうか。

　古い日本語にヒラがある。これは縦に細かいガリの入っていない、横に平滑な山の斜面を表す地形表現語である。我が家の裏山にシャクシピッラという地名があった。越後弁では関東地方や東海地方と違って、ヒとシを混同することはないので、百肢ではない。木製のシャクシのように浅くわずかにへこんだ形をした斜面(ヒラ)である。一般にこのようなヒラの基部には地下水がしみ出してくる。シャクシピッラには小さなタナ（田の水＝イケ）が作ってあった。稲を植えるような田ではなく、ヌルメ（温め）田であった。オタマジャクシの卵やトンボのヤゴがいるだけで、それ以外の用途はないようだった。

　ヒラにこのようなタナを上下に重ねて多段に作ると、棚田（田の水のタナ）

第 15 章　邪馬壱国・伊都国の地名考

になる（図 15-1）。ミネ（峰）田ともいう。耕して峰に至る、である。ヒラ（斜面）はもちろん焼き畑の適地であるが、後世これが条件さえ整えば、水田になった。田(た)のあるヒラである。平戸の対岸は田平(たびら)町（佐世保市）である。台地状の地形が谷で刻ま

図 15-1　高千穂の棚田　野上徳子氏撮影（1965 年 3 月）

れ、谷底や水が得られる斜面は水田になっている。もちろん台地上の平らな部分には水田はない。タヒ・ラではなく、タ・ヒラであることが分かる。漢字で表現したとき平（良）とならない例だろう。一方、東北地方では高くて平らなところを、タイという。最も有名な地名が八幡平(はちまんたい)である。田とは関係がない。

　ところがややこしいことに「台」が高くて平らの意味のときは中国語でもイではなくダイ（タイ）と発音される。しかし台は水田耕作には適さない地形である。日本ではちょっと大がかりな灌漑施設を作らないと台地は水田化できない。台地の普通の土地利用は畑である。だから「台」は漢字の意味とは関係なく、和語のタ・イ（ヒ）ラであると解釈しなければならないだろう。

　奄美大島に多い「平」姓は沖縄では「平良」姓となっている。このことから分かるように、タ・ヒラではなく、この場合は、タヒ・ラであることになる。ラは接尾語である。そしてタヒはタイに近く発音されたのだと推定できる。しかしタ・ヒラとタイ・ラは紛らわしい言葉であるので古代から混同されて使われたのではないだろうか。私の解釈では「壱」ではなく相当する和語の発音からいって「台」であり、邪馬台国である。そして地名の意味は邪馬（山）のヒラに田がある国であろう。もちろん人口七万戸の大国であるので、全部が山に住んでいたわけではなく、山に田があるという特徴を備えた国という意味であろう。

東鯷人（トウダイ）： 後漢書倭伝では倭の大王が邪馬台国に居ると勘違いしている。倭国＝邪馬台国という誤解は後漢書倭伝から始まっている。しかも、会稽の海外に東鯷人有り、分かれて二十余国と為る、と倭国の他に別の国（東鯷人の国）があるかのような記述がある（魏 p.59）。これは魏志倭人伝とは別のデータによる記述、つまり別の情報源で東鯷国の存在を知ったことを示している。これが同一の国であれば、鯷（呉音ダイ、漢音テイ）の発音が台と共通しているのは当然である。とすれば、「壱」イチではなく、やはり「台国」ダイの国があったという傍証になる。

「会稽海外有東鯷人（鯷音達奚反）分為二十余国又有夷州及澶州」（魏 p.123）。東鯷の鯷の意味は辞書によれば、ヒシコ、かたくちいわし、だというが、これは考えなくて良い。鯷の音だけが問題である。鯷の発音はイチやイツとはならない。夷州と澶州はそれぞれ台湾と済州島である。澶州（呉音ゼン・ダン漢音セン・タン）は船をひっくり返したような（船底型）形態をした古い火山島であり、雨水が溶岩に吸い込まれるので、谷はほとんど発達していない。もちろん台湾は済州島とは桁違いに大きな島で、南西諸島弧とフィリッピン弧が会合する位置にあり、日本の外帯山地（紀伊・四国・九州の山地）を上回る大起伏山地となっている。分水嶺は東に偏し、人口の多い平野は第三紀層が分布する西側だけである。

中国の南部（会稽）の発音である呉音にしたがって東鯷人とは東の台国、すなわち邪馬台国のことだと思う。理由は分からないが、ダイに鯷の音を当てたものと思われる。魏志倭人伝は倭人（九州）を北方から見た記述であるのに、これは西方（実は南西、9章参照）から東鯷人（南九州）を見た記述である。台（ダイ）と鯷（ダイ）の発音が一致していて国数が20余国と30国であるので、同じ地域を指していることは明らかである。しかも「倭」について別項で記事を書いているので、東鯷人が邪馬台国だとは気づいていない。それにもかかわらず、ダイ（タイ）という発音が共通している。私が邪馬壱国ではなく、邪馬台国だと思う根拠の1つはここにある。鯷＝台で、平（たひ）らの音をそれぞれ別の字に当てたと思っている。ただし本書ではテキスト通り壱の字を使用している。台は台地の台を意味するものではなく、高さに関係なく単に「タイ」という発音を表している。

第15章　邪馬壱国・伊都国の地名考

伊都国：　伊都国には王と一大卒（卒は帥、実戦部隊の兵卒は一大国）がいて、倭王：卑弥呼も居た。魏からの外交使者もここで用が足りている。つまり伊都国は倭国の首都国（特別区）である。倭国は倭の地の30ヶ国には数えられていない特別な国である。このことを基本として、伊都国の地名の起源を探ってみたい。

　伊都国という地名は、怡土という風土記に出てくる古い地名があることからみて、「イ」には台あるいは怡を、「都」に「土」を当てたいのは当然である。また怡土を糸に当てたこともあるらしく、糸島という地名となって残っている。しかし伊都国は倭語の地名を持った国であろう。漢字と漢音を用いた地名国名を自称するであろうか。漢字と漢音を用いた地名がふんだんに命名されるのは律令時代以後である。「糸」島はさらにそれを引くのでもっと後に生まれた地名であろう。

　魏志倭人伝の伊都が「怡土」（風土記）になり、また伊斗（記 p.152）から「糸」になり、またむかし帰りして「伊都」になるなど、後世の都合（ミヤコアワセとは読まないこと）で変わることがあるので、字面に迷わされないことが必要であろう。九州大学伊都キャンパスのように、魏志倭人伝の伊都（呉音でイツ、漢音でイト。文献で最も古い地名）が最も新しい地名になっているほどである。この中で伊都を別にすれば、怡土（呉音でイド漢音でイト）がもっとも古い（風 p.503）。そして風土記逸文怡土郡の項によれば、事情はちょっと複雑である。

　昔、行幸中の天皇（仲哀）を出迎えてくれた五十跡手が自己紹介していうには、「高麗の国の意呂山に、天より降り来し日桙（ボコ、鉾）の裔、五十跡手是なり」。天皇は五十跡手を「恪し」（良くいそしんでくれた）と誉め、その国の名前を恪勤とせよ、と言った。ただし今、怡土というのはそれが訛ったものである。以上は筑前の国の風土記にある話しである。そして、五十跡手は怡土の県主等の祖であるとしている。

　魏志倭人伝のころには伊都（呉音でイツ、漢音でイト）国が存在したが（その後の衰亡は不明）、その後数百年経過して、筑前国風土記のころには怡土（漢音でイト）の郡があった、と理解している。怡土（風土記）＝伊都（魏志倭人伝）、つまり継続して同じ国であるとすると、話しはややこしくなる。つまり北九州（伊都国及び関係国）から東へ（大和へ）移住した集団のルーツは朝鮮半島系だっ

たのであろうか。私は奈良盆地の初期政権に海原族の気配を感じるので、そうではない、と思っている。風土記の怡土郡は魏志倭人伝の伊都国と全く関係がなく、場所も異なると私は考えている。前に述べたように末廬＝松浦、伊都＝怡土＝糸（島）とする従来説とは異なることはすでに述べたとおりである。

内陸で建国された奈良盆地の王権（その後朝廷）が瀬戸内海を始め各地の海原族の支持をうけていたことを加案すれば、南九州→北九州→ヤマト、という、古事記に書かれている東遷（移住）ルートがもっとも自然である。つまり、渡来系の怡土と海原族の伊都は無関係な地名である。関係あるとしても伊都が滅んだ（滅ぼされた）後になって、呉音読みでなく漢音読みで伊都を怡土に写した名前の国（縣）が生まれた、としか考えられない。

伊都に相当する和語については後述するが、怡土には「糸」が相当する。伊都国の所在地が風土記の怡土、現在の糸（島）に引っ張られて、この地に想定された理由はここにあった。自明のこととして検討もせず、末廬・伊都をそれぞれ松浦・怡土にしてしまったので、その後の国の配置や方位・距離に矛盾が生じているのである。魏志倭人伝の伊都（呉音イツ）は、後の伊斗、怡土、糸とはすべて関係がない。ここから考え直さなければならなかったのである。

もう一度繰り返すと、mountainをヤマというような和語を話す倭人が、イトと漢音で発音される怡土国を自称するわけはない。もともと糸（和語）一字だったのに、後世になって、２字にしなければならないので（伊糸などは発音しにくいので）、怡土に変えた、というのなら、これはこれで理解できる話である。

あるいは風土記の記事から察するに和語の地名を付けない・使わないあるいは和語さえ話さない人たちが「怡土」という地名を付け、自称したのかも知れない。この文脈では伊都国の王、一大卒、卑弥呼も和語を話していなかったことになる。私はこれはやはり考えすぎで、伊都にはその音に相当する和語があった、と信じている。

倭の５国＝伊都国： 魏志倭人伝の和語の地名はほとんどが呉音で漢字化されているので、ここでもそれを採用すると、イツを伊都と漢字化したと考えるのが自然である。イを和語の５（ヒ、フ、ミ、ヨ、イのイ）とするとイツ国、

第15章 邪馬壱国・伊都国の地名考

すなわち五国という名前の国はどうであろうか。

五国は末廬・奴・不弥・投馬・邪馬台からなる。これら五国の共同のいわば首都（特別区）が伊都国である。ちょうどワシントンDC、ブラジリア、デリー首都圏のように。そしてこれら地方の5国には王はおらず、王がいるのは5国の首都の伊都国である。伊都国の王は、何事も平和を大切にする倭国が、狗邪韓国を守らないのであれば、その島を伊都国で買ってもよい、と言ったといわれている（ウソ）。

治安軍の実働部隊がいるのが一大国という特別な国（おそらく伊都国の直轄国）である。このような地方国と集権国という構成に対して、どのような政治体制があり得るのだろうか。歴史家でないので理解できないが、末廬国には役人はいないようであり、他の4つの国にはすべて役人だけが置かれている。狗邪韓国には役人の記載もない。倭人は住んでいるが国の形態をなしていないのであろう。

5国の政治経済的関係は次のように理解される。末廬国は国となっているが、伊都国の直轄地であり、狗邪韓国もおなじであろう。伊都国は港湾海洋国家で渡海用の大型船と航海技術を持ち、一大国・対海国のほか朝鮮半島にも拠点があり、さらに九州の旁国（20ヶ国）とだけでなく日本海の沿岸、南西諸島の各地と交易をしていたと思われる。不弥国は後述するが川港の国で、河川と沿岸の海運を担っていたかもしれない。使っていた船は艪による和船であろう。奴国は2世紀初頭には大陸と外交するほどの国であったが、対中国外交権は倭国に譲り、首都に隣接する農業大国となっていたと思われる。2万戸という人口から判断して狭義の筑紫平野と筑後平野の一部（p.56参照）も支配に入れていたと思われる。

投馬国は九州島の最南部を占めるが、大規模な河川デルタはなく、水田化が可能な地も広くはない。自給自足的な経済圏ではあったが、鉱産物（金など）もあり、さらに南方のルートからつまりサンゴ礁の国から貝や珍しい物品を手に入れることができ、交易品とすることのできる位置にある。大隅半島の方にまで投馬国の勢力は及んでいないかも知れない。伊都国の国王や卑弥呼を送り出した邪馬壱国は別格である。

なお伊都国では女王卑弥呼は養蚕・製糸・織物をやっていたようである。人

口千戸の伊都国に女王の侍女1000人は経済原則に反している。アマテラスも織物場(ハタバ)を持っていたようである。数百人の女工さんの居る工場と考えれば相当なものである。絹織物を倭の他国や中国に輸出し、米・食料などを市場で調達していたのであろう。

　伊都国は倭の五国(いつくに)という名前の首都国だ、という上記の案の他に適当な解釈はないだろうか。考えてみるに、現在標準語ではイとヰは全く区別できなくっているが、古代でも同じように聞き取りにくかったのかも知れない。倭を伊と混同すると、語源に帰り、伊都国は葦(ヰ)の国ということになる。倭は中国側が九州側を呼ぶ伝統的な名称であるが（途中でワとなる）、魏使はその倭(ヰ)国と、当時の「イツ国」が同一（継続）がどうかわからなかったので、また助詞（ツ）が中国語にない用語であるので、伊都(いつ)国としたのかも知れない。

　さらにその後のことになるが、筑紫のチクは竹、シは瑟で、竹瑟（管・弦）という上品な名前の地名があることから、伊都国（魏志）はやはり糸国で、竹斯国（随書倭国）の斯(し)が糸であり、竹糸国、佳字に代えて筑紫国となったとも考えられる。

　もう1つの可能性を考えた。伊都の「伊」を北九州の当時の方言で意味のない接頭語として、「都」を港の津としてみた。つまり伊都国は港国ということになる。末廬国も港のある浦の国（海岸国）、不弥国は板舟の国、投馬と邪馬壱は船で行く国ということになり、奴国だけが、水田国・農業国ということになる。このあたりの推理は楽しくて仕方ないが、たぶん全部外れの可能性も大きい。

第16章　倭国という呼称

倭国：　邪馬壱（台）国と奈良県の大和は倭人伝のころには全く関係がない。中国で、倭という字は普通ヰと発音され、ワと発音され「やまと」になるのは後のことであろう。魏志倭人伝には「倭」はもちろん出てくるが「ヤマト」に当たる地名は全くない。長い中断を経て、大和朝廷が大陸と接触するようになると、大陸側が島国側（つまり大和）を従来通り「倭」と呼ぶので、倭ではないヤマトだと説明した様子が目に浮かぶ。そして歴史は変えられないから、倭（発音はワとして）は大和だと翻訳しようということで、中国側が妥協したのだろう。

魏志倭人伝の書き出しは、倭国ではなく倭人である。倭人は広く分布しており、倭種の国＝倭国ではないとの認識であろう。国ができていないところにも「倭人」「倭種」はいる。

魏志倭人伝より古い時代（AD57）から認識されていた、他称・自称の倭（委）という地名はどんな意味を持っているであろうか。倭には新辞源（辞書）によれば、3つの意味があり、1）ヰ（偶然だが魏も同じ発音、井戸のヰ、weiと発音されるときは）従順な、まわり遠い、2）髪の一種、3）ワと発音されるときは、やまと、中国でいう日本とある。つまり倭は地名に使うときのみ、例外的にワと発音され、その他の場合はヰである。ワ（オ）という発音の時は意味は「やまと」であるが、後に「倭人の寇」が発生するようになると日本人の侮称となった。しかし魏志倭人伝の記載を見る限り、この時代には倭を侮称としてはいない。外国との交渉や国の正史で戦争しているわけではない相手を侮称で呼ぶことはあり得ない。

日本人が中国の歴史に登場するのは、西暦紀元前後であるという（魏 p.18）。そのときはいきなり倭人として登場している。国として認められていなかった

ようであるが、外交（朝見）は行っていた。「楽浪の海中倭人あり、別れて百余国となる」。前漢書地理誌・燕地の条は魏志倭人伝にも引用されている有名な記述である（魏 p.39）。「漢委奴国王」という金印も有名である（AD57年）。このとき初めて、委（ヰ）の奴国（水田国）が国名として現れる。ところが魏志倭人伝のころは奴国は王のいない国となっており、この間に、奴国は独立して外交を行うような国ではなくなっている（奴国を同一地域の継続政権としての話）。海原族との戦いに敗れ、邪馬壱国の出先国でもある伊都国の傘下に入ったのであろう。このように長い歴史を持つ「倭」（ヰ、ワ）であるが何を意味する和語の漢字当てなのか分かっていないようである。

ヰグサの国： 古事記では、葦原 中国（あしはらのなかつ）（記 p.29、63、70、72、73）、豊葦原（記 p.62）などと、やたらに、葦（ヰ）にこだわっている。倭はヰ（井戸のヰ、現代中国語で wei、魏とおなじ）と発音され、発音と平仄が倭と同じ和語の藺草（ヰぐさ）ではないか、と考えている。これは編んで敷物にしたり灯火の心に用いるものである。八代平野や岡山平野が名産地となっている。大嘗祭（おおにえのまつり）に用いられる衾はこれではないだろうか。

また葦（あし）（ヨシ）（図16-1）も同じである。ただしイグサより荒いので、敷物にはならず、囲いや土壁の心、屋根材などに用いられる。これにカマ（ガマ）（図16-2）を加えれば、水田の原風景を作る禾本科の植物群となる。古事記で

図16-1　葭原　　　　　　　　　　　図16-2　蒲とその穂

はしつこいくらいに、葦原中津国（の水穂の国）にこだわっている。これらの草は編むとき必ず緯（横、緯度の緯）になる。

　カマはその穂子の形に特徴があり、その形を模して、銅鉾ができた。カマすだれ、カマス（穀物を入れるもの）、串刺しが原型の蒲鉾、イタカマボコ、笹カマボコ、きりたんぽ、などである。つまり今はまだアシ（ヨシ）の国だがすぐに水穂の国になる、という意味で、自分たちの国を大陸の人に鉾のあるヰ（葦）の国と説明したが、倭と記録されてしまった（平仄は合っている）。このように倭国は自他共に認める国名であった。もう一度繰り返すと、その後自分たちはヰではないワだと主張する世代（日いずる国の小野妹子か）が現れたために、倭という字にワという発音と「やまと」という語義が付け加わったのだ、と思われる。また倭人が長い間おとなしかったので、朝鮮半島や中国では和人と呼ぶようになった。しかし、和人の海賊が現れたので、昔に返って倭寇とした。和寇（おとなしい盗賊）では言葉の矛盾だからである。このようにワかヰか言い合うさまをワイワイというのである。話はだいぶ脱線してしまったが、いいたいことは、魏志倭人伝の時代に中国では倭国はヰ国、倭人はヰニンと発音されていたはずだ、ということである。

中国からみた倭ヰ・倭ワ・日本：　中国から倭―日本はどう呼ばれていたのか、見てみよう。以下の記述は藤堂明保・竹田晃・影山照国（2010）『倭国伝』講談社、525p.からの抜き書きである。詳しくは同書を参照してほしい。

- 魏志倭人伝：著者：陳寿（233〜297）裴松之（372〜451）補注　倭および邪馬壱国
- 後漢書（5世紀）：　倭または東鯷人（前出）
- 宋書：著者：徐爰（394〜475）沈約（441〜512）修訂　倭国。
- 随書：著者：魏徴（580〜640）倭国

　随書の記事は謎だらけである。「邪靡（摩）堆に都す」この記事だけだと、倭（九州）による大和への遷都が終わっていることになる。続けて「魏志に謂う邪馬台である」とある。私の解釈では邪馬壱国は南九州にあった卑弥呼の故郷に過ぎないので、倭国が「邪摩堆」に「都す」ことはない。つまり、邪摩堆が九州の邪馬台国なら、そんなところに都（倭の中心都市）はなかったし、大和なら

魏志に謂う邪馬台（壱）ではない。想像するに、この著者は邪馬台国＝倭国ととらえ、大和が北九州かその近くにあると勘違いしているようである。日本国のルーツが邪馬台国であるという思い込み（邪馬台国論争）は随書の記事に始まったようである。

「邪摩惟」の惟は呉音ユイ漢音ヰであり、臺の発音も壹の発音もイであり、それを訛るとしたら、当時の中国にもイとヰを訛る人がいたことになり、私はうれしい。なぜなら越後人はイとヰの区別ができていたのに、標準語とやらでイに統一されたという歴史があるからである。私はと言えば、東京からきた中学校国語の先生による、イとヰそれにエが絡む漢字の読み試験を毎週受けたので、イとエの区別だけになった標準語を外国語のように覚えた。この先生には感謝している（?）。

隋使の行程の謎： 600年、607年に大和朝廷が使者を派遣したときでも、倭からの使者と呼ばれてしまっている（魏 p.72, 96, 99）。「日出る処の天子が、書を日没する処の天子に致す」と対等外交を求めたのに対して、隋の皇帝は不快感を示したが、翌608年、返使を「倭」に送っている。隋使裵世清の行路は、長安（西安）―百済―竹島（たぶん珍島）―聃羅国（済州島）のはるか北―都斯麻（対馬）となっている。ここまでは問題ない。次の一支（壱岐）島への航海を東としている。これはSEである。次に竹斯国に行く。竹斯国は竹島（独島）ではない。漂流してしまったのでなければ回り道過ぎる。竹斯は北九州の筑紫（たぶん楽器の管の竹と弦の瑟）であろう。しかしここは目的地倭国ではない。そして東にいって秦王国に着く。その住民は華夏に同じ（魏 p.100）としている。秦から亡命渡来した秦氏が王国を造っていたかどうかはわからないが、中国の中原の人（最も漢民族らしい漢民族）がいるのに隋使は驚いたようである。ボリビアアンデスの田舎町で日本人から日本語で話しかけられたときの思いを共有できる。しかも隋使にとって、それが国と呼べるほどのものであったので、記事にしたのであろう。

秦王国はどこにあったのか。①案はこれを筑紫（太宰府付近）の東にある遠賀川中流域香春の付近とする。ここは鉱山・冶金・金属加工の工業地帯で渡来人技術者が大勢いたと思われる。東の十余国の先の目的地は宇佐であろう。宇

佐の先は海岸である（海に達する）。行橋・中津の平野に十余の村（国）があってもおかしくない。②案は秦国を岡山平野など瀬戸内海のどこかとする。日本海航路だと上陸してから陸行が必要であるが、言及がないのでこの行路ではないと判断した。そして（瀬戸内海の）十余国を経て海岸に達する。

②案の場合、この最後の記述はちょっと変である。瀬戸内海の航路は海岸をみながらの航海であるのに、地名を特定しないで「達於海岸」は言語の感覚として何となくおかしい。陸から海岸に達するときは、〜の海岸と海の地名を特定しないでも良いが、海から海岸に達するときは、〜の海岸と陸地の地名を付けるのが普通ではないだろうか。隋使の目的地が大和でなく宇佐だったかも知れない、など意外な可能性に気づいて驚いている。

随書には流求国の記事がある。倭国の使者は流求国を夷邪久国と呼んだという記事がある（野上注：屋久島のこと）。語頭にイ（伊または夷）を付けるのは今でも残る北九州佐賀の方言である。

・旧唐書：著者：劉昫（887〜946）　倭国は古の倭の奴国なり。王の姓は阿毎（アマ）。この条の他に日本の条が別にある。どうして併記されているのかわからない。神話のアマ・テラスから皇室は一系だけとすると、奴国や倭国と呼ばれていたときもあり、アマという名前（姓）の王朝が何時の時代か、（次の項の日本以外の）倭地にあったことになる。

日本：　日本国は、倭国の別種なり。其の国、日の辺に在るを以って、故に日本を以って名をなす。或いは曰わく、「倭国自ら其の名の雅やかなるを悪み、改めて日本となす」と。或いは云う「<u>日本、旧くは小国なれども、倭国の地を併せたり、日本旧小国、併倭国之地</u>」と。日本からの使者は大げさに言っているとして信用してもらえなかった。「其の国境は東西南北各数千里にして、西界・南界はみな大海。東界・北界は大山ありて限りをなす。山外は毛人の国なり」と。大山を中央高地（飛騨山脈・赤石山脈）とするとこの記述は正しい。つまり日本国は近畿地方に首都があったことが分かる。

これだけ明確に書かれていることから察するに、中国側から見て情報提供者である遣隋使・遣唐使は、古代の倭国が九州に存在したことを全く隠してはなかったようである。むしろその後の歴史家の方がこれを隠そうとしているの

がどうも不思議である。
・新唐書：著者：宋祁（998～1061）　日本は、古の倭の奴なり。京師（長安）を去ること万四千里（実測1080km）。其の王の姓は阿毎氏、自ら言う、初王は天御中主（あめのなかぬし）と号し、彦ナギサに至るまでおよそ32世、皆「尊」を以って号となし、筑紫城に居す。彦ナギサ（天津日高日子波限鵜葺草不合尊、フキアエズ）の子、神武立ち、改めて天皇を以って号となし、治を大和州に徙す、とある。以後天皇の名を挙げ、最後に皇極。** 中略 **、天武死して、持統立つ、とこまでの皇統の名が列挙される。この記事では、古の倭はすでになく、さらに倭が筑紫から大和へ東遷した、と明記している。そして魏志倭人伝では「乱」の話しはあっても、東遷の話しは全くない。つまり、卑弥呼より後に東遷が行われたことになる。要するに遣唐使は北九州から大和への、いわゆる神武東征を日本歴史として中国側に語っていたことがわかる。

　倭（ヰ）と倭（ワ）の統合：　注目すべきは以下の記述である。「後稍習夏音、悪倭名、更号日本。使者自言、国近日所出、以為名。或云日本乃小国、為倭所幷。故冒其号。使者不以情、故疑焉」（講談社倭国伝、p.480）。日本語訳（同、p.272）では以下のとおり。その後（日本人は）、しだいに中国語に習熟し、倭という呼び名をきらって、日本と改号した。使者がみずから言うに、「わが国は太陽の出る所に近いから、それで国名としたのだ」と。また、こういう説明もした。「日本は小国だったので、倭に併合され、それで倭が日本という国名を奪ったのだ」、と。さらに続けると、使者が真相を語らないのでこの日本という国号の由来は疑わしい、と。さきの旧唐書では遣唐使が、倭国を併合したと、言っている。しかしこの新唐書では、倭に併合された（受け身）になっている。どちらの書でも事実を隠していると信用されていないことが述べられている。
　中国正史のこの部分は、遣唐使の言い分を記録したものであるから、大和が大国の倭のイワレビコ（神武天皇）によって併合されたという歴史観が、隠されることなく当時（11世紀）流通していたことを示す記録である。（神武かどうかは別として）北九州（筑紫城と明記）からの東征があったという遣唐使の発言が中国の正史に記録されたわけである。もちろん古事記では、倭のイワレビコが東征したことになっている（記 p.88）。

第 16 章　倭国という呼称

　外国（中国）からみると九州の倭国と大和の政権には継続性があるので、彼らから見た国名（文字）を変えようとはしなかった。そして、倭という文字にワという発音を付け加え、この音の時は倭は大和を意味するとした。しかし、大和政権は、それでも紛らわしいと感じ、日本という国名を新設し、それを説明しているのが上の遣唐使の言い分を記録した文章である。国名を途中で変えるなど、前代未聞のことであるので、説明を求められた、のであろう。この経緯から分かるのは、当時（遣唐使の頃）、「大和と倭が併合したという歴史」が、現在の日本とは違って、普通に認識されていたことを示している。

　この併合では、倭が大和を、大和が倭を、の二通りの言い分（解釈）があることは上記の通りである。弥生時代から大陸側と交流のあったのは北九州の倭である。倭は海洋国である。瀬戸内海や山陰沿岸に同族（海原族）がいればその助けを借りて、容易に海路近畿方面に向け移動することができる。しかし内陸国の大和では船は不要であり、航海技術者はいなかったろう。また仮に海路としても、各地の海原族の抵抗を受けるので、港に寄ることもできないに違いない。一方、陸路の移動では当然のことながら、兵站（ロジステックス）が追いつかないだろう。つまり朝廷が九州を平定したという神話は、政権が九州にあったときの話しであり、すくなくとも景行天皇・ヤマトタケルの説話は完全にこの範疇に入る。最高権力者（天皇）が長期にわたり、大和から遠隔の地九州で転戦を続けることなどあり得ない。

　しかし、その経緯についての遣唐使の説明は中国側から納得して貰えるものでは無かった。この事情を明らかにすることが古代史の重要なポイントであろう。なぜなら、大和政権が後の日本国に直接連なるからである。日本国の起源を現在でもあいまいにしておくために、真の愛国心がねじ曲げられ、社会でいたずらなエネルギーが浪費されている。なぜ大和政権のルーツが北九州にあったことを隠そうとするのか、古代史最大の謎と言わざるを得ない。また学問的には解けているはずのこの謎を現代でも解こうとしないのはさらに謎である。

　邪馬台国近畿説は古事記・日本書紀の記述に反し、魏志倭人伝・新旧の唐書の記述にも合致していない。「邪馬台国は奈良盆地」という金石的遺物が存在しない以上、これらの文献の記述を否定することはできないはずである。

　地名の成立という見地から考えるに、北九州からの多数の移民によって、北

九州の地名が大和あるいは畿内にコピーされたのであり（長谷川修、1974）、大和政権の九州攻略によって、大和盆地の地名が北九州にコピーされることはあり得ない。そこで生活する地元農民・漁民にとっては山や川やその他の地名は生活に深く関わっており、外来権力が上から目線で地名を押しつけても、定着するはずがないからである。米軍占領下の沖縄、そこを訪れて調査し書かれた地質学などの文献には英語地名が登場する。しかしいまは痕跡もない。地名とはそういうものである。

　中国の正史によって、倭国による大和併合を事実として、話しを進めると、古事記のイワレビコ（神武天皇）の東征と魏志倭人伝の卑弥呼の時代の前後関係がつぎの問題となる。すでに述べたように、神武東征の神話の前半は、北九州統一のことであり（倭国の成立）、後半はそれ以後の誰かの東遷・東征（大和併合）を伝えているのだろう。北九州の統一なくして、東征（大和併合）はあり得ない。卑弥呼は魏志倭人伝を読めばすぐに分かるように、北九州の統一がなった後の女王である。倭は9国からなり、20の友好国、1つの敵対国をもつ統一国家になっていたのである。したがって、北九州統一（神武神話の前半）→卑弥呼の時代→大和併合（神武でない誰かの東征・東遷）という歴史の流れとなる。多分これは古代史の専門家の常識であろうが、歴史の素人でもたどり着けたという一例としてほしい。

第17章　旁国（20ヶ国）はどこか

　女王国（ここでは邪馬壱国）より以北、その戸数・道里は得て略記すべきも、その余の旁国（友好国）は遠絶にして得て詳らかにすべからず（魏 p.41）とあり、21 の国名だけが記載されている。その最後の国については、「次に奴国あり。これ女王の境界の尽くる所なり」となっており、特に断り書きはないが「奴国」はすでに出てきている奴国のことである。だから、これら 20 の国は南の邪馬壱国（卑弥呼の故郷）から北九州の奴国までの間に、順序よく並んでいると考えた。原本では、次……次……と順序があるとして記述しているからである。旁国（友好国）のそれぞれに王がいるのかどうか記載はない。この 20 ヶ国については、「今、使訳通づる所三十国」（魏 p.39）とある以上、倭国 9 ヶ国（＋狗奴国）に加えて名を挙げないわけにはいかないという事情があろう。しかし国名がある以上、それがどこにあったのか検討したくなる。

　対海国・一大国・奴国・不弥国・投馬国・邪馬壱国には役人がいるだけで王はいない。邪馬壱国は女王卑弥呼がいたが伊都国に移り住んだので王はいなくなり、役人だけが残ったのであろう。伊都国は王がいてさらに、倭国の女王が住んでいる倭国の首都でもある。狗邪韓国・末廬国には役人もいないので、直轄地だったのかもしれない。

　旁国の国名のうち、同じ字が繰り返し使われているのは、「奴」と「蘇」である。これについては前に述べたように、「奴」国のヌは、入るとヌ（濡）れる水田、沼の田、冬でも水を落とせない湿田、という意味の和語であろう。水田では栽培期間以外は乾田にすると雑草の繁茂を防げる。「蘇」は火山地形のすそ野のように出入り（谷）がない山麓を意味する和語、また 2 回使われている邪馬も和語の山（山間）で良いだろう。

以下に魏志倭人伝の列挙の順序どおり旁国の名と対比地を示す。ほぼ南から北の順序で並んでいる（図 17-3）。この時代には空間を埋め尽くす国の国境という概念がない、と思われ、データもないので、国の範囲はかなり適当である。ただ、〜奴国は平野の水田国であるので山地を含めなかった。また海岸沿いの国は沿岸だけを表示し、背後の山地は含めなかった。そのため、どの国にも属さない山地が広い面積を占めている。

・1　斯馬国（シマ）　シマ（島）と読んだ。固有の固有名詞の付いていない「島」だけの地名ということで、上島・下島（熊本県）をあてた。天草諸島の国境には地形的必然性がないので、国争いの種になりそうな所である。現在の県境は16世紀末に固定されたものである。今でも真珠貝の養殖がおこなわれている。倭国から中国への献上品の真珠はこの島産かもしれない。なおこのシマという地名は三重県の志摩にコピーされた。ただしこちらは島ではない。地名対比の根拠は薄弱である。邪馬壱国より北（変則方位系）にあって、国をなすほどの大きな島はこれしかない、という程度の根拠である。

・2　巳百支国（イホキ）　巳百（呉音でヒャク漢音ハク）支。巳ではなく已、己（呉音コ漢音キ）かもしれない。一応、イホキ（五百岐）と読んでみたが読み方からして全く理解できていない。順序から斯馬の隣ということで、不知火海北岸の宇土半島から八代平野のあたりの国に当てた。この平野はほとんど低平な海岸平野であるが、山麓や自然堤防の上に集落が立地していたと思われる。想定される中心都市は氷川の出口である宮原栄久か、湾奥の松橋駅から宇土駅（鹿児島本線）付近であろう。宇土半島はかって島であったが、完新世のある時期にトンボロで陸繋島となった。ここは阿蘇山外輪の縁から40kmほどしか離れておらず、阿蘇の熔結凝灰岩に覆われている。柱状節理の発達したこの凝灰岩は石材として用いられている。松橋駅の近くの髙良から波多浦駅（三角線）まで、不知火海に面する海岸は地質構造を反映して、谷と岬が交互に繰り返し並んでいる。その数は20を越える。これを沢山の御崎（岐）がある、と表現したのではないだろうか。かなり強引な古事つけであることは十分自覚している。

・3　伊邪国（イヤ）　邪の発音はヤまたはジャ（呉）・シャ（漢）。ヤは高いところの意味で、ヤ根、ヤ間＝山などの用例がある。5つのヤ国（村）だから、五家庄（熊本県八代市泉村）であろう。これは総称で椎原、仁田尾、樅木、葉木、久連子

第17章 旁国（20ヶ国）はどこか　　　237

の5つの集落が残っている。椎葉・五ヶ瀬・高千穂などと同じ性格で、典型的な山地焼き畑、棚田集落である。平家の落人伝説や久連子(クレコ)古代踊り、五木の子守唄が古の雰囲気を残している。ここには久連子鶏という黒い尾の鶏が飼われており、この尾羽根を頭に飾り、黒または赤い裳（つまり平家の色）を付けて踊るのが久連子古代踊りである。この黒鶏は魏志倭人伝（p.47）に記述がある。突然変異か何かで生まれた特産の黒鶏が伊都国でも飼われており、魏志はそれを記録に残したのだろう。地名については、むかしの伊勢から山の地域が分離され、そこの新しい地名として伊賀（風 p.431）が与えられた。このとき、伊邪がおめでたい字に変えられて、伊賀にコピーされたのだと思われる。

・4　郡(ク)(都ッ)支(シ)国　呉音で郡はグン都はツ、支はシ。クシと読んだ。北から高千穂・五ヶ瀬・北郷・椎葉・諸塚・米良の庄などの山岳集落を束ねる国があったと考えて、これにあてた。各集落は孤立しているのではなく、九州山地の分水嶺で連結している。南に国見岳（1739m）を経て湯山峠で西に降れば人吉盆地、東に降れば米良の庄から西都方面である。また北に阿蘇の外輪山を廻れば日田や八女は意外に近い。尾根道が主要な交通路だったころは、ここは僻地ではなくむしろ交通の要所であったろう。その後尾根道が廃れたにも関わらず、東側の海岸に出る良い道路が作られなかったので、現在では五ヶ瀬や高千穂の人たちは宮崎に出るよりは熊本に出る方が便利になっている。

　なお風土記逸文、韓の穂生の村の記事で、韓から持ってきて植えたという木穂子（クシではなくクリとされている）の話しがある（風 p.534）。栗なら記事になることはないありふれた温帯二次林の植生であるので、注記では否定されているが、栗ではなく社寺になどに多く植えられているムクロジのことではないだろうか（図17-1）。この黒い堅い実は羽根を付けて羽根つきの玉として用いられる。穴を開けて紐を通せば、飾り輪（首輪・腕輪・数珠(じゅづ)）ができる。ムクロジの実は考古遺物として出土しているに違いない。

　高千穂のくじふる嶺（たけ、風 p.75）の「くじ」はこの黒い実ではないだろうか。ついでに瓊（ヌばたまのヌ）はヒオウギの種子とされているが、やはりムクロジの堅果ではないか。「瓊音ももゆらに、天の真名井に振り濯ぎて、さ噛みに噛みて、吹きつる息吹」（記 p.37）とは、ムクロジの果皮は水で揉むと泡立ちがよいので、それを噛んでお互いにシャボン玉を作って見せ合ったの

図17-1　ムクロジの実

ではないか。

かいくり・かいぐりなら（櫂繰りで）魚の目、からくり・からくりなら鶏の目だろうが、この目は黒い実で、昔はこどもの遊びや首飾りに使われていたのではないだろうか。私の亡き父が弓を使って山の神（コノハナサクヤ姫）のお祭りをするときの呪文「てっちょうくり、からっくり、烏（カラス）の目だまにすととんのとん」。これって何なんでしょうか。日本の神話を高度に抽象的な奥深い宗教性があるかのように解釈するのは、戦前の神話歴史教育の名残であろう。私は神代をもっと素朴で人間性あふれる時代だったと思って神話を読んでいる。

・5　弥奴国　一ツ瀬川と五ヶ瀬川の間の川が耳川である。ここを中心に都農川・小丸川の河口部（日向市）一帯にあった水田国だと思われる。弥や耳は3のことであろう。それともこれからの川は堆積物による埋め立てが進んでいないために、今でもへこんだ河口を持っている。このことに由来しているのかもしれない。地名対比の根拠は薄い。国名のミヌは美濃に写し取られたらしい。要するにみやこから見て遠国のイメージである。

・6　好古都国　1つ2つ3つ……と数えて9がココ、都は港、すなわち9つの津、あるいはコが9、古都がコッ（ヘコミ）で9つの湾という意味かも知れない。日向市の湾（五ヶ瀬川河口）から佐伯湾まで数えれば、9つの湾があるとも見える。この国を五ヶ瀬川河口の延岡市付近から佐伯市付近にあったと対比した。日向国の中心は昔からここではなく、その後の国府も、国分寺もそれぞれ西都市寺崎・三宅（邪馬壱国）である。五瀬川の上流には五ヶ瀬と高千穂という有名な山地棚田集落が今でも残っているが、海岸のこことそれらの集落とは別の国になっている。峡谷は交通を阻害するので国境になりやすい。五ヶ瀬と高千穂などは西都を入り口としていたらしい。

・7　不呼国　フコのコは古代語で「なまこ」（海の子）のことだという。そして古事記では乱暴な話だがなまこが口をきかないので、切り開いてやったとある（記 p.76）。2つの島がくっついたような、あるいは切り開かれて2つになっ

第17章 旁国（20ヶ国）はどこか

たような形をした大入島を2つのなまこに見立てたとすれば、これは佐伯港付近の話になる。しかしここではこの古事つけは避けて、不（フ）は2（和語）であり、呼（漢音コ、呉音ク）は大きな凹み（コツ、あるいはホツ）で湾のこととし、臼杵湾と津久見湾にあてる。湾の奥には九州島東海岸では宮崎平野に次いで沖積平野が広い佐伯平野がある。

　ここは九州山地が北東の海に没するところであり、半島や湾が多いリアス式の海岸線となっている。海女（海士）の働き場所である。津久見湾の入り口には保戸島（179m）と無垢島（テレビドラマの舞台）があり、勿論この無垢（島）は真来向くの意味で、津久見の港―無垢島（142m）―八幡浜港（愛媛）が一直線上に並んでいる（距離67km）。風土記の時代に豊後と伊豫の間の舟運があったことを示す地名となっている。魏志倭人伝（p.50）「女王国の東、海を渡る千余里、また国あり、皆倭種なり」、ここで変則方位系の東はNEであるので、この記述は恐ろしいほど正確である。もしこの対比が正しいとすると、不呼国（他の旁国も）は旁国ながら女王国の一部とされることもある、という傍証となる。

　なおこの保戸島にちなんで、郷の名前は穂門（風 p.367）、この発音はホト（陰門と同じ音）、アイヌ語ではコッ（ト）である。コ・ホトとギは合わせておめでたいこと。この言葉に通ずる「臼（うす）」と「杵（きね）」（合わせて音ではキュウショ：急所）は米作には切っても切れない関係にある精米道具であり、やはり性的な意味がある。臼杵の地名で臼の方は女性。女性の一般名称は姐で隣国の国名にもなっている。技芸の女性である芸者さんのことを、発音も平仄も同じ「者」を姐（しゃ）、すなわち「おねえさん」とよぶのである（ホント？）。

　なお男にあたる杵はものを突き固める道具の方で、よいショ（しょ）どこいショ、わっショわっショなどと用いる。なお御神輿を左右に振り、上下させるさまは荒海にもまれる船のさまを象徴させたものであろう。リアス式海岸の海を航海中に嵐に遭うのは極めて危険である。自分の男を萎えさせるなよ同志のものども、というかけ声が「わっしょわっしょ」となり、デモ隊が警官の隊列の前で同じように叫ぶのも同根である（ホント？）。

　臼が登場する昔話と言えば猿蟹合戦である。ここに出てくる猿は収穫物を狙い、蟹は棚田の畦に穴を開け大切な水を失わせてしまう。栗は焼き畑の収穫物

で、畑仕事でハチに刺される。ウスは精米に使われる。猿が昆布で足を滑らせる話しは海原族が同時に棚田の農民であることを示している（ホント？）。

　津久見には石灰岩鉱山があり、スズの産地だったと思われる。スズは銅に混ぜて融点の低い合金を作る主要な金属である。錫は音読みであるが、青銅器製造技術とともに入っているはずの古い言葉（中国語）であるので、当時すでに「すず」でなくシャと発音されていた可能性もある。原石はSnO_2。また字は異なるが砂は呉音でシャであるので、砂の水田国かもしれない。扇状地末端の湧き水による水田は砂田になることがある。最後の２つは何となく語呂合わせの感が否めず、ここでは採用しないことにする。

- 8　姐奴国（シャヌ）　姐（呉音シャ）　豊後国海部郡の海岸の水田国であろうと推定した。大分平野東部には海原族が多く住んでいたので海部郡（あまべ）があった。特にシャアと呼ばれ（広辞苑）、女人国のイメージである。倭人伝から始まったことかも知れないが、倭は女性の多い女人国（つまり目立つ国）ということになっている。50年以上も前のことになるが、大学院生になる仲間と奄美の海岸を歩いているときのこと、農作業をしていた4・5人の女性（アマさんらしい）に声をかけられてからかわれた。言葉は分からなかったが、こういう体験は東北地方などでは絶対にない。元気で明るい中年女性たちであった。海部（あまべ）はカイフと発音されるようになり、同名の地名は他の地方にもある。丹生川は佐賀関半島の北西斜面を流域とし、丹（に）（古赤色土）を産する。

- 9　対蘇国（ツソ）　対馬の対と同じで対の蘇（山裾）の国つまり、阿蘇外輪山の麓で、しかも久住連山の山麓でもある竹田盆地の国に当てた。荒城の月で有名な岡城跡がある。

- 10　蘇奴国（ソヌ）　鶴見岳・由布山（活火山、豊後富士）の麓、つまり大分平野の水田国である。風土記ではこの活火山を救覃（くたみ）の峰と呼んでいる。また湯の川として湯布院温泉が記述されている（風 p.371）。湯布院は湯量が非常に多いが、単純泉で硫黄（湯ノ花）はとれない。大野川以東は大野郡であり、大分市坂ノ市の丹生川に丹（赤色顔料）を産したと記している（風 p.366）。しかし風土記の時代ではここはもう海部郡つまり姐奴国の範囲であった。

- 11　呼邑国（コ・ユウ）　久住連山の北側の玖珠盆地に当てた。国名は九住山から採れる硫黄に由来するとした。硫黄山は地図に記載はないが、星生

山（1762m）と三俣山（1744.7m）の間の鞍部に近い1450m付近（33.5.53N,131.14.1E）に噴気孔が幾つかあり、硫黄が採れる（図17-2）。硫黄は噴気孔の周辺に昇華して付着しているが、石積みなどして煙道を作り、噴気から昇華付着させる方法がとられた。現在は原油などの脱硫過程で十分な量が得られるので、硫黄鉱山は全部

図17-2 硫黄山

なくなっている。硫黄(いわ)（方言）は子どもの頃、着火材として用いられていた。使い方は硫黄を溶かし（融点107〜120℃）ツケ木（木を薄くそいだものやゴマガラなど植物の茎）に付着させたものを作っておく。マッチの火をいったんこれに移し、更に柴や薪に燃え移らせるという方法で用いられた。硫黄は当時もその後も有用な着火材であったし、もちろん黒色火薬の原料（木炭＋硝酸カリウム＋硫黄）の1つである。ただし黒色火薬は唐代の発明とされ、宋の時代に実用化されたと言われている。魏志のころは仙薬としての使い方だけだったと思われる。硫黄は火山国の特産品であり、古代から日本の輸出品であった。

・12 華奴蘇奴国（カヌソヌ）　華奴蘇とは　火の山の裾野という和語だとした。日田（大分県）および阿蘇外輪山の北側（熊本県小国町・南小国町）の水田国に当てた。華は火かあかり、共に発音はクァで、カではない。火事はクァジ、中華ソバはチュウカソバではなくチュウクァソバ。この発音は熊本県五木村にも新潟県の我が故郷魚沼地方にも残っている由緒ある日本語である。随書に「阿蘇山あり。その石、故なくして火起こり天に接する者、俗以て異となし、因って禱祭を行う」（魏 p.70）。これは溶岩などの熱が上空の煙を照らし、遠くから見ると空が赤く見える火映現象の記述である。日田盆地・小国町などでは阿蘇の中央火口丘は高いところに登らないと見えない。しかし、火山活動が活発化して、湯溜まり（マグマ）が上昇してくると、日田盆地あたりからでも空が赤く映える「火映」が見えるだろう。華奴蘇とはこの湯溜まりのある山（つまり阿蘇）の麓の、という意味であろう。ユは金属が溶けたものをいうが、ここでは溶岩湖のこと。

風土記の時代では（p.529）活動がやや沈静化していたらしく、草千里か中央火口の火口湖が溢れ出して毒性（たぶん強酸性）の水が白川に入り、魚が浮くことが記述されている。そしてアソの神宮とは山そのものをいう、と神社発生以前の宗教が紹介されている。冒頭の0章のアサマ神社の起源はここにあった。

・13　鬼国（キ）　卑弥呼＝鬼道の連想から、最初は古い謂われのある宇佐神宮のある宇佐と考えた。しかし魏志倭人伝のころには神社はなかったはずなので棄却。出雲大社の杵築とおなじ杵築（きつき）とした。キは国東のキで、出っ張りの意味である。脊振山地の東端も平野に岬のように出っぱっている。ここでは基となっている。島根県の出雲大社は明治4年に改名されたもので、それ以前は杵築大社と呼ばれていた。出雲大社も宇佐神宮もいずれも朝廷が畏れ敬っている神社であり、民にも大人気の神社である、という共通点がある。地形的にはこれらの神社は山地（半島）を控えた平野に面するところに立地している。キツキの「ツキ」は付け根のことで、結局キツキは半島の付け根という意味である。ただし宇佐の場合は西が平野、出雲の場合は東が平野となっている。現在の杵築は江戸時代の名残をのこす城下町であるが、出雲に対比させるとこの町は松江か境港に相当する。

　古事記の出雲神話はストーリーとして見た場合、座りごごちの悪いところに挿入されており、読んでいて強い違和感がある。大和朝廷建国前史としての神話としてなら、出雲の杵築ではなく、こちらの杵築（鬼国）の方がしっくりする。なぜなら、天孫族の神話は九州で繰り広げられているので、スサノウもここにいた方が良い。古事記の神話は同じイメージ（九州統一）が繰り返し語られているように思える。神武・崇神・景行・ヤマトタケル・応神など、どんな交通手段を用い、どんな旅費を持っていたのか不思議なくらい、神話の神は九州各地を飛び回っている。交通手段と交通網が整備されてからの明治天皇や昭和天皇の行幸とは違うはずである。

　それにしても、九州島の鬼門（艮うしとら）の方向に鬼国があるのは偶然の一致であろうか。魏志倭人伝のころまでに陰陽五行思想が入って来ていたのだろうか。古事記では五にこだわることが多いので、たぶん影響を受けていたとは思われる。近畿王朝の祖廟らしい宇佐神宮には応神天皇が祀られており、大和への東遷と関係がありそうである。

魏志倭人伝より数百年後に作られた宇佐神社は異常なほどに真来向うことにこだわった立地となっており、八面山（659m）・石山（540m）などと、国東半島の屋島（八面山、543m）、両子山（720m）、大嶽山（561m）などが微妙に巻向かうところが選ばれている。また御許山（654m）と周防湾を隔てた四王司山（392m）の巻向く点でもある。大和の纒向く地を選んで東遷した人たちの故郷の1つがここだった、という感じを持っている。山当てにこだわる海原族、という連想からである。

- 14 為吾国（イゴ）　五つの子で国東半島であろう。半島全体が古い火山で両子山720mなど孤立した溶岩円頂丘が集合して山頂部を造っている。東側から見ると両よりは3つ多い5つの峰が見えるところがあるはずである。双子か五子（イゴ）かは見る場所による差であろう（9章冒頭に例）。宇佐から見ると夏の日の出の方向17kmの八面山（543m）の先に、両子山（720m）・文珠山（616m）などが微妙に見え隠れする。宇佐神社の霊性を高める役割を果たしているといえよう。これは伊勢の夫婦岩（日出る時の鳥居？）に写しとられている。なお宇佐はイワレビコ（神武天皇）の時は海原族の有力な拠点であったが、オビナガタラシヒメ（神功皇后）の時はどうであったろうか。大和朝廷が宇佐神宮を畏れ崇っていることから、神の交代があったのではないだろうか。現在は日本で一番多い神社である八幡神社（応神天皇が祭神、特に源氏、あるいは武士の信仰の篤い神社）の総元締めとなっている。

- 15 鬼奴国（キヌ）　これは鬼の水田国すなわち中津平野で間違いはない。原文の字は鬼の田の上に点がない字であるが、同じだろう。なお中津の中は大中小、上中下の中ではなく、那珂湊と同じナカつまり「海辺の」という意味である。国名としてはナダ（海の水田国）という意味である。

- 16 邪馬国（ヤマ）　山の国である。現在でも同じ地名が使われている。川の名前も山国川である。ヤマを2語に分ければヤ（高い）マ（そのあたり）。このマはヌ（水）マの間と同じ意味である。下流には青の洞門のある耶馬渓。そこを出れば中津平野。したがってそこにもヤマト（山戸）という地名があったに違いない。

- 17 躬臣国（キュウジ）　確証は1つもないが、空間的配列順序から英彦山の麓、添田付近ではないかと想像している。英彦山の麓の人たちは添田に行くとを（アマ）降るといっている。添田の人たちも、彼らに「今度降ってきたときは」などと

話しかけている。面白い言い方である。

・18 　巴利国（ハリ）　香春付近ではないか。わざわざこの字（巴）を選んでおり、巴は大蛇で溶鉱炉と関係がありそうだ。しかし、たぶん音に相当する和語としては針か釣り鉤（はり・ばり）の製造国という意味であろう。銅製品では銅の鉾や鏡が注目されているが、実用品のハリの方が生産量は多いに決まっている。いずれにせよ銅の採掘所・冶金工場、金属加工工場が当時も存在していたと思われる。8世紀の東大寺大仏にも香春産の銅が使われたという。

　アマテラスとスサノオの誓い（賭）の場所であるとされる「天の安の河」（記p.36、40）の「やす」とは冶金の「や」つまり、金属を取り出すことで、ここではスノコで河の砂を漉いている川のことであろう。これと同じ語源を持つ川に琵琶湖に注ぐ野洲川、高知県の夜須川などがある。この比重選鉱では川の水はそれほど汚染されないので香魚（あゆ）がいてもおかしくない（風土記香春の郷、記p.548）。しかし同じカワの発音でもカワ（硫化鉱を熱で溶かして硫化銅を取り出すときの中間生成物）の溶鉱炉は硫酸水を流し出すことになるので、香魚は棲めなくなるだろう。香春岳（かわら）という山があるので、ここでは河原ではなく、カワではないかと思う。古事記の著者か私かどちらかが勘違いしているはずである。

　なお早稲隈山（わかくま）の麓、吉野ヶ里遺跡の西3.2kmにも唐香春という地名があり、ここは台地かそれを刻む沢のあたりであり、川の河原（礫堆）のあるような所ではない。つまり鋳銅所であろう。さらに、香春について注目すべきことが風土記に続けて記述されている。「昔、新羅の国の神、自ら渡り到来りてこの河原に住みき。すなわち名付けて鹿春（かわら）の神（国の主）と曰ひき」。魏志倭人伝のころは馬韓・辰韓・弁韓と三つに分かれていて新羅はまだない。しかし風土記のころには新羅になっていたので、このような記述になっている。とにかく北九州には朝鮮半島から渡来の金属技術者が大勢いたことが理解できる。怡土の縣の主も先祖は高麗だと言っている（14章）。

　香春岳三ノ岳西方の牛斬峠の南東側には鍾乳洞の入り口が3ヶ所あり、麓の村では岩屋という。しかしこの発音はゴウヤとなっており、南西諸島の琉球石灰岩地帯にできる鍾乳洞と同じ名前になっている。アマテラスとスサノオの誓いの場所（天の安の河原）に近く、須佐神社もあることだし、案外ここが天

の岩戸かも知れない。観光地化されていないので、破壊が憂慮される。鍾乳洞の石筍を傷つけたり、落書きしたりすると、スサノオの祟りがあるのでそれだけは止めた方が良いといわれている（これだけはホント）。

なお巴利国に杷木を当てている著書を見たが、このハキは狭間あるいは水（この場合筑後川）の吐き出し口の意味で、明らかに地形地名である。この国の名前、巴（ハ）利（リ）は播磨にコピーされた。

・19　**支惟国**　支惟（漢音ヰ、呉音ユイ）である。岬（半島）のある国と読んだ。田のある国をタイとしたのと同じである。九州島北端の企救半島にあてた。古城山（175m）はその後、山城や新しい砲台などが作られ、古い遺跡があっても破壊されてしまったと思われる。海路交通の要所である。

・20　**烏奴国**　烏奴とは、ウの方向（東ただしNE）の水田国。遠賀川河口付近のデルタ地帯の国だと判断した。12方位の地名が唯一発見できた。河口の海港である岡湊は烏奴国に属していたと思われる。川港は直方駅付近であろうか。この付近は川の水面標高が5m程度であり、彦山川との合流点でもあるので、川港として立地条件がよいと判断した。遠賀川河口付近は古事記に岡田の宮として出てくるが、神武東征神話の一環であるので、記述通りには信用できない。この烏奴国は後出の巴利国とは地続きで国を隔てる地形がないが、後者は鉱業国であるので、補完的に共存できていたと想像している。

以上の記述にしたがって図17-3を作って見た。全体として見ると最もらしいが、1つ1つ根拠は？　と問うとかなりあやしい。読み方も確かでない国名だけから、こんな図ができるわけはない、という読者は無視して下さって結構である。

図17-3　倭国連合国、狗奴国および旁国20配置図
 I：伊都国、M：末廬国、F：不弥国、N：奴国、K：狗奴国、Y：邪馬壱国、T：投馬国
1：斯馬国、2：巳百支国、3：伊邪国、4：郡（都）支国、5：弥奴国、6：好古都国、
7：不呼国、8：姐奴国、9：対蘇国、10：蘇奴国、11：呼邑国、12：華奴蘇奴国、
13：鬼国、14：為吾国、15：鬼奴国、16：邪馬国、17：躬臣国、18：巴利国、
19：支惟国、20：烏奴国

第18章　狗奴国との対立

　魏志倭人伝では名前だけが記述されているだけで、距離も人口も記述されていない国が20あり（すべて伝聞）、それを列挙した後、奴国に戻り、南に狗奴国あり……女王に属せず（魏p.44）、倭の女王卑弥呼。狗奴国男王卑弥弓呼と素より和せず（魏p.53）とある。
　伊都国近くの川船の港から邪馬壱国や投馬国に水行するとき、狗奴国の西の沖（有明海・不知火海）を航海していた。倭国と狗奴国の関係は、すくなくとも倭国の海上航海は妨害されない程度の不和だったのか、狗奴国が水軍を持っていなかったのか、どちらかであろう。私は後者だと思っている。狗奴国は北を奴国、南を邪馬壱国に挟まれ、東も倭国の友好国に囲まれていた。

　狗奴国という地名：　魏志倭人伝のうち、少なくとも伝聞による地名は、伊都国（末廬国・奴国・不弥国も）の人たちが呼んでいた名称（他称）であり、それらの国の人たちが自分の国を何と呼んでいたかを示すものではない。倭国は狗奴国と敵対していた。狗は漢音コウ呉音クと発音され、イヌ（特に小型）のことであるが、どうして現在の熊（漢音ユウ）本になったのだろうか。平仄は異なる。
　熊は辞書によれば、火の光がさかんに耀く、という意味だという。アイヌの地では熊に神性を感じカムヰと呼ぶそうである。火は阿蘇や対岸の雲仙のことであろうか。熊（羆）とは勇敢な人という意味でもある。倭国（伊都国など）では対立している国にこんな美称は認められない。狗奴国とは狗の水田国である。たぶん自称では光耀く（熊の）（水田）国であろう。しかし伊都国では蔑称の狗奴国を他称した。熊本地方の古名「肥国」は「火が耀く国」であったろう。ある辞書では肥えた熊の油は明るく燃える、熊は火の精と考えられたとの

こと。ほんとうなら、肥―熊―火、がつながることになる。

　倭国は狗奴国と戦争をしていた（魏 p.53）。どこで戦いがあったのか。奴国であるから平野の水田国である。平野の規模から言えば、狗奴国の本拠地は熊本平野しかない。したがって、国境を接していたのは奴国である。太宰府あたりから甘木・久留米・八女方面を奴国の範囲とすれば、地形からみて国境は、現在の福岡県・熊本県の県境付近であろうか。国道443号と九州自動車道が通っているところには、北の関、関外目、関町・南関などの地名が残っている。古代に2つの勢力がぶつかる境はこのあたりと思われる。

　山並みハイウェーの封鎖が対立の原因？　地図で熊本県の県境を辿ると面白いことがわかる。分水嶺が国境になっていないのである。多くの場所で分水嶺を越えて反対側の上流部を熊本県の範囲に加えている。しかしその分水嶺は、邪馬壱国（人吉盆地＋宮崎平野）から北九州に通ずる山道（山並みハイウェー）である（3章と7章）。具体的には、川内川の最上流部（白髭岳付近）、大淀川最上流部、五ヶ瀬川上流部（高千穂の西の上流部）付近、豊後竹田の西側阿蘇外輪付近、筑後川支流大山川の小国町・南小国町などではいずれも分水嶺を越境して、熊本県となっている。つまり分水嶺は国境＝公海ではなく、一国の支配地域となっているのである。邪馬壱国―伊都国を結んでいた山並みハイウェーがいつからか「火の国」の領内を通るようになったのか、それが卑弥呼晩年のころだとしたら、これこそ対立の原因である。このハイウェーを利用していたのは、投馬国・邪馬壱国だけでなく、伊邪国・郡（都）支国など旁国も使用していたはずである。

　また天草諸島のうち、獅子島・長島は鹿児島県（薩摩）となっているが、その他は熊本県となっている。このような「国引き」は最近（戦国時代？）のことであろうが、当時の邪馬壱国にとっては、天草諸島は有明海に通ずる海路の要所であるので、ここをめぐって狗奴国との抗争があったのかもしれない。

　この抗争は結局狗奴国が勝利したらしい。分水嶺付近がことごとく「火の国」のものとなっているからである。なぜそれが今でも保存されているのか。答えは簡単である。その後分水嶺道路が放棄され、それへの関心が失われたからである。

第19章　倭国の隣国

　魏志東夷伝は魏の東の異国についての地誌である。黄海北部の遼東半島と朝鮮半島北西部の楽浪郡・帯方郡は中国領であるので、東夷ではない。東夷の範囲は次の通りである。長城の北の東北平原に位置する扶余、その南のチャンパイ（長白）山脈の西あるいはチョギュリョン山脈の北の山岳地帯に位置する高句麗、沿海州の挹婁（プリモリスキー）（ユウロウ）、ハムギョン山脈の南東側で日本海沿いの（北）東沃沮（元山まで）、江原道（現在軍事境界線で2分）のあたりを占める濊（ワイ）、それから幾つかの韓国、倭である。魏の勢力圏は黄海側では楽浪・帯方までで、朝鮮半島の日本海側には及んでいない。また日本列島の東部（山陰・近畿・北陸・東海・中部の山岳地帯、それ以東・以北）は存在の認識さえない。

　東夷伝の国々：　魏志東夷伝（講談社版倭国伝）の韓の記事を以下に要約・意訳してしめす。詳しくは同書を参照してほしい。韓は帯方の南にあり、東西は海、南は倭と接している。馬韓・辰韓・弁韓の3国である。馬韓は黄海側、辰韓は日本海側に位置し、弁韓は半島最南部に位置する。土着の民で、耕作し、絹・綿布をつくる。跪拝の礼儀なし。半地下の家、墓には槨はあるが棺はない。牛馬を常用に使わない。珠玉は財宝で首飾り・耳飾りとし、頭巾を好む。人は勇敢、成人通過儀礼あり。五月の豊作祈願の祭りと十月の収穫祭では中国の鐸舞のように舞い踊る。村毎に天神を祀り、神職をおく。蘇塗という逃げ込み村があり、逃亡者を保護する。産物は中国に似ている。馬韓について魏志は好意的な書き方をしていない。

　辰韓の人は中国の秦からの亡命者が先祖だと言っている。秦人の言葉に似ており、燕（エン）や斉（セイ）の事物の名称だけが伝わったのではないようだ。辰韓を秦韓と呼ぶ人がいるほどだ。辰韓12ヶ国は辰王に服従しているが、辰王は常に馬韓の

人で代々世襲である。辰王は馬韓から独立できない。（ここまで要約）辰韓の地域は当時の中心国斯蘆国が発展して、その後4世紀から10世紀までの新羅国となった。辰韓・新羅国は日本海に面しており、但馬、出雲など日本海沿岸地域、あるいは東国にはこの国（地域）からの渡来が多かったのではないだろうか。この人達は色は白を好み、源氏の流れのみなもとだろう。

また、ほぼ馬韓の地域はその後百済（日本名くだら）国となった。しかし新羅の圧迫をうけ、当時親百済だった日本側は、積極的に介入したが、唐・新羅連合に敗れ、百済は滅亡した（660年）。その後百済再興を目指したが、白村江で日本軍と百済遺民は唐・新羅連合軍に大敗した（663年）。このころ日本では親新羅派と親百済派の対立があった。親百済派の天智天皇に対して、天武天皇はどちらかと言えば親新羅派あるいはバランス派であったらしい。このころから古事記・日本書紀・風土記などの編纂が始まり、統一律令国家に向かい始めた。

2011年9月にも北朝鮮から韓国に亡命しようとした小船が能登半島沖に漂着している。朝鮮半島東岸には南下する弱い海流があり、東流する黒潮と合して東に流れるので、日本海沿岸に来やすいのである。随書倭国伝では、竹斯国を東に行くと秦王国に至る。その住民は華夏に同じ、という記事を載せている（秦王国は北九州の香春という別の解釈もある）。要するに日本海沿岸に中国と同じ民俗の人の国（村）があるということである。魏志倭人伝と随書倭国伝に、環日本海という文化圏の一端が窺える記述となっている。

魏志倭人伝以来、日本列島と朝鮮半島あるいは大陸とのルートは、北九州—朝鮮半島南岸ルートだけが強く意識され、山陰・北陸海岸—日本海—朝鮮半島東岸ルートは注目されていない。これは近畿の政権が北九州のできごとを我がことのように、その歴史に取り込んだ結果、日本海ルートが忘れられてしまったからであろう。白山信仰や製鉄技術を始め日本海沿岸には朝鮮半島の影響が強く残っている。つまり朝鮮半島東岸からの移民が多かったのであろう。竹島（韓国呼称独島）は人の住めるような島ではないので、航海の目標（水の補給？）になるだけであろうが、鬱陵島には多数の日本人（山陰人？）が住んでいたという記録がある。これは日本海ルートの名残であろう。

地図を見れば明らかであるが、近畿奈良盆地から大陸に至るルートとして瀬

第 19 章　倭国の隣国　　　251

戸内海を通り北九州から楽浪に至るコースはかなりの遠回りである。山陰海岸からウォンサン（元山）あたりを目指せば、そこから 150km（直線）で楽浪（平壌）である。鬱陵島（うつりょうとう）にはソイン（聖人）峰 984m があり、1500m 超のテベク（太白）山脈とは可視の距離（150km）にある。日本海沿岸のテベク山脈の金剛山（1638m）、ソラク山（1708m）、オデ（五台）山（1563m）、テベク山（1567m）などは朝鮮半島東岸の地文航法には優れた地標（山あて）になっていたと思われる。

　日本海ルートでは目標を見失ったらとにかく西を目指せば朝鮮半島東岸のどこかに達するので安心である。ここでも南東風（はえ）が順風であることに変わりはない。帰路はウォンサンから北西風あるいは沿岸を南東に向かう弱い海流に流されれば良い。ただし日本海の黒潮を横切りそこなうと、能登半島沖まで流される。北朝鮮からの最近の漂流民のコースである。方向を見失ったら、とにかく南を目指せば、山陰か北陸のどこかの海岸に達する。

　歴史的にはこの日本海ルートは高句麗国あるいは辰韓の地の国（新羅など）との友好関係に依存する。「高句麗は無体にも、道をふさぎ」などという記述がある時代にはこのルートは閉ざされていたことが分かる。北九州―近畿の軸だけが歴史として注目されているが、近畿の政権にとってはこの日本海ルートはもっと重要だったはずである。8・9 世紀の渤海使のルートである（上田・孫、1990）。

　（以下また韓伝の要約・意訳に戻る、一部省略）弁韓は政治的には辰王に服属している。土地は肥沃、五穀・稲、蚕・桑あり。牛馬の車あり、鉄の産地があり、鉄を貨幣のように用いている。歌舞・飲酒を好むみ、筑（チク）と瑟（シツ）の楽器がある（いずれも箏、あるいは琴のような弦楽器、筑紫の語源?）。石を子どもの頭に押しつけて扁頭にする習俗あり。男女の風習は倭に近い。男女とも入れ墨をする。皮草履着用。戦争は歩兵戦、城郭がある。家では竈を西におく。弁韓の瀆盧国は倭と隣合わせ。人は長身、衣服は清潔、規律厳しい。

倭人の習俗：　次に倭の習俗。男子は入れ墨、階級差を反映。風俗淫らでない。頭に頭巾、貫頭衣。稲・麻・蚕・桑・綿。牛馬羊なし。兵器は矛と盾、木弓、竹の矢に鉄や骨の鏃、冬も温暖で生野菜が採れる。裸足。飲食には高坏を

用い、手で食べる。死者を弔うに棺はあるが、槨はない。喪に服する習慣があり、喪明けにみそぎ（水浴）をする。持衰という珍しい習慣がある。山には丹土がある（野上注：ベンガラ、温暖気候を示す土壌で赤色土という、水銀化合物は鮮やかだが貴重）。骨を灼いてできる割れ目で占う習俗がある。ひざまずかずに手を打って尊敬を表す。婦人は浮気せず、焼き餅をやかない。盗み・諍いは少ない。刑罰は家族に及ぶ。租賦の制度有り。倉庫・邸宅・商店など大きな建物がある。国々には市場がある。身を倒して額を地に付け恭敬を示す作法（野上注：ヒンズー・ヨガ、仏教、カソリックにもある五体投地）。

以上の要約からある程度察せられるように、倭の習俗は朝鮮半島のそれに似ているところも多いが、倭に全く取り入れられていない習俗もある。和魂洋才は倭のころからの伝統であろうか。朝鮮半島の習俗などに無いものが倭にある。それは南方系の風物である。特に潜水漁業、鵜飼、冬野菜は注目されている。魏志が観察した倭の習俗が今でも日本で行われていることは驚きである。神社参拝のときの柏手（かしわで）、同意を示す拍手、鉢巻き（特に九州人が好む）などなど。五体投地も朝鮮半島では記事となっていないことから、南方経由かも知れない。終戦の日に宮城前広場で多くの人が額を地に付け泣いている写真は何度見ても衝撃的である。他の国なら宮城焼き討ちの可能性がある状況である。オウムの五体投地もテレビでたびたび紹介された。菩提寺（真言）の法上（方丈ほうじょう）さま曰わく、五体投地と同じ作法は真言にもある。ただし法杖で床を数回コツコツするだけだ、と。

魏志が東夷の各国の習俗を紹介するとき、好みが非常に鮮明に現れている。悪し様に言われている国は、高句麗、挹婁、馬韓である。それに対して、南方系の習俗（海）には興味らんらんで、好んで記述しているが悪意は感じられない。好意を持っているらしい国は、扶余、東沃沮、濊、辰韓、弁韓、倭である。ただしこれは私が感じたことであるので、別の感じ方があるだろう。

随書流求国（p.173）：「流求国は、海島の中に居り、建安郡（福建省福州）の東に当たる。水行五日にして至る。土に山洞多し」。語訳注に、沖縄と台湾のいずれに当たるか、今ではほぼ台湾に当たると考えられている、とあるが、これは文字通り琉球：沖縄のことである。フーチョウ（福州）は台湾島北端よ

り高緯度側に位置している。また山洞とは鍾乳洞(くらごう)のことであり、奄美諸島から沖縄諸島までほぼ海岸にそって分布する琉球石灰岩という地層に多数形成されている。台湾にはどういうわけか現在の珊瑚礁も隆起珊瑚礁もほとんど分布しない。したがって海岸に鍾乳洞はほとんどない。流求国が台湾である可能性は全くない。

南方ルート： 縄文時代から南方ルートからの人の移動が指摘されている。しかし島伝いだとしても2区間について、有視界航法では渡海できないところがある。建安郡から東水行五日の流求国を沖縄本島とすると、距離は800kmで160km/日となる。黒潮本流は流れが速いので（2～3ノット）、こんな速さが出るのだろう。航海中に視界に地標は全くなくなる。途中に（福州から380km）尖閣諸島があるがここに立ち寄ったかどうか。魚釣島は高さが363mもあるので、上陸するかどうかは別として、航海の地標としては使える。また台湾（基隆港）―約140km―与那国島・石垣島など―125km―宮古島―275km―沖縄本島南端。最後の275kmの区間が完全に地標なしの航海となる。沖縄島北端から奄美大島南端までは与論島・沖永良部島・徳之島が50km以内にあり有視界航法が可能である。しかし奄美大島北端から諏訪之瀬島まで320km、この間に地標はない。諏訪之瀬島からは屋久島・種子島、佐田岬（大隅半島）・枕崎（薩摩半島）へは全区間で有視界地文航法が可能である。

　船に積めるような、北極星高度測定器具（分度器）があったのだろうか。羅針盤はいつから使うようになったのか。いずれにせよ、朝鮮半島渡海ルートに比べて、南方ルートや東シナ海横断ルート（遣隋使・遣唐使が利用）は、陸地の見えない夜の海を航海する必要があり、恐ろしくなかったのだろうか。縄文時代の人や事物の伝播が南方ルートであるとした場合、地標のない区間をどうやって航海したのだろうか。

第20章　倭人伝を読みながら考えたこと

　魏志倭人伝では、対象地域の地名や人名の発音を漢字の音で表現している。漢語起源でない言葉で、漢字で表記されている言葉を和語と呼ぶことにする。やまと言葉でも良いが、倭を文字って、それより汎用性がある「和語」を使うことにした。九州地方（倭）の古い方言は魏志倭人伝に残っている。魏志倭人伝の漢字表記は和語の研究者にとってはすばらしい研究材料になっているに違いない。

　「和語」は良い言葉だと思っている。和は口のそばに禾（植物分類の科で穀物の多くが属する）があるので食べ物の心配はなく平和である、という意味であろう。一般に気候が寒冷化すると、結果として人口が減少する戦争をしたがるのが人類である。寒冷化とは反対に温暖化によって悪いことはほとんど起きない。このところあたたかくで良いですね、などと和やかにいいあっていれば、戦（たたかい）など起きない、とおもわれる。ウソだと思ったら弥生人か倭人のリーダーに聞いてみればよい。「このところ夏か涼しくて、米の収穫が減っている。餓死するくらいならいっそのこと戦争でもして、隣の国の水田を手に入れたい、と国民の多くが思うようになっている」などという物騒な返事が返ってくるはずである。倭国は魏志倭人に名を残し、その後九州からその名が消えた国である。その時代は寒冷による食糧不足から戦争が多発した時代から、わずかながら温暖化の兆しが見え始めた時期である。

　もちろん和語でなく縄文語・弥生語でもよいと思う。特にこだわらない。なにしろ日本列島はあったが、大和（のちの日本）という国はなかったころの言葉である。すべて方言であり、地方で話された。以下の内容は言語学の専門家から見れば、噴飯ものかも知れないが、魏志倭人伝や古事記を読んだとき、私はこう解釈して楽しんだ、という事例として理解していただきたい。

古事記・魏志倭人伝の和語： 　古事記の著者安萬侶は序で次のように述べている（記 p.17、訓み下し文）。「上古の時、言(ことば)意(こころ)並びに朴にして、文を敷き句を構ふること、字におきてすなはち難し。已に訓によりて述べたるは、詞心に逮ばず、全く音をもちて連ねたるは、事の趣更に長し。ここをもちて今、或は一句の中に、音訓を交へ用ゐ、或は一事の内に、全く訓をもちて録しぬ。」魏志倭人伝の著者も安萬侶も和語の音を漢字で表現しようとしたことは同じであるが、安萬侶は和語の意味を熟知した上で、漢字表現しており、魏志倭人伝では通訳（たぶん渡来系の倭人）の発音を、純粋に音として漢字表現していると思われる。

道の語源： 　吉田金彦編「日本語の起源を学ぶ人のために」は手引きとして非常に役立った。ただし引用早々で申し訳ないが、ヤマトタケルの通った秩父（埼玉県）についての語源説には納得できなかった。チチブは「道々を経由した」という意味だとしている（同書 p.268）。私の名でもあるので道(みち)について私見を述べたい。地が道に（ミが付くように）なるのは獣が踏み人が踏むからである。獣(けもの)だけの道と人(ひと)の道を間違えないようにするのは山歩きの初歩である。人の道を踏み外したと気がついたときはもとに戻るべきである。

　私の故郷は冬の間だけ雪国になるが、道は踏んで作る。これは北越雪譜（鈴木牧之）のころから、消雪パイプ・除雪車の時代以前には、普通のことであった。誰かが（当番制で）道具を足に付け、最初にラフに道を踏む。以後の人々は道を踏み外さないように道を歩く。すると雪が踏み固まって道ができる。道は大勢が踏み歩くと次第に歩きやすい道になる。ここで感心したのはチは道であり、「千早振る」は「道を速く経てゆく」が語源という著者の卓見である。これは神にかかる枕詞であるが、神を上(か(み))と読み替えると、川や沼地など障害の多いシモ（平野）の道よりは、山道の方が遙かに捷くいけるという意味になる。

　沢登り登山はともかく、山で道を失ったとき、沢下りは禁物である。カミが国見をしながら尾根伝いに「千早振る」時代は長く続いたと思われる。大小の川に橋が造られ、大きな川に川渡しの制度が整備されたのは江戸時代になってからではないだろうか。日本で車や馬が活躍できなかったのは道が山道だった

からであろう。また川には橋がなかったからである。

呉音を用いた漢字表記： 儲かりまっか、の儲はチョであり、モウとはならない。したがって儲けの「儲」は和語「もうけ」の意味を汲んだ訳語（和語読み）であることが分かる。得をする、の得はトクと発音され、漢字起源であることが分かる。なお私が使っている「角川新辞源」「学研漢字源」には呉音と漢音、それに平仄が示されているが、対比の付いた地名などから判断すると、魏志倭人伝では、和語の漢字表現に呉音を用いていることが多いように感じた。前出吉田金彦編書には、日本語の語源と呉音・漢音という節があり、学術的に説明されている。漢字の呉音発音は密教の経典より先に、北九州に伝えられていた。

そこで、漢字を主として呉音読みし、それに相当する和語を国語辞典でさがすことにした。その前に和語について語彙を増やして整理しておきたい。私は越後の出身なので、イとエの区別は苦手だが、井戸のヰを何となく区別できる。佐賀の人の発音ではエがィエのように聞こえたことを覚えている。

2 言語が混合した古代和語： 最初に感じたことは「和語」には差別的表現が多いことであった。使う言葉で差別されてはかなわないが、同じことを二通りの語彙で表現でき、しかも片方はお上品、片方は大衆的である。おんな：おとこ（めのこ：おのこ）という言葉の他に、アマという言葉があった。子どもの頃、今にして思えば成長の早い女の子にやっつけられて、このアマちょメなどと悔しがったものである。アマとは海女（士）であろうか、それとも天（アマ）であろうか。空（ソラ）には何もなく、カラ、カラッポ、カラッケツ、カラダキに空の字を当てている。天の方はアメ（雨）、アマミズ、アマクモなどと上品である、ただし漏れることがある。アマ（天）とツチ（地）の対応はあるが、ソラ（空）の対応は海であろうか。天気と空気は新しい時代の言葉である。地理学では空気の定性的状態を天気、空気の現象を気象、土地（トチ）を指定した定常的（時間平均的）状態を気候といっている。

カオとツラ、どのカオさげて、どのツラさげて、は同じである。ツラ汚し、はあるが、カオ汚し、とはあまりいわない（いうか？）。シリとケツ、返（かえ）ると戻（もど）るもほとんど同じである。ものが壊れる、に対して、ものが傷む（痛む、悼

むではなく）ともいう。結ぶ、も、繋ぐ、も似たようなものである。和語には意味はほとんど同じなのに、このようにお上品な言葉（上品語）と大衆的な言葉（下品語）という差のある言葉が揃っている。たぶん征服者と被征服者の言葉の差だと思う。

　魏志倭人伝に倭人はショウガ・サンショの味を知らない、とある。辛味(からみ)、辛子(からし)も中国か韓からの伝来であろう。トウガラシは唐と韓の２重であるが、これはアンデス原産。ポルトガル→日本→韓国の順だという。私が大好きなキムチやインドのカレーの辛さはだから新しい味である。南米のスペイン語で、上品な言葉ではないが、びっくりしたときなどにカラッホとかいう。唐(カラ)なのかカラァーなのか。甘茶はアマ（天）茶（南方系）に通ずる。中国ではお茶だけで、お菓子か漬け物（東北地方）のお茶請けは出てこない。そして、カラ茶ですが…などと言い訳はしない。

　曖昧で微妙な和語を外国語として習う必要がなかったのは幸いであった。おそらく和語には古い時代に２つの言語が混じり合った気配があり、英語とラテン語、スペイン語（ラテン系）とアラビア語の混合具合よりは和語の混合の方がもっと進んでいる、という感じを持っている。和語の２種混合は魏志倭人伝の時代の前であろうか、後であろうか。後だとしたら記紀万葉風土記より前であろうか、後であろうか。私はその間だと何となく感じている。

弥生語？　弥生時代は稲作と銅などの金属製品が導入された時代である。それにともなって、かなりの南方・大陸語（関連テクニカルタームや製品名など）がすでに導入されていたはずである。いわゆる漢字伝来より先に、ことばとして弥生時代に中国語が導入されていたことはたしかである。卑弥呼は魏と外交文書をやりとりしている。

　弥生時代の水稲関連のことばや地形の呼び方について整理しておこう。そこでまず、水。水はヌである。ヌる、ヌれる、ヌめり（ナメりとも）、ヌぐう、ヌかる、などの用法がある。水(みず)も和語である。同じ水に、ヌとミズの２語がある。複合語ではヌマ、ミズマとなる。マ（間(ま)）は、あたり、という曖昧さを示す言葉であろうから、ヌマは沼である。間には、土間、居間、奥の間、間取り、間に合う、間を取る、間が抜けた、間が悪い、などの用法もある。

山を分解すると、ヤは高いところ、マはあいだ、あるいはあたりだから、ヤマとは高いところ、すなわち山である。ヤには、ヤ（ン）ごとなし、屋敷、櫓、屋根、屋台などの用例もある。山の他に、岳、モリ、クラなどの語があり、使い分けられたり、方言となっている。アルタイ山脈では遊牧民が麓の平野に天下るというらしい。九州では英彦山（1200m）麓の人が買い物に行くことを降るというそうだ（後述）。天下るのは高貴な官人に言うだけの言葉ではない。アンデスでは山から平野の都会に来た人をbajados（降りてきた人）といい、この場合侮称となっている。

　方言と言えば、子守歌で有名な五木村では「カ」と「クヮ」がはっきり区別できている。農具のクワはクヮである。これは越後魚沼地方と全く同じである。ただし「あの山」は「アンヤミャ」で、ヤマを越後でヤミャと言うことはない。

　佐賀県嬉野では語頭の「エ」の前に軽く「イ」をつけて「ィエ」と発音する傾向がある。スペイン語でも「e」にアクセントが来ると「ie」となる。この変化は自然の音声変化なのかも知れない（博多弁ではこの傾向は見られない）。サシスセソはシャシシュシェソとなり易いという。

　島も、そのたぐいだと思うが「シ」は分からない。沖縄の民謡シマウタは島のウタではなくて、村ごとにあるウタのようである。シマとはislandのことだけでなく、縄張りで囲えるような大きさで、特殊世界の隠語として保存されているシマかも知れない。

　魏志倭人伝の書き出し「山島に寄りて国邑をなす」（魏p.39）は、縄文的な山の「村」かとも思う。魏使が訪れた倭国では山らしい地形が見られるのは対馬と脊振山地であろうか。しかし日本列島の典型的な山地ではない。斜面の勾配が緩やかである。山がほとんどない千葉県では、地形的な山ではなく、耕地化されていない林地をヤマという。山と島は対語にはなりにくいので、常識的には山の多い島という意味であろう。対馬のイメージには合うかもしれない。しかし、魏使が観察した壱岐や北九州の農村風景をヤマシマといったのかもしれない。北九州の地形は朝鮮半島西南部と似た準平原地形であり、山というイメージとは合致しない。

　海はナ、またはミナ、ミはミ・チと同じ尊称であろうか。用例は、渚、波、なびく、ナズサウ（塩水につかる）、灘、難波、ナマコ、ナズの木（塩に浸かっ

ている木＝マングローブ）、なだれる（ミズがたれる）、ナだらか（海のようにたいら）。ヌとナ（水海）は発音も意味も混用されているようだ。さらにウも海である。ウミ、ウナばら、ウしお、ウズ、ウサ、ウかのかみ（食べ物の神）。

　谷はヤである。谷地は谷の湿地、ただし野地は使われていないところという意味で、谷地とは無関係。江戸時代に野を「ヌ」と発音するようになったので、混乱し始めたと思われる。我が先祖はこれに便乗して、沼上を野上に変更したのかも知れない。我が家の下手に扇端湧水による沼地があって、ヨシッパラと呼ばれていた。今は耕地整理で跡形もないが、そのあたりを生活の拠点としていた古代人の古墳（全て円）が裏山に数十はある。鏡や直な剣、曲玉などが副葬されていた。驚くことにそこは盆地の地標から見て真向かう２つの線の交点になっている。そして地籍図にしか現れない小字名は一の坪である。越後のあんな田舎まで律令の制度が入り込んでいるとは想像もしていなかった。

　方向用語としては、イル間（日イリの方）、イズ間（日イズの方向）も同じ。日の入り、日の出という。日向(ひむこう)もおなじ種類の語である。対語はセムカウではないだろうか。山陰・山陽などはあとの言葉であろう。ヒナタとヒカゲともいう。つまり、日―対象―人、は日向かう、日―人―対象、は背向かうである。魚沼地方では村の北側にある家の屋号を、「セの家」といった。ヒナタぼっこ（日光浴）は、移動性高気圧に覆われた日に行う雪国の春の楽しみである。ヒナタとは日の方向、南の方向という意味である。大分県の日田は北側も南側も山であるので、盆地底を日向と呼ぶ人はいない。したがって火田が語源ではないだろうか。

　世界遺産の五箇山・白川は富山平野の南であるので、日向かう地である。平家の落人伝説の村々であるが、偶然見聴きできた「コキリコ」の舞と楽は、九州の例えば五木(いつき)のそれとはかなり異質のように思えた。九州のいわゆる平家の落人と同じではあるまい。衣装の色として赤がなく、メロディーが大陸的で海洋的ではないと感じた。あくまで感じなのでそれ以上の説明はできない。

　天下り：　英彦山神社（福岡県添田町）には面白い神事がある。２月の末に海までいって褌姿で塩を採る御汐井採(おしおいとう)と４月（要するに春）の御神幸祭(じんこうさい)である。前者はアルタイの山の民が乾季に砂漠の塩湖に塩を採りに行くことに似ている。また後者は御神輿が日をおってゆっくりと村々を廻って降っ

ていくという神事である。私には、アルタイ山脈の人々の季節移動を記憶したかのような行事に思える。英彦山付近の人は添田町に行くことを降るという。また添田町の人々も、今度役場に降りてきたときは……、などと言っている。自称も他称も「降る」である。確かに川の上流と下流の行き来であるが、ほかにはあまりない面白い表現だと思っている。

また田川市風治八幡宮の川渡神幸祭(じんこう)(神功ではない)では御神輿(2台)や山笠が鉦や太鼓ではやし立てられ

図20-1　八幡御輿

ながら川を渡る。山笠が激しく揺すぶられるのは荒海の船を象徴している(図20-1)。神話の応神天皇の東遷を連想させる祭事である。なお応神は「神」のつく3人目、最後の天皇であり、ここで神話時代は終わる。

山戸(やまと)と谷戸(やと)： 戸は家や部屋の入り口。敷地の入り口は門で、いちおう区別されている。山の入り口は山戸または山門(サンモンではなく)。したがって、ヤマトは山の入り口であり、平野への谷の出口である。ただし人の住んでいる山の入り口がヤマトで単純な地形用語ではない。大和郡山などの地名があってもこれには惑わされず、ヤマトにふさわしい地形を探れば、紀ノ川上流部、五条より上流の大淀町・吉野町あたりに地形的なヤマトが幾つかある。もちろん紀伊山地の山への戸(門あるいは入り口)である。吉野川の谷(五条)から新宮へ向かう道、下市から大峰山へ、吉野から熊野へ、同じく吉野から伊勢へ向かう山道の入り口が地形としてヤマトにふさわしい。

奈良盆地のヤマトは紀伊山地への山戸ではないだろう。奈良盆地の東西には低いながら山があり、そこへの小さなヤマト地形がいくつかある。例えば纏向川・初瀬川などの扇頂部付近の地形が山戸ではないだろうか。奈良盆地南部を紀伊山地の山戸とするのには、戸と山が離れすぎている。ヤマトは典型的な地形地名であるので、いろいろな地方に地名として存在する。

　谷の入り口であれば、ヤ戸である。谷戸か山戸かは入り口から奥に何を意識しているかの差である。地形的に差があるとは思えない。谷戸は関東地方ではなじみの深いいくらでもある地名である。海への入り口（陸から見て）はミナ戸（港）である。また「ナが戸」は長門、ミを美称とすればそれがないケースである。阿武隈山地最南端の那珂湊（茨城県）という地名はナを2回使っているほどで、やはりナは海原のナである。日向に対して「海向」（ナカ）が対語であろうか。

海のナ：　江戸と岐阜を結ぶ中仙道は山間を通り、海とは関係がなさそうなのに、ナカである。江戸を出るときは北に向かうが、いずれは海に向かう山道という意味であろうか。途中には「海」が付く地名がかなりある。苗字にも多い中島は池や沼などのナカの島の意である。上中左右東西南北に島が付く苗字は多いが、中島は上下、左右などの中ではない。日本庭園の池は海原族の生活の場であるリアス式海岸地形のミニチュアとして作られている。したがってこの池には湾や半島、島がかならず存在する。その島がナカ島である。

　ついでながら、枯山水庭園は植生限界以上の高山景観を模している。砂に付ける筋は条線土（典型的な山岳周氷河地形）のつもりであろう。枯山水は山に行かなくても登山気分が味わえるようなジオラマで、山岳修験道以後の産物である。ヨーロッパのロックガーデンは高山氷河地形の用語を用いて設計され、ゴルフ場は大陸の氷河地形をまねて、全体を緩やかな地形とし、堤や池、砂地などを配している。

田のタ：　田には水田と火田、陸田（岡田）がある。火田は焼き畑で、普通の畑（ハタケ）の原型である。日本列島で広く行われていた耕作形態である。水田はヌ田、ヌマ田、イナ田、フカ田（深い湿田）、タナ（棚）田、ミネ（峰）

田、アゲタ（上の田）、ウエダ、シモダ（下田）、もとの植生に因んで、アシダ、ヨシダ、イダ、カマタ、ホコタ、などいろいろの種類名称があり、地名や苗字になっている。

　なお私の故郷魚沼では家の周囲に消雪用に作られた池のことをタナ（田の水の意か？）といい、棚の意味では使っていない。タナとはタナ（田の水）を次々に使っていくという意味であり、形態的な「棚」という意味ではないと思う。他の地域ではどうであろうか。田の水が上から下へと段々に連なっている（水が温まる）ことに意義があるのであって、棚田は単なる段々を意味する形態的な意味ではない。

　稲イネの関連語：　イネの実が籾(もみ)、籾殻を取り去ると玄米、糠を取り去ると精米となる。さすがに日本はイネの国、最近まで稲作は国によって手厚く保護されてきた。イネは場合によってイナとなるが、次のような熟語がある。イナ作（重箱読み）、稲刈り、イネコキ（脱穀）、稲倉、イナカ（稲向）、イナゴ（稲の子、イネにつきものの虫）、イナギ（イネを掛けで干す木）、稲を始末する場所はイナバ（ウサギは無関係）、イナズマ（イネのパートナー）。イナズマは豊作のしるし、と弥生時代から言われているが、その頃から乾いた桑の畑には落ちないことも分かっているので、クワバラ桑原というおまじないをして、落雷に撃たれるのを避ける（ウソ）。ただし桑原という姓はその後の渡来民族の姓らしい。雷は神(かみ)が大声を出すという意味。「なり」はがなり立てると同じ意味だろう。

　イネの栽培地に、もともと生えていた植物として、アシ（語感が悪いのでヨシ）、蒲(がま)（カマ）、イグサなどがある。イグサは「こざ」や畳表として使われる。弥生時代の先進地域の1つ岡山県の名産品である。銅鉾はガマの穂のシンボル。鉾（矛）は武器としての実用性は薄いかも知れないが、水田国のシンボルとして、鉾を立てて縄文地域に進撃していった様子が目に浮かぶ。かまボコ（串刺し）、これが板だとイタカマ、笹カマもある。鷹鉾は同じ鉾でも鷹狩りの時、鷹が止まる棒、尖っていては止まれないから、何か工夫があるのであろう。なお大工さんが使うカラス口は墨糸を張る道具でこれとは関係がないだろう。

　弥生時代前期、秦の始皇帝(シン)は中国の最初の統一国家を造った。この国を周囲

第20章　倭人伝を読みながら考えたこと　　　　263

の国はシナと呼んだ。稲はここから伝わって来たので、シネ（ナ）、日本人には語感が悪いので、イナあるいはイネに変えた。あるいは中国人にとっても稲は胡（外国、多分インド）ネかも知れない（胡椒・胡麻のように）。一方、日本ではイグサやアシの生えているところは水田の適地（ヌマ、奴間、沼）であった。

　また山の田（ヤマダ、棚田）での栽培も中国経由で伝わってきた。バリ島や海南島あるいは広州の梯田がルーツであろう。焼き畑のうち水理が良いところが棚田として転換されたのであろう。さらにその焼き畑も、朝鮮半島の火田、中国の南部に今でも残る焼き畑耕作が日本に伝搬したものであろう。もっとも、焼き畑は他の世界と文化的な交流が全くなかった熱帯アンデスの中腹地帯でも行われていることから、伝播を考えなくてもよく、自然発生的な初期農業の形態かも知れない。古代の土地改良事業によって、山の焼き畑を水田に変えた。水田にすることで雑草の繁茂が防げるので、水田化は耕作の省力化であり、生産性の向上が著しい。また棚田の最大の利点は干ばつに強い、ということである。水を下田に集中させて全滅を防ぐことができる。

タヒラ：　和語で平（ピラ）とはガリが発達していない（小さな谷が刻まれていない）平滑な山地斜面をさす言葉である。勾配については、どちらかと言えば緩斜面をさすことが多い。つまり焼き畑の適地である。辞書では山地のなかの平らの所とされている。中央高地には氷河や周氷河作用で作られたヒラがあり、小さな沢のない斜面がみられる。多くの場合高山植生地となっている。

　斜面の畑では土壌浸食防止の目的で、石を積むなどして段々にする。これをcontour cultivation（等高線耕作）という。世界的に有名な例がAndes山地の耕地とされている。アンデスの段々畑は灌漑による土壌浸食防止のためであるが、水稲を持っていればたちまち棚田になるような形態をしている。アンデスは段々という意味である。

　ヒラが棚田になると田ヒラという。平安時代末期の政権を担当したのは平家であったが、このタ・ヒラと同じ語源を持つかどうか。平姓は奄美に多く残り、沖縄では平良となっている。黒潮の分流は奄美の近くで起きる。日本海側に向かう対馬海流にのる日本海のアマと本流に乗る太平洋のアマ（海原族）は奄美

が源流であろう。棚田農民・農村を平家の落人部落などと言っているが、由来はもっと古く、縄文から弥生の焼き畑・棚田耕作を行ってきた日本列島の伝統的な農民・漁労民である。政権についた平家はその一部である。それに対してデルタなど湿地の水田にしか興味を示さない湿地農民族は弥生時代になって大陸から北九州へ渡来してきた人々である。日本人のDNAなどの研究によれば、縄文的な原日本人の分布域に割り込むような形で大陸系が混じりこんでいるという。古事記や風土記によれば、服従しない焼き畑・棚田農民の一部を土蜘蛛などと呼び差別し、文化的同一性を強要している。

タカチホとは？ 日本の棚田については、自称して高地(たかち)（チは場所）の稲穂の国といった（と思われる）人々がいた（ホント？）。タカチホである。高千穂の千はチ（地）のあて字であろう。禾本科の植物は穂を出す。これから鉾・矛（穂の子）が生まれた。鉾・矛には柄（幹）がある。金属製の部分と柄のつなぎ方には、2種類ある。柄にかぶせて、抜けないように目釘を通すもの、あるいは柄を割って金属部を差し込み、目釘をさすかタガをはめて、締め付けるものである。武具（鉾、槍、刀、長刀、牙など）だけでなく農具も同じである。鍬、金鍬、鋤、鋤簾(じょれん)、鎌、鉈の柄の付け方には武具のそれと共通性がある。柄に直角に何かが付いたものとしてほかに、江戸火消しの鳶（口）、農機具のツルハシ（鶴の嘴）、唐鍬(とうぐゎ)などがある。柄と幹は同じ言葉である。

　鉾は測量器具として立て使う。携帯用には柄にかぶせるタイプの鉾がよい。柄は現地で調達できる。考古学的研究によって北九州は鉾の分布の中心地であるとされている。しかし考古学の成果を待つまでもなく、民間でもツクシンボ：筑紫の鉾として、同じ結論を得ている（ホント？）。

和語のエピソード： 鉾の幹の方が強調されると柱となる。先に付ける方はどうでも良くなり、柱に鐔や飾りを付ける程度となる。祇園祭の鉾立てやダンジリ（山車）となる。船鉾（図20-2）には鳥がい（居）たりする。船と測量と鳥居である。ただし諏訪大社の柱は異なる起源を持つかもしれない。魏志東夷伝に村ごとに神のよりしろとなる柱を立てて祀る国（馬韓）のことが紹介されている。

第 20 章　倭人伝を読みながら考えたこと　　　265

図 20-2　祇園船鉾

　掘っ立て柱の高床は湿地での住宅環境を確保するためである。半地下の方が温度環境に優れている。夏に涼しく、冬に暖かいからである。それに反して高床住居は洪水や津浪に強い。低い床や壁があると、つまり船であるので浮いて流される。戦後最大の洪水被害をもたらした伊勢湾台風の時、長島（海のナカだろう）など洪水経験の豊かな地域（輪中など）では一階の戸を外して、水を通りやすくしたという。一方上流のダム建設で立ち退きさせられて、そこに住み着いた人たちは、水から家を守ろうとして戸を閉め、結局家が船となってしまったということがいわれた。
　高校時代生物担当の、人情味豊かな恩師のあだ名がボコさまだった。上田蚕糸学校（信州大工学部の前身）の出身だったからである。農家ではボコさま（カイコ）は大切にされており、最盛期には座敷や寝間までボコさまに明け渡して生活するほどであった。それくらい偉いので「さま」が付くのだと思っていた。しかしここで気がついた。鉾を持った人がやってきて、稲作と養蚕を教えてくれたのだ。租や調は引き替えに取られるが、生活は向上した。それで、鉾さま、だと。鉾は測量器具、また銅鐸は板木（木鐸、魚鐸）が抽象化され実用性を失ったものというだという卓見（?）は別の章で触れる。水田地帯にあった私の家

では、板木は玄関脇にかかっていた。

金属関連の和語： 金(かね)関係では、アカガネ、クロガネ、カナ水、カナ気（湧き水に金属の気配）、カネつけ（お歯黒）、カガミ（カネの神？）、カナ槌、カナトコ、カジ（鍛冶）、フク（鋳造する）、イル、イモノ、イモノ師（鋳物の鍋に開いた穴を塞ぐ巡回技師）、丹(に)、シャヤ（スズ、錫）、カネどころ（鉱山）、カネつけ石（擦りつけて粉を作り金属を判定する石）、イブク（息吹く）、ヤス（冶ス）、つまり選鉱、川砂を洗って比重で鉱物を取り分ける（安河）などの関連語・派生語がある。

吉田金彦編書（2006）のコラム（p.91）テツの起源、に面白いことが書いてある。賽神（佐斐神）は鉄の神のことだという。私が子どもの頃、しめ飾りを雪の上（下は水田）で燃やすのは正月の15日。このとき子どもが歌うには「サイの神のバカメが出雲崎に呼ばれて、……」。そのスキに「サイの神」の供え物（注連縄など）を燃やすということになっていた。バカメとは罵るバカではなく、親しみを持って呼ぶバカメである。サイとは歳、つまり年を1つとる正月の神様だと子どものころ信じていたのだ。賽神（鉄の神）がタタラ製鉄の本場（出雲地方）に研修にでかけて不在の間に、注連縄飾りなどの祭具を焼いてしまおう、とは何と理にあったことか、とこのコラムを読んで気がついた。八百万の神が全部出雲に集う神有月があるのだ。神無月は旧十月であるが、雪国では雪降り前にとりあえず収穫した稲の脱穀・精米の仕事が（旧）正月まであるので、雪国の神は時差出勤していたらしい。

サとガリは体言につけて方向を表す。何処サ行ったべ？　などといまでも同じである。宇佐(うさ)とは「海の方へ」、吉野ヶ里（吉野ガリ(ごり)）も同じだろう。ナ残とは波が去った後に残るもの、カミ：シモ、ハラ：セ、真来通す：真来向く（一直線に並ぶ）。ソは衣、やまスソ（山麓）、クマソは赤で隈取りした衣（？）、ソは草……など。入り婿制度は古代にあっても頻繁であったらしく、XXイリヒコ、という人名が頻繁に見られる。XX（地名など）に婿養子になった男という意味であろう。あるいはイズ（日の出）・イリ（日没）は対語ではあろうか。北九州から見て、出雲は夏至の日の出方向にある。

第20章 倭人伝を読みながら考えたこと

数の数え方：

1) 一、二、三、四、五、六、七、八、九、十
   呉音：イチ、ニ、サン、シ、ゴ、ロク、シチ、ハチ、ク、ジフ
   漢音：イツ、ジ、サン、シ、ゴ、リク、シツ、ハツ、キュウ、シフ（ジュウ）
2) ヒ、フ、ミ、ヨ、ヰ、ム、ナ、ヤ、ク（コ）、ト（ウ）
3) ヒトツ、フタツ、ミッツ、ヨッツ、ヰッツ、ムッツ、ナナツ、ヤッツ、ココノツ、トウ
4) イル、イ、サム、サ、オ、ユク、チル、パル、ク、シブ
5) イー、アル、サン、スー、ウー、リュー、チー、パー、チュウ、シー

最初は明らかに漢語だが、2）と3）は和語である。2番目は韓国語にも中国語にも似ていない。これは何だ？ 魏志倭人伝では、ヒは卑、フは不、ミは彌、ヨの例はなく、ヰは伊あるいは発音から壱（一）をあてる。この字は中国語のイチであるので、誤解されやすい。イとヰを区別できる人はいなくなった。エとヱの区別も同様である。科学をカガクと読み、区別するために化学（バケ学）などと言っている。2つの音は違っていたのに、「標準語」が区別できなかったという理由で消滅したのは残念である。

魏志倭人伝の地名： 倭人伝の地名には、次の3種類があると予想される。
①その土地の人が昔から呼んでいた地名で、他国でも通用する地名
②伊都国などの中央政権が勝手に地方国につけた地名（例えば狗奴国など）
③魏使が和語の地名を聞き取り、③a音で相当する漢字を割り当てたもの、③b和語の意味を漢語（字）で翻訳したもの

古事記・日本書紀・万葉集・風土記の時代になると漢字が普及し、和語の地名や人名を自らも漢字で表現するようになった。そして和語の意味を相当する漢字に当てるようにもなった。また同じ和語に別の人が別の字を当てる例も増えた。また当てた漢字を音読み訓読みすることもあった。混乱の始まりである。アサマが浅間と記され、センゲンと発音され、最近ではシロウマ（原意は代馬、田代のウマ）が白馬（はくば）となるような例である。

地名のコピー： 地名が地形などに由来するもであれば、言葉の伝来によっ

て地名も転記(コピー)される。「御崎」や「原」のたぐいである。なお、ハラはセに代えられないように対語で、身体の前後を示している。ヘソがあることからわかるように身体の中心である。インカ帝国の首都クスコ（へそ）もこれと同じ発想の地名とされている。新田原は「新田」という名のセンター（みやこ）かもしれない。なお新治のハリは開墾することで、それが田であれば新田となる。私のハラは昔の面影なく、平らではないが、昔は平らであった。空きっ腹（お腹が空く）、原っぱ、新潟県にもハラはある。子どもの頃、戊辰戦争の古戦場が畑にも水田にもならず、草地（荒れ地、聖地）となっていた。ここが「ハラ」という地名だった。その付近の畑を「ハラ」の畑と呼んでいた。

　ヒラは山の斜面で細かいガリが入っていないところをいう。水を溜める必要から、田ヒラは絶対に水平でなければならないので、ヒラの水田は棚田になる。有名な「田原」坂の「タバル」は英語で言えば、rice field である。坂を下ると水田であるから、雨（天の水）が降らなくても、田の水で濡(ぬ)れてしまうかもしれない。ヌは、古代語以後に編まれた辞書には出ていないが、前古代語（そんなのがあるか知らないが）の水である。

　この解釈は後でもう一度出てくる。とにかく一音（節）単語は起源が古いと思う。セだけでなく、ミ（身）、目、ウ（鵜）、エ（江）、コ（子）などなど。古代日本人は一音名詞が好きなので、カァさん、ヤァさんなどという。カァは2文字ではないか、と言われるかも知れないが、私の田舎では、ト（父）、カ（母）である。家（の格）によって、トト、トット、おトトなどと使い分けていた。対応して女の方はカカ、カッカ、おカカと同じ格付けで使い分けられる。おトトのおカカはあるが、おトトのカはない。おトトのいる家にはおジジ・おババがいるが、ジやバはいない。

　トやカやバは大勢いるので屋号で区別する必要があるが、屋号を言わなくてもおトト、おジジ、おババと言えば類が少ないのでどこの家の父、大父・大母かわかる。トノと呼ばれる家は私の村にはなかった。アネサは成人の女性である。沖縄の方言とおなじである。アンニャは長男、次男以下はオジである。敬語の「サ」が付けば、アンニャサ、オッサになる。「サマ」もこの派生語であろう。古代神話で「佐」が付く神がいると、この「サ」を連想してしまう。何のことはない、古代語の方言は、沖縄から、越の国まで通用しているのである。

一文字で納まらないときはシャ文字（しゃくし?）とかユ文字（ゆかたびら?）とかいってあくまで一文字にこだわる。しかし日本語は48文字しかないので、アクセントで区別して語数を増やすしかない。辞書で調べた1音1字の和語のうち、とくに地名に現れそうなものをさがしたいが、2字の佳字を用いた地名にせよ、などという馬鹿な布令（ふれ）のせいでかなりのものが変えられてしまった。最近では市町村合併で新しい地名が生まれている。地図には現れない小字名にこそ、古い地名が残されている。

地形地名は同じような地形が方々（天は円にして、地は方の地方地方）にあるので対比しやすい。また神社名などを通じて転記されることも多い。全国で一番多いという八幡神社があれば、その杜（森）に三本足の鴉がいなくても「八幡（やわた）」という地名が生まれる。なお八幡（後にハチマン）神社は誉田別命（ほんだわけ）（応神天皇）を祭る神社で、弓矢（ゆみや）八幡（はちまん）といわれるように武運の神である。しかし総本社の宇佐神社にはそれより古い神がいたようである。一般に記紀の神を祀る神社（律令神社）にはもっと古い神（国つ神）が祀られている気配がある。乗っ取られたという表現で良いかも知れない。そして民衆の信仰はどうもそっちの古い方に向けられている。神社の方も心得たもので、例えば、菅原神社（菅原道真の祟りをおそれて作った神社）を学問や受験の神などとしている。出雲大社（国つ神の祖スサノウを畏れて作った神社）は縁結びの神として名高い。

人が移動すればもちろん地名も移動する。故郷を懐かしんで適当に同じ地名を新たに命名するからである。例えばNew Yorkをスペイン語ではNueva Yorkという．地名はYorkの部分だけだと思っているから、そうでない修飾部分は自国語に翻訳してしまうのである。スペイン人は故郷の地名をそのままコピーして使う。nuevaなどは付けないことも多い。また大きな都市では街路の名前に地方都市の名前をそのまま付ける習慣がある。Lima（Peruの首都）のArequipa（第2の都市）通りやCuzco（ヘソという古都）通りのたぐいである。地方から来た人は故郷の地名を聞いて、すっかりLimaが好きになるというしかけである。われわれもタクシーに乗ってアレキッパに行ってくれなどといっている。地名のコピーについては長谷川修氏（1974）の著書が詳しい。なお長谷川修氏の九州政権のアイデアはあまり引用されていないが、古田武彦氏の「九州王朝」に引き継がれている。

愛宕山（あたご）という地名をウィキで探してみると、東北地方で32、関東地方で24、中部地方で11、近畿地方で23、中国・四国地方で13、九州地方で18が登録されている。これはもちろん神社名を介して、伝搬した地名である。愛宕神社は全国で900社あるという。社殿を持つ神社より古く、神を招いて祀る場所としての神籬（ひもろぎ）に起源を持つ神社で、火を付け・火を伏せる神（古代の神は常に2面性を持つ）、禁酒・禁煙の神（この場合の2面性とは？）として信仰されている。

　愛宕神社の総本社は山城（旧名山代、山背）の愛宕神社とされているがこれは制度上のことで、本当のルーツかどうかは疑わしい。愛宕山は924m、対でとらえられる東の比叡山は839mである。地名の愛宕山については九州では高千穂町、五ヶ瀬町、延岡市、南島原町、佐伯市、佐賀県小城市、福岡県のみやま市、福岡市西区、他に鹿児島県に6山などが分布している。これらのどれか1つの山が火付けの山であり、その神が愛宕神社とともに全国に（燃え）広がったものと考えている。

　桜島の愛宕山は 新鮮な溶岩流（大正溶岩）か、その時わずかに埋め残された古い溶岩流の山であり、あまりにも新しすぎる。南島原市の愛宕山（291m）は活火山普賢岳から18km離れており、間は谷有り山ありなので、火付けの山にふさわしくない。その他火山の近くに位置する愛宕山が無いので、火山による火付けはあきらめた。

　そこで発想を変え、愛宕山・愛宕の神のルーツを焼き畑とした。これなら、火を付け、しかし無意味に火が広がらないようにする2面性を持った神としてぴったりではないか。この意味で探すと、小城市の愛宕山（397m）、高千穂・五ヶ瀬など焼き畑の本場が浮かんでくる。イザナギ・イザナミの子迦具土神（かぐつち）（火の神）は焼き畑の火の放ち方を誤り、母イザナミを死なしてしまう。コノハナサクヤ姫も同じように、山の神で火の神である。火山の神ととらえるのは限定が過ぎるので、山の火入れ焼き畑の神ととらえるとしっくりする。焼き畑の株からはシイ・カシ・クリなどの新たな萌芽（世代交代）が見られる。二次林の一種として萌芽林という学術用語があるほどである。火の神がしたことには必ず、新しい生命の再生が付いている。当時の焼き畑民は自然をそのようにとらえていたのであろう。

第20章 倭人伝を読みながら考えたこと

　北海道には「御影」（十勝平野）「日高」（山脈にも）などの地名がある。地名の由来を知らない人が、御影（十勝平野）から日高（十勝の西の隣国）へ馬を見に行ったという旅行談を、御影（神戸）から日高（和歌山県）へ馬を見に行った、と解釈したらどうであろうか。もちろん逆のケースもあり得るが、方向や里程が記載されていれば、辻褄が合わなくなる方が誤りである。合わなくなったからといって、方向や里程の記載が間違っている、とするのは本末転倒である。なお、日高は（日高）山脈の南西斜面に当たる地方をさし、埼玉県の入間郡（イルマ、関東平野で日が沈む方という意味）にも日高という地名がある。ここは関東平野の西縁の山間ながら西に開けた土地である。午後でも日が高いという意味であろうか。

　ついでに天皇の名前について私なりの語呂を合わせを紹介する。全くの遊び心でしたことであるので、真面目にとられては困る。イワレビコ（初代神武）：ここに（国の始めが）由来する王（一ツ瀬川付近の出身）。イハレは文字通り由来または理由（根源）の意味。ヌナカワミミ（2代綏靖）：耳川河口付近（3つめの川）の出身の王。五ケ瀬川付近出身の五瀬の王(みこと)は神武を助けて戦争中に戦死。他の1人は若くして海難で死亡、もう一人は常世（大陸？）か黄泉の国（一大国？）にいってしまった（記 p.88）。

　シキツヒコタマデミ（3代安寧）：　シキの港出身だが南方（奄美か？）暮らしの経験のある山彦のイメージの王。スキトモ（4代懿徳）畑作農政に長けた王。ミマツヒコカエシネ（5代）港湾の郷出身の王。〈中略〉ミマキイリヒコイニエ（10代崇神）北九州の眞来向く地の皇后（御間城姫）の婿養子になった王である。赤い珠をいくらでも手に入れることのできる海原族出身であるが、生活習慣の違う水郷の湿地族のミツカキの宮に住んだわけである。ミツカキとは水で周囲が囲われた郷で、筑後川のデルタなどにはいくらでもあるので場所は特定できない。

　イクメイリビコイサチ（11代垂仁）ミツカキで生まれたが、北の（イ）ク（ル）メの郷に婿養子に入り、王として狭い穂つまり稲栽培を振興した。（ここまで天皇の名前や記述からは東征の気配はない）〈長い中略、系譜不明瞭〉オキナガタラシヒメ（神功皇后）タラシヒメとは単に母親という意味もあるという。またタラシナカツヒコ（14代仲哀）「ナカツ」を省くと、タラシヒコとは

単に父親という意味(ナカツは次男か)。この2人についてはずいぶん人をくった命名法である。誰の両親か、つまりホンダワケの両親ということ。ホンダワケは重要人物なので、系譜の上で両親を用意したという程度の存在であろう。この架空の存在によって、九州地方の政治情報を語らせている、と見ることもできる。

　ホンダワケ（15代応神）本当にワケ、由来または理由（根源）がある天皇という意味の名前であろう。この天皇が筑紫から大和の纏向に都を移したらしい。日本書紀では神功皇后が卑弥呼であるような書き方をしているが、これは無理。独身で子どもがいないからだ。それでは魏志倭人伝に名を残した壱（台）与か、13歳で倭（九州）の女王になった少女が、のちに神がかり的な激しい気性の神功皇后に成長したというストーリーは考えやすいドラマである。神話ということで、NHK大河ドラマにでもなりそうな話しである。トヨをもじった生まれ変わりの「ヨドぎみ」は何回も登場している。

　景行天皇・日本武尊という九州で繰り広げられた神話（風土記も含めて）の後に、「父親」「母親」というすごい（いい加減ともいう）名前の両親を持った天皇が現れたのであるから、ここから（応神天皇から）歴史時代の大和政権が始まったと考えるべきであろうか。

　国のシンボルカラー：　サッカーの国際試合でのユニホームにはお国柄が現れる。日本のライバル韓国は赤である。対抗上日本は白かと思うが青である。秀吉の朝鮮出兵に際し、わかりやすいように、韓半島に侵入した軍の管区担当を赤組と白組に分けて設定し、赤組は全羅道（左あるいは西）担当、白組は慶尚道（右あるいは東）担当としたと言われている。境界はソベク（小白）山脈であったろう。魏志では扶余が白を尚ぶ、と記述されている。

　このような2分法を適用すると、日本で言えば西国と東国、平家と源氏、関ヶ原の西軍と東軍、戊辰戦争の官軍国と賊軍国に当たる。前者が赤、後者が白である。ちなみに日本の国旗は、白地に赤い日の丸、であり、太陽であることは間違いないであろう。しかし、平家が源氏に取り囲まれて孤立していると見ると、これは逆に、赤地に白丸の方が良いかも知れない。伝統的に清浄な白は孤高で日本の中心であり、赤は四隅まで広がる海を意味する国際色だからである。

日本国旗を考えた人が、赤旗は後世別の用途で使われるかも知れないので、逆にしたというのであれば驚くべき卓見である（どこまで真面目な話か保証はできない）。ただし朝鮮半島には太白（テベク）山脈があり（白山神社のルーツ?）、分水嶺は著しく日本海側（東側）に寄っている。テベク山脈の西側は緩く傾く準平原で慶尚道（白の国シイラギ）、さらにその西の低いソベク山脈を挟んで西側は全羅道（赤の国クダラ）である。何を言いたいかというと、魏志倭人伝の使者を、郡から韓半島南岸を経て倭まで連れてきたのは、後の百済国側の海原族（多島海の住民）と（後述の末廬国の出身の）海原族（渡部氏、末廬一族）だろうと想像した、ということである。後の白の新羅国側は関与していないと思われる。

　五箇山や白川郷（富山県・岐阜県）には「こきりこ小切子踊」があり、数年前たまたま鑑賞する機会があった。25cmくらいに切った竹を横につないだものを使った踊りであった。衣装は黄色で赤は使われていなかった。この付近には平家落人伝説があるが、赤の平家だとは感じられなかった。

　平家の落人伝説がいたるところにあると言うことは2つの生活様式（文明）が衝突し、一方つまり赤が破れたということである。紅白合戦の後、赤の平家・海軍・国際派は白の源氏の軍門に下った（白旗をかかげた）のである。つまり平家の落人は海原族の末裔であろう。赤は熊本県五家庄の古代踊り久連子のハカマや神社の巫女さんのハカマ、日向ひょっとこ夏祭り、阿波踊り（女踊り）の赤い裏着、赤い鳥居・神社に残った（fig20-1）。

　ちなみに熊襲とは、目の縁を隈取った（京劇や歌舞伎のような、あるいはねぶた絵のような、もとを質せば入れ墨をした）人か赤い衣装を着た人のことであり、律令体制に組み込まれるのを拒否したため、中央から蔑称されるようになってしまったらしい。古事記でも神武天皇の従臣大久米命が目の周りに入れ墨をしていたと記されている（記p.100）。そして、どうしてそんなにぱっちりした目をしているの？　可愛い媛を探すためですよ、などとやりとりしている。

　魏志倭人伝の記述では「男子は大小となく、皆黥面文身す」（魏p.45）とある。海原族は鮫などの攻撃を防ぐために身体に入れ墨していると記述されているが、入れ墨の目的も変わったようである。北海道先住民（アイヌ）にもこの

習慣があったので、日本列島の南北をこの習慣のない人々によって分断されていることが分かる。分断と言えばアルコール消費量の分布もそうである。北（青森や秋田）と南（鹿児島や熊本）に多いのである。遺伝的にアルデヒド分解酵素の数（量？）が多いから多く飲まないと酔えないからだという。

　古事記（記 p.132）では小碓命（やまとたける）は、伊勢神宮の巫女と同じ赤色のハカマ（襲）で女装し、つまりヤマトタケルは入れ墨をしていないので女装が可能だったのであり、赤いべべ着た可愛い娘と思い込んだ熊曾のタケル兄弟２人をだまし討ちにしている（記 p.133）。

　（伊勢）神宮に祭られているのは海原族のアマ・テラス神であり、天武天皇は式年遷宮のしきたりを始め、皇族を斎宮として仕えさせた。日本の各地の神社に天照大御神に始まる神話の神を配置し、神宮をそれらの頂点と位置付けた。古事記の序文によると、天武天皇の軍が進撃するとき絳旗（赤旗）をかかげていた（記 p.15）とある。天武朝は海原族を味方につけていたのである。とするとそれまでの皇室は白（白羅派）だったのだろうか、天智天皇は百済の復興を目指して白村江まで兵を送ったのだから赤である。どうも旗幟鮮明でないが、内輪もめだったのであろうか。天武天皇は日本の歴史上最強の権力を一人で掌握した天皇である。その時代から律令国家の再建を目指そうとした明治天皇まで、天皇ご自身が伊勢神宮を参拝することはなかったという。江戸時代には、お伊勢まいりと称して庶民に大人気であったが、農のカミ（外宮の方の国津神）も鎮座することを知っていたからかもしれない。海原族の家は一時的な庵であるので、神宮といえども、20年に一回の式年にあたり作り直さなければならないのである。ただし伊勢神宮の建物は赤色のない別格の神社である。

　神社というものは自分で自分の神社を造るものでなく、滅ぼしたものが祟らぬように、あるいは地元の人々を慰撫するために造ったものである。これはエジプトの王家の谷の神殿やアンデスのクスコの大聖堂とは異なる考え方である。つまりそこでは見えよがしに、古い神殿の一部を残して、その上に新しい神殿（教会）を重ねて作っている。見れば直ちに何が滅び、何が新しい支配者であるか、分かるように作られている。

　日本では活動する富士山を鎮めるために、あさま神社を造ったり、菅原神社、神田明神（国津神と明神の平将門）、古くは出雲大社（国津神の象徴的元

祖）も同じ趣旨で造られたと思われる。仏教には死者を弔う墓という概念さえなかったようであり、また自然崇拝のアニミズムに祟りはない。しかし、いにしえの人々は六条御息所やお岩さんに恐れおののいたのである。墓や神社は生き残った人が祟りを畏れて尊敬してつくったものである。

古墳について： 古墳とはなんであろうか。現在は核家族化が進み、1998年岩下志麻さん演ずる桜咲節子のように、「お墓がない」人も多いと思われる。急死すればとりあえず火葬して、遺族が1年くらいで墓を作ってくれるであろう。巨大な古墳は作成に最低10年は要するという試算があるそうである。それほどでなくても数ヶ月とか1年はかかるだろう。用意しておいた墓（古墳）と離れたところで死亡したらどうするのか。遺体の保存技術と古墳は一対のものでなければならない。私の予想は、古墳の中にその人の遺体はほとんどない、である。熱帯アンデス高地では普通の丘の畑からミイラがでることがある。乾燥と低温と石灰質の土壌は意図しなくてもミイラを作ってしまう。湿潤地帯ではそうはいかない。後漢書倭の条では、亡骸を十余日家に置くとしている。魏志扶余の条では夏には腐敗を防ぐため氷付けにする、としている。同じく高句麗の条では、遺体に着せる特別の衣があり、多くの宝物を副葬し、石を積んで塚を作るとしている。

　古墳の中に遺体があるとしたら、生前にその人のための墳を作っておいたことになる。日本書紀仁徳天皇の記事の最後ごろに、その死と百舌鳥野陵（注記によれば堺市大仙町、のべ180万人を要すると試算された世界最大級の墳墓）に葬られたとの記述があり、それに先立つ20年前に陵を築ったとある。大仙陵はあまりにも巨大なので、生前から用意しておかなければ、辻褄が合わないと日本書紀の編纂者は考えたのであろう。また風土記筑紫国逸文（p.523）の磐井の墓（岩戸山古墳）について、予め墓を作ってあった、と古老の話を紹介している。磐井は敗軍の将で戦死であるのに、その墓が巨大であるのはおかしいと考えてた上での記述であろう。

　古事記・日本書紀・風土記では、このほかに墓を生前に作っておいたという記述は見つからなかった。もちろん私が、十分な読みをしていない可能性は大きい。それにしても、〜（人）は〜（場所）に葬られたという記事は多数ある

が、私を含めて墓は死後の造営だ、と思い込んでいる人が多いと思われる。巨大な墓は生前に作られ、小さな墓は死後に作られる、などということはあり得ないので、古墳とは何か、葬られた人とそれを作った人の関係は依然として謎である。

　生前の造営の場合、すぐに埋められるような仕掛けがあるか、後で塞げるように横穴があるような構造になっている必要がある。しかし、古代の王は何時亡くなっても良いように。自分で自分の墳をつくり、満足げに眺めていたのだろうか。甕棺だって同じである。自然死なら予め用意しておくことはできる。戦争で多数の死者が出ることを予想して甕棺を多数用意してから戦争をするのだろうか。

　しかし桜咲節子のケースとは違って、医学が進歩した時代のわれわれですら死期と死に場所を知らないのである。南の島ではサンゴ礁の砂丘にとりあえず埋葬して、適当な回忌に掘り出して洗骨して、本埋葬する習俗があったという。それなら分かる。ただしその場合は遺骨の状態は「解剖学的な身体の形」をせずに整えられれていると思われる。

　死後に墳を作る場合は誰がそれを作るかである。惜しまれて家族や民から慕われた王なら、作り手はいる。しかし、いなくなって良かった、というような王はいなかったのだろうか。それより不思議なのは戦争で負けた将の墳である。誰が作ったのか。敗者側にそんな余力があるのなら、その力を復讐に回した方が良いのではないか。私の素人カンでは敗者の墓は勝者が作った、である。アマゾンの人肉食の習俗について、戦争で勇敢に戦って死んだ敵方の英雄だけが対象で、ほかは見向きもされないという記事を読んだことがある。

　しかし墳の作成は莫大な出費のかかる経済活動である。相手を称えるためだけではないだろう。生きている人の役に立つように作らなくては経済は成り立たない。それはなにか。「たたり」を畏れたからであろう。現世におきる不都合なこと（災害・疫病・農業の不作・民心の動揺）が「たたり」だという考えに取り憑かれたら、どうしようもない。祟りの主は非業の死を遂げた敵将だけではない。自分の先祖だって粗末に扱えば、祟る。だから古墳のうちかなりのものは、死去後時間が経過してから、祟りがあったと思い込んだとき作ったのではないか。卑弥呼のことを老婆の女酋長と言ってしまった人が、不幸な目に

あって、その祟りだと思い込み、その後に怖くなって卑弥呼の墳を作るようなことはないのだろうか。

　もう一度私の素人カンでは、この狂気に取り憑かれた4・500年間が古墳時代だったと思う。弥生時代の何時かに、この狂気の宗教を持ち込んだのは誰か。どこから持ち込んだのか。律令国家によって神社が創設されるようになると古墳造営は急速に終わる。代替として登場した神社の方が合理的かつ経済的だからである。最後のころは古墳が神社になってしまっていたのではないだろうか。

　あるいは古墳を作ることを一斉にやめたのは仏教の伝来と関係あるのだろうか。私の知識では仏教に「祟り」という種類の宗教心はない。おそらく先祖崇拝も原始仏教には無いと思われる。地方に仏教が浸透するのに時間がかかっているので、古墳時代の終焉には時間差が生じるだろう。それにしても仏教だけでは祟りを畏れる気持ちは払拭できなかったらしい。平安貴族の祟りを畏れるさまは、源氏物語などからも窺える。生きていても祟るのである。

　おそらく縄文的なアニミズムの神は1つ場所に常住せず、呼んだときだけ下りてきてくれる、きわめて主観的な存在である。信じない者には無いと同じである。それに対して神社は客観的な装置として常在し、形式的な祈りであってもそれを許してくれる。存在を信じ、存在を感じなければ存在しないアニミズムの神と神社の神はかなり異質である。さらに神社は祭神の時代とは関係なく、何時の時代でも作ることができ、またいくつにでも分割できるという特性がある。東照宮は日光、東京、静岡にある。墓は一人に対して1基などという原則を立て、その他の古墳は豪族のだれだれのもの、などと特定しようとしているが、これは疑わなくて良いことであろうか。つまり墓が神社かも知れないという疑いはないのだろうか。

　明らかに祟りが起源の天満宮（菅原神社、天神社）は全国に分布している。八幡神社（応神天皇）は宇佐だけでなく全国でもっともありふれた神社である。神社には仏舎利のような即物的なものは何もない。儀式さえ行えばいくらでも増やせるのである。空っぽの古墳は神社と同じではないか。「神社は古墳の代替」説は宗教学では常識なのかも知れないが、私なりに結論を得る過程があったので、紹介してみた。

　古墳神社説に立てば、例えば卑弥呼の墓がいくつあっても良いことになる。

大和に、邪馬台国に卑弥呼の墓が見つかっても、伊都国に見つかっても、奴国に見つかっても、中はカラあるいは、宝石や鏡程度だったら、私の推論である古墳神社説はOKである。一方、すべての古墳に遺体があるならNOである。さらに奈良盆地に卑弥呼の墓が見つかり、遺体のあった気配があるなら、卑弥呼東征があったことになり、中がカラだったら、卑弥呼を敬って、祟りを畏れて後でつくった神社のようなものであるから、他の地方、例えば西都にも卑弥呼塚があってもおかしくない

例え話として、私を可愛がってくれた祖父の遺品の木の数珠を携えて、私が富士山麓を旅行中に、富士山大噴火に遭い埋もれてしまったとする。後世この遺体が発見され、その年代が議論となった、としよう。C-14年代では数珠の年代は江戸時代となり、衣服のそれは明治時代となった。木綿（当時のC-14）にわずかに化学繊維（石油系でC-14なし）が混紡された衣類だと、そのような値となる。これを全部同時代の遺物と見なすとC-14法はあてにならない年代測定法だということになる。しかし携帯が同時に発掘された。これはスマートフォンと呼ばれるタイプだったので、2010年頃から急速に普及し、2020年頃には新しい方式に変わったので（ホント？）、時代を特定できる、ということになった。地質時代でも進化が速い生物の化石でその時代の編年が行われる。それにしても私の希望としては、副葬遺物で墓の年代を決めるのは止めてほしい。私の遺体で年代を測って貰いたい、と思うのである。

平成になってから、古代史ファンが2派に分かれて近畿と九州にそれぞれ卑弥呼塚というモニュメントを作ったとしよう。時代が新しいからこれは卑弥呼塚ではないなどという論理は、卑弥呼塚が神社なら成り立たない。この卑弥呼塚にはケータイが埋まっているかも知れないのである。また、子どもの頃、我が家に、むかしのオババ（祖父の母）の茶碗というものがあった。大切に使えば新旧の時代（数十年）の食器が入り混じってしまう。また思考実験として、骨董好きだったおじいちゃんの墓に、骨董に興味がない家族が呉州赤絵の磁器を副葬したとしても、その死亡年が江戸時代初期に遡るわけではない。

このように副葬品から古墳の作成時代をきめることは難しいはずだから、考古学では古墳の年代を決める際は、資料の性格が十分吟味されていると思われる。自然科学の立場から言えば、遺体のC-14年だけが絶対的な決め手である。

ただし C-14 の空気中濃度は太陽活動・地球の磁力の強さなどによって経年変化しているので、生の C-14 年代を暦年補正をした値でないと、考古年代や歴史年代とはならない。C-14 年代には暦年補正していない値が広まっていた時期があるので、要注意である。

　全国に数万社もある八幡神社で、設立が新しいから八幡神社でないなどと判定されたものは 1 つもない。また古墳や神社の規模の大小はその土地の経済力（集めうる労働力）の反映であるから、大きいほど本モノである、などとサイズで本家争いをしても、仕方ないことである。もちろん以上の指摘は「古墳＝神社説」が正しかった場合の話である。古墳は最初の頃はたしかに墳墓であったが、大型化するにつれ、そして古墳時代末期には完全に神社化していたのではないだろうか。

　戦争について：　弥生時代は戦争の時代だと言われる。考古学では稲作の普及と共に始まったと考えられている。戦争の目的は何か。水田耕地の獲得、税を払い労働力を提供してくれる人民の獲得であろうか。略奪が目的であるなら土地・人民の以外の財宝も対象となる。服飾品や金属器などは重さの割に労働付加価値が高い。食料品の略奪などはよほど食糧事情が窮迫しない限り、戦争の目的にはならない。租としての米は輸送コストを考えれば、遠隔地の領土獲得の理由にはならない。

　また人間には他の動物にない攻撃的性格があり、心の問題として、権力が権力の拡大をめざし、覇権を求める。他の動物は食べるか食べられるか文字通り死活をかけて戦うことはあるが、人間は民族の誇りにかけてとか、国の死活問題である、などと勝手に目的を設定して戦争をする。好戦的な政治家や評論家はこの点で、確かに動物の域を超えた存在である。

　狂気のように戦争に向かう人間の目的をいくら詮索しても始まらない。それからは狂気を肯定するか否定するかの新たな狂気が出てくるだけである。古来、地理学は戦争のオペレーションに関わってきたことは否定できない。小説三国志に出てくる軍師（諸葛亮など）は武力ではなく、地理力で登用されている。日本では武田の山本勘助、秀吉の竹中半兵衛、上杉の直江兼続などいくらでも例を挙げることができる。後者は私の郷里旧名上田庄の出身である。長尾や樋

口を名乗る同級生がいた。話しがすぐに脱線しそうになるので、早々に戻すと、戦争は結果から分析すべきである。勝者は何を得て敗者は何を失ったかの分析である。

18章で見たように、倭国と狗奴国の戦争の結果は、山と平野を結ぶ交通路の遮断という結果として残された。この交通路は邪馬壱国・投馬国あるいは旁国の幾つかと北九州を結ぶ幹線陸路であっただけに、これが倭国の衰退あるいは倭国の東遷の原因ではなかったか、と考えている。陸路をハイウェーとして利用する海原族（千早振る暴走族？）がいなくなれば、すなわち湿地族にとっては山道は興味のない対象であるので、交通路（分水嶺、ワケ）の付近がどちらの国であろうと関心外となる。そこで、分水嶺付近の争いの結果としての国境が現在まで変更されずに残ったのだ、と思われる。

国内戦争とはこういうものだという例として、もっとも最近の国内戦である戊辰戦争の戦後処理を見てみよう。もちろんこれには直後の始末だけでなく、後遺の事象も含まれている。

1) **領土**　統一国家内の内戦なので、薩摩の飛び地が越後や会津にあるというような領地の獲得はないように見える。しかし薩長などの明治政府は広大な国有地を獲得した。山野の国有地の管理は営林署の管轄である。西の方では営林署は県に1つくらいである。東北地方では郡に1つくらいである。戊辰戦争とは関係ないが、北海道では市町村に1つずつくらいの営林署があった（行革で大幅に減少した）。獲得した「国有林」の広さが営林署の存在密度を反映している。

2) **水利権の獲得**　農業用水利権は慣行として認められた。それを越える流量についてである。信濃川・阿賀野川（新潟県・福島県）の水利権は地元にはない。信濃川の発電利用権は全て（旧）国鉄のものである。新潟県内の信濃川には水はない。トンネル―発電所―トンネル―発電所、という連鎖で川の水はトンネルの中を流れている。最後の発電所小千谷の下流でようやく大河信濃川らしい河況となる。それも朝と夕の2回のラッシュに合わせて水位が変化する川となって。

尾瀬原は阿賀野川の源流（主要な支流只見川）の1つである。幸い水没は免れたが、分割された電力会社間の水利権争いのシンボルとして、尾瀬原に東

電小屋が残っている。その下流の奥只見ダム・田子倉ダム（電源開発株式会社）から下流には流れる川がない。ダムと次のダムの落差がほとんど発電に用いられているからである。その他の阿賀野川の水利権はおおむね東北電力が所有している。しかし電力会社の分割は 1950 年であり、水利権は全て国有だった。田子倉ダム補償事件は、後の水源地域対策特別措置法の成立の原因となり、原子力発電所立地の補償案件の前例となっている。ちなみに、東京電力は尾瀬ヶ原をダムにすることはできなかったが、戊辰戦争当時の賊国だった新潟県と福島県に原子力発電所を置くことができた、国の厚い保護のもとで。しかもその 2 つとも地震で事故を起こした。

3）心の問題　海軍司令官大田実少将の最後の電文「沖縄県民かく戦えり。県民に対し後世特別の御高配を賜らんことを」。民を含めた総力戦闘は沖縄でのみ行われた。日本のために地上戦を戦ってくれた沖縄の人たちに感謝の念を忘れない、これが日本の誇り、愛国心の原点でなければならない。戊辰戦争の敗者は靖国神社には祀られていない。

　アメリカの欧州戦線における日系部隊は無謀なほど勇猛であったといわれている。我が郷里の小さな村では日清・日露戦争の戦没者の個人名のお墓が多数あった。下賜金のためであろうか、先祖代々之墓より立派だったが、その数は十戸に 1 基ぐらいもの割合だった。祖国のためにという美辞麗句では済まされない何かがある。底通しているおもいは同じ、国民として認知して貰いたかったのである。

　また、県庁を地域の中心的な城下町に置くことが許されなかった。長岡でなく新潟に、会津でなく福島に、酒田でなく山形に、弘前でなく青森に。青森の市制施行は明治 31 年（1898 年）である。それまで町か村だったところに県庁が置かれていたわけである。もちろん県民の求心力を殺ぐためである。

　私が大学院生の頃、西ドイツから地理学を専門とする大学院生の訪問があった。彼がいうには、いろいろの指標を日本の県別地図に分布図として落とすと東北地方の後進性が現れる。その原因・メカニズムを研究したい、ということだった。なにしろ 50 年以上も前のことなので、それが誰でどうなったか定かでない。ただ私は戊辰戦争の賊軍国と後の政府の官軍国の分布図を作ったらどうかとアドバイスしたことを覚えている。

第二次世界大戦でも同じことが見られた。海外植民地や利権の全てを没収され、軍事力だけでなく外交権も独立国としては危うい状態で現在まで来ている。どちらかと言えば中立的であった南米諸国では、対米関係を基軸に、という現在の日本の主張・方針は一般には全く認められておらず、対米戦の敗戦の結果やむをえず従属、と理解されていた（45年ほど前のこと）。戦争の結果として、勝者敗者とも戦死者分だけ人口が必ず減少する。これは最も確かな戦争の結末である。

　生活道具：　糸で布を縫うためには針がいる。針は布地を突き通すために、先が尖っていて、反対側は糸を通す穴が開いている。突き通して引き抜いて糸を通す。かぎ針は先に小さな「返し」が付いていて、突き刺してから、「返し」に糸をかけて引き戻すタイプの針で、編み物などに使われる。これをJの字に曲げると釣り鉤になる。この場合返しは、魚が暴れて針が抜けてしまうのを防ぐ働きをする。ハリ巴利の国（香春）で作られていたらしい。魚釣り糸は蚕か山蚕の糸を使っているらしいが、中国特産の虫から作る秘伝テグス（天蚕糸）の強度にはかなわない。仕方ないので潜水して簎（ヤス）で突いて魚を捕っていたのであろう。後世のことになるが神功皇后が、魏使ゆかりの深浦の近くで、飯（粒）を餌に魚を釣ったらしいが、そんな細い鉄の鉤が作れるようになるとは倭の鉄器作製技術も進歩したものである。

　織物では、縦糸（経度の経）を多数ならべ、一本おきに互い違いにして、上下（横機）あるいは前後（縦機）に空間を作り、そこに横糸（緯度の緯）を鉤の付いた梭（つまり矛）で通す。縦糸の空間を交互に切り替えながら横糸を通す。これを繰り返すと織物となる。横糸を通す器具が進化したものがシャトル、「杼」である。倭国では漁業・織物・武具になにか相通ずるものを使っている。そういえば機関銃・ミシン・自動織機・パチンコ機台は通じあう技術だという。

　以下のことも後世のこととなる。祭具としての銅鐸の分布は大和が中心とされている。抽象化される前に何か具体的な用途があったと思われる。私が子どもだったころ、家に板木（はんぎ）があった。これは50cm足らずの長さの厚い木の板で、縄で玄関の外などにぶら下げておく。これを木槌（こづち）で叩いて音を出し、田で働く人に、昼やお茶休みの時間の合図とする。それぞれ先祖代々使い続けているの

で、音でどこの家の板木が分かる仕組みである。材質や大きさや形で音階が変わるから、それを並べれば音楽に用いられる。木琴も同じ起源だろう。板木は水田作業のシンボルであって、他の季節、例えば畑仕事の期間には使わなかった。

仏教伝来後は板木は魚板となり、木魚になった。分からんこと真言（のお経）のごとし、といわれるが、大陸的雰囲気の強い真言宗では木魚はあまり使わないようである。木魚のリズムと読経は音楽的には相性が良い。半鐘は火事（家事ではなく、いまは方言となったがクァジが原音）発生を知らせるもので、連続早打ち（スリバンという）は村の中の火事、カンカン間カンカン間、は隣村の火事、それより間遠だともう1つ先の村というきまりがあった。スリバンは男衆の即刻集合命令でもある。隣村では応援招集、隣々村では風が強くない限り、情報提供ぐらいの感じである。火事は田舎では最大のイベントなので、カン間間カンでも、煙を探してとんで行けば（北関東と共通の方言だが、走るをトブという）隣村まで15分位なので、間に合うからである。火事に野次馬はつきものである。ヤジはなまりで、もとはヤチ、つまりヤチ（沼地）の馬のように、そこに居ても役に立たないことが語源だという（ホント?）。この本の著者のように年を取っているのに、興味をやたらに持ちたがる浅はかな馬を野次馬というとしたら、困ったことである。

鐸はもともと音を出す器具であったから鐘や鉦にも進化し、中国でも日本でも舞踊の音楽の楽器となった。一方では、飾りとなってお堂の優雅な風鐸となり、風鐸は最後にはガラス製となり、庶民は風鈴の音を楽しんだ。水田の村の板木と古代の風鐸と風鈴が同じルーツだ（?）とは誰も知らないかもしれない。

農民の耕作面積の単位： 魏志倭人伝の1里とは生活面でどんな量であろうか。方1里は1辺が1里（67m）の面積であるので4489m^2となる。これは1戸に割り当てる田の単位であろう。いわゆる5反（百姓）である。これは水田なら1ヶ家5人でなんとか食べていける面積である。現在では反収は600kgぐらいであるが、当時は1/4として、1里平方の収穫は673kgとなり、5人で1年分とすると1日1人当たり370g（2合強、2食分）となる。なお収量が少ない時代は出費も少ないので、5反（現在では5000m^2）という面積

は時代を通じて農民にとって、わかりやすい耕地面積の単位となっている。なお律令時代以降は距離1（町）里300歩とされたので、540mとなり、条里制ではそれを細分した区画が使われ、北海道では農地の線・号、都市の条・丁などの地割りに使われたようである。

諏訪神社： 諏訪神社は4つの境内を持ち、その御柱は6年ごと（7年目）に4本の柱が立てられるが、これは建物用の柱ではないので、鉾立ての類であろう。なお、下社春宮は鉢伏山（1920m）と守屋山（1650m）の巻向く位置にあり、秋宮は大見山と塩嶺か霧訪山が巻向く地にある。さらに上社本宮は守屋山と車山（1920m）の巻向く地であり、上社本宮と秋宮・前鉢伏山は一直線上に並んでいる。また上社前宮は守屋山の前山である杖突峠の山と八つ岳連峰北端の横岳（2472m）の巻向く所にある。いずれも守屋山が絡んでいる。これは確率的に偶然ではあり得ないので、神社の配置に国見が反映されていることは確かである。また下社の例大祭（8月1日）で春宮から秋宮に神体を移すとき2つの宮は陸続きであるのに柴舟（柴を運ぶ舟）が使われる。鉾（柱）や舟など海原族の雰囲気か濃厚である。そして（物部の）モリヤ（山）という地名を残したのかも知れない。

愛知県・岐阜県や日本海側に多い白山神社は、海原族の赤い鳥居の神社とは雰囲気が異なる。朝鮮半島に多い白山に因む地名あるいはその白山信仰との関係が濃いのではないだろうか。有名な白頭山（白山）、雪岳、太白山（脈）、小白山（脈）は日本海側に位置し、低気圧が日本海に入ったとき降雪が多くなる。石川県の白山は麓も雪が多いので、それほど有難味はないが、関西や岐阜・愛知から一番近い雪山ではある。

鉾と測量と祭事： 古代の距離の単位が時代によって、あるいは国によって変わる原因は、距離の基準となる短い物差しが変わったのではなく、長い距離の定義が異なったからであろう。例えば身体の寸法に起源があると思われる尺（feet）が18cmとか24cmとか、30cmとかいろいろあるのは、ローカライズされた短い物差しが伝播しなかったからではなく、長い距離の定義が地域によって、あるいは時代によって異なるからだと思われる。

13章でも触れたが鉾は測量器具である。魏志倭人伝でも武器として矛と盾・弓矢が挙げられている。柄にかぶせる袋穂があり目釘でとめる形式、柄の先を割ってタガで締めて固定する茎造り形式がある。鉾は吉祥とされる巻向（真来向く）地を探すには必需品である。この時は2本の鉾が必要である。鉾というものは槍のように横に突いて人を殺める道具ではなく、立てるものである。立てて測量を行う道具である。もう一度繰り返すと、間隔を置いて立てた2本の鉾のうち、一方の先端から他方と地標（山頂など）が真来通っている場合で、かつそれが両方で成り立つとき、その地が2つの地標の巻向く地なのである。

国見をするときは、鉾先だけを携行し、人の目の高さぐらいの長さの棒を現地調達して穂袋にさして使ったと思われる。その意味で実用的な穂先は幅の狭い軽いものであったと予想される。幅広の重いものはデモンストレーション用である。デモンストレーション用なら巨大な方が迫力がある。そして祇園祭の鉾立てとなる。また楽車や楽車船・山車となる。ダンジリや暴れ御神輿は荒海を行く体験のデモである。楽車船や鉾持ちのことについて、津島神社の門前町から発展した津島市（旧海部郡）のホームページに素晴らしい描写があるので全文を引用させていただく。

http：//www.tsushima-cci.or.jp/mati/wakuwakuweb/area/a_10.html

　朝まつりは昔の市江村からの車（船なのに車と呼ばれています）と昔の津島5ヶ村からの車各1艘、計6艘出ます。先頭は市江車と定められています。市江村は江戸時代の地名で、現在の海部郡佐屋町南西部の一部と弥富町北部の一部の総称です。船の屋形中段に稚児1人、楽打ち（太鼓）・下拍子（締め太鼓）・笛の囃方が乗り、置物として、ワキとシテの2体の能人形を大屋台と小屋台に乗せます。能人形の番組は毎年クジで決められ、番組によってその年の災い・凶作を予見するそうです。

　屋台の屋根前方には紅梅と白梅の大枝を飾り付けます。祭りが夏なので花は紙でできていますが、この作り花は雷除けのご利益があると信じられています。

　市江車には10人の鉾持ちが乗船しています。鉾とは悪霊、怨霊祓いのためのものです。船が池の中程まで進むと、鉾持ちは一番鉾、二番鉾の順に鉾先から水中へ飛び込みます。御旅所前まで泳ぎ渡った鉾持ちは、御神

体に拝礼して、さらに、津島神社へと走ります。一番鉾、二番鉾は社務所へ、三番鉾は神社の石橋に張られた注連縄を切って拝殿に進みます。三番鉾以下の鉾持ちは拝殿前に鉾を立てて奉納します。この鉾布から滴る水滴は万病を治すご利益があると伝えられ、参拝者が患部に塗ったり、小さな空き瓶に入れて持ち帰ったりします。

　車楽舟が御旅所へ着くと、稚児らが船から上陸します。そして、御旅所から津島神社まで御神体の御輿を先頭に稚児や車屋一行（祭の責任者）が古式ゆかしい行列を作って移動します。津島神社へ到着した一行は、拝殿において、雅楽奉納、盃事を行います。津島神社では、祭りが終わった深夜に天王川公園で"御葦放流神事（みよしほうりゅうしんじ）"が行われます。

　この記事にあるように鉾持ち衆が活躍して本隊を先導している様子がよく分かる。もちろん鉾は測量隊のシンボルである。戦争の時、本隊が来る前にその地域の地図を作っておく、あるいは、土地の状況を調べておく、これは古今東西軍事作戦の常識である。日本も中国を侵略するとき、前線にならなかったところの地図まで用意していた。スケッチを等高線でするというような技術教育（応用地理学の教育）は陸軍中野学校でなされたと思われる。中野学校というと謀略戦の人材養成ばかりが強調されるが、彼らが作ったと思われる中国の地図を見ると、魏志倭人伝の記事とはやはりレベルが異なり、さすがにというか1700年の進歩が感じられる。行路にそって等高線表現の地形が描写され、道路や橋・川の大きさの注記があり、村を通り過ぎれば、人口や各家畜の数などの推定値を書き込んでいるという具合である。

　鉾は祭事、例えば祇園祭りや楽車などが示すように、立てて使われた。この神事とは測量のことである。つまり真来通る・真来向かう線の測定に使われた。ほとんど全ての古墳や古代の遺跡はこの線上に分布している。とくに真来向く線が複数交差するところは、特別に吉祥の地であり尊重されている（奈良盆地纏向遺跡など）。山立て（山当て）は、航海や漁場の記憶という生活がかかった海原族の技術であり、国見（くにみ）はその延長である。ほこらしげに鉾の多い国は海原族の国であると判定できる根拠である。

　大名行列も一種のデモである。観客のいないところでは早足になるので、陸行一日40kmになるという。大名行列の先頭は槍持ち（要するに鉾持ち）である。

匿名のWikiの著者によると、ドッコイ、ヨイトマカセ（鳥取）、イキリコ（山口）、浮立（佐賀）、投げ奴（香川）などと呼ばれるという。この奴振り（振付けのフリ、振り回す意味ではない）は民俗芸能から転嫁したもので、国毎に少しずつ異なっていたと思われる。魏志倭人伝の奴の国に古事付けるわけではないが、水田の農作業の動作を抽象化したものが多い。

　基本的な歩き方は、足をくの字まげて中腰に、つまり安来節のどじょうすくいか相撲の四股を踏む要領である。水田を歩いてみればすぐ分かることだか、ああいう歩き方が一番安定している。投げ奴（香川）という呼び方をみて思わず笑ってしまった。槍などを投げ合って受け取る所作をしていたのであろうが、水田の仕事では本当にものを投げ合うのである。田植えの時、苗を投げて配る。稲刈りでは稲束を1つずつ束ねるごとに、運ぶ人の所まで投げるのである。また稲木に架けるとき、下から稲束を投げ上げて、上の人に受け取って貰う。稲束投げは稲刈りのとき、使わない筋肉を使うので、リラックス体操のようなものである。

水田と相撲：　高千穂の刈干切唄（刈り干し切り唄）は稲刈り稲干しなどの農作業をうたった鄙唄（音楽）である。これは音だけであるが、神社でやるときは神楽となり、田仕事の所作は踊りや田樂となる。田んぼ、特に田深（ふかだ）での仕事をちょっとやってみればすぐわかることだが、足を開いて中腰になり足を踏みしめる所作になってしまう。つまり相撲のしこを踏む動作である。

　力士がシコを踏むのを観て農作業を連想しなくなったのは、占領軍の方針でパン食に馴らされたはるか後世のことである。泥試合（ヌかるみでやる格闘技）には約束事（あそび）がある。田の泥を固めて作った土俵の上で、勝負だけにこだわるとしたら、相撲はそれほど面白いもの（樂）ではない。7勝7敗の力士がどのような所作で勝つか、その所作ぶりも千秋楽（待ち望んでいた取り入れの秋）の楽しみであったのではないだろうか。

　また四股を踏む所作は安木節（島根県）の踊り（泥鰌すくい）でもある。安木節と言えば、その普及に努め、安木市の名誉市民になった方が渡部のイトさん（初代）である（市のホームページ）ことはあまりにも因縁じみている。渡部とはワタ（海の）部であり、イトは魏志倭人伝の地名「伊都」に通ずるから

である。海原族（渡部）は瀬戸内海の舟運を統率し、摂津にも根拠があったという。つまり伊斗(いと)あるいは松羅(まつら)（あがた）からの大后息長帯日賣(おきながたらしひめ)(まつら)（神功皇后）の東遷（帰国）に関わったはずである。中世の肥前の水軍松浦党や瀬戸内海を制覇した村上水軍はその後裔である。

　有明海付近では、ハネ板という細長い板の上に乗って足で蹴って沼地の上を滑るように進むのだそうである。蒲原平野では田下駄という履き物を用いていた。沈む前に足を忍者のように交互に進めて沼地を進むイメージであろうか。これでは移動するだけで仕事にはならないので、舟を使う。推進はすべて棹である。棹舟は棹が立たないような大きな川には出られない。農業用の船はサオ船である。ちょっと遠出をする（例えば遠くの村にお嫁に行く）ときは、ロ船であった。ロ船は大きな川の渡しや漁業用の舟である。その他縄文的な丸木船、もっと後のことになるかも知れないが、日常生活まで船でする家船もあった。

第21章 おわりに

　本書をほとんど書き終えてから、魏志倭人伝あるいは邪馬台国などに関する書を幾つか読んだ（リストは文献のページ）。そして魏志倭人伝の読み方に関しては先学の膨大な蓄積があることを知った。ただし、納得できないことも多かった。そこで従来の読み方と私の読み方で大きく異なる点をいくつか取りだして、この本の結論としたい。

　日本書紀の年代：　1章で述べたように、日本書紀では神功皇后を卑弥呼に当てようとして年代を操作している。これはもちろん外れであるが、最近では、倭迹迹日百襲姫を卑弥呼に当てようとしている著書が多い。その冢を箸墓古墳としているので、それを作ったのは崇神天皇ということになる。したがって崇神天皇は3世紀半ば頃（247年頃）には在位していたことになる。倭迹迹日百襲姫や箸墓という名前はもちろん日本書紀のものである。それならその後の日本書紀の年代についても当然言及があってしかるべきであろう。私は崇神天皇を3世紀初頭より前としている。卑弥呼＝倭迹迹日百襲姫という説とは約60年（干支一巡）の差があることになる。しかし日本書紀の天皇系統を信ずるならば、この60年は重大である。新しい方は、宋書による16代仁徳天皇らしい421年の外交はともかく、21代の雄略天皇の外交478年は動かせないので、10代崇神天皇死去から21代雄略天皇（の外交）までの日本書紀の年表（約500年分）を実質180年間ほどに縮めていることになる。私の検討では230年程度の短縮（逆に言えば、日本書紀には230年程度の引き延ばしがあるとの想定）が限度であった。つまりそれ以上の短縮とするには、在位が長く記事の多い垂仁天皇・景行天皇・応神天皇のどなたか1人か2人を存在しなかったとするしかない。「崇神天皇3世紀半ば」説の方は、歴史を語って

いるのであるから、また倭迹迹日百襲姫と箸墓の名称を日本書紀によっているのであるから、ぜひ日本書紀の年代の検討を行ってみていただきたいと思う。私は歴史家ではないが、古事記と共に貴重な文献である日本書紀の年代に関しては、間違っているかも知れないが、かなり真面目に検討したつもりである。

魏志倭人伝の行程の方位と距離： 魏志倭人伝を読むとき、行程（方位・距離）問題はもっとも重要なポイントである。その歴史がどこで展開されたかによって、歴史の解釈が全く変わってしまうからである。

1）方位： 魏志倭人伝（その他の東夷伝）における方位の記述について、南という記述が、実は南より地球自転に基づくEに偏しているのではないかと気がついた（発想の発端とラフなデータ）。人工物（都市・村落）の場合はそれをどこに対比するかによって、方位は変わってしまう（循環論になる）が、自然物（島の位置など）の場合は変わりようがない。

そこでこの方位系の原理を探ったところ、夏至の太陽が昇る方向（N60E）を東とする変則方位系（ただし8方位分割）であることがわかった。魏志倭人伝では12方位（1方位30度ずつ）は明示的には使われてはいないが、このずれはたまたま12方位系の1単位である。

夏至の太陽が昇る方向（N60E）は北緯30度から40度付近の地域であまり差がない（0～2度の誤差）。この変則方位系は少なくとも朝鮮半島や九州島付近で使われていたことを突き止めた。さらに風土記の九州地域でも使われていた。魏志倭人伝の記事にある「会稽の東」とは北九州を指している。邪馬壱国のあった南九州を指しているわけではない。つぎにその変則方位系を採用した場合、魏志倭人伝の記事の解釈に矛盾が生じないかをチェックした。すべて合格であった。

方位は距離が正確であってもそれを間違えるととんでもないところに行ってしまう。例えば、南という記事を実は東だと解釈すると、少なくとも水行10日以上の遠国である邪馬台国は近畿地方にあった、などという不合理な説になってしまう。魏志倭人伝を読む限り、倭国の宗教・政治・軍事・外交・工業（絹織物など）の中心は北九州にあった伊都国である。

邪馬壱国は卑弥呼が「都スル」国ではなく、過去に「都セシ」国である。卑

弥呼の死後に書かれた魏志倭人伝のこの部分は過去完了形の意味で読むべきであろう。倭王卑弥呼は出身地を離れ、伊都国に住み、その宮殿の様子を魏使に観察され、最後には墓まで見学されている。つまり邪馬壱（台）国がどこにあったかは旁国のそれと同じ程度の問題である。いわゆる邪馬台国論争の関心事は、伊都国はどこにあったか、でなければならない。歴史が展開された場所がどこであるかは歴史の解釈そのものにも関わる問題である。倭国＝女王国＝邪馬台国という誤解は、実は随書に始まっている。

2) **距離：** 魏志倭人伝では、旅行しながらでは測れない距離を記事にしている。航路の設定は、最短距離という原則はあっても、その時の気象・海象を判断する航海士に任されている。これは時代を超えた原則である。潮や風で流された分をどう測るのか、実際の航路の距離などわかるわけはない。陸地行路の例えば500里も「一直線、道は一本だけ」でないならば（悪路だが近道、なだらかだが遠回り、などがある）、道路の指定をしない限り意味のない数値である。日本には「山なし川なし一直線」の長い道路は今でもない。

　測れない距離を記事にしたのは、その数値が伝聞だということを言外に述べていることと同じである。行程の里数は魏使が旅行中に測った距離ではなく、航海や国見の専門家が測った地標（山）間の<u>直線距離</u>を教えてもらったものである。なぜ直線距離か、も簡単に答えられる。海路では航海中の風や潮の流れによって航路は変わり、陸路でも最短距離という原則だとしても、川の流量によって徒渉地点は大きく変わる。魏志倭人伝は位置を魏使の行程のように記述しているが、旅行記ではない。こんな不確かな、そのときの状況で数値が大きく変わることが容易に想像できる行程を公式記録に残す意義はない。測量によって得られれている直線距離だからこそ記録したのである。水行10日などという時間距離の記述は測量成果がなかったから、目安として記事にしたに過ぎない。天気待ち、休養などの時間なしに、日数を距離に換算しても無意味である。

　魏志倭人伝の行程距離は直線距離であるが、これは目的地と目的地の間の直線距離ではない。例えばある港から次の港は見通せない。山頂が目的地でない限り、陸地でも同じである。すなわちこの距離は港や出発地の近くの地標（山）から次の港あるいは目的地の近くの地標までの間の直線距離である。地標間距離であるから測量が可能であり、客観的なあるいは汎用性のある距離となるの

である。例えば糸島半島の可也山から大城山(おおのじょう)までの直線距離五百里が測量されていたので、それぞれの近くにある二丈深江の港と玖須岡本遺跡との間の距離が説得力のあるものとなるのである。

1000里は67km：　使われている距離の単位「里」は何メートルか。文献的で詮索することはしなかったが、動かせない地標（山）間の距離記載値と地図（Google Map、電子国土ポータルのページ）の測定値を比較してみた。そして対海国と一大国の<u>地標間距離</u>から、1000里は67km（暫定値）という値を得た。

この距離単位と方位で、里や「方」で記載されている、自然物間の距離や島の大きさが記述通りで矛盾がないことを6例（全部）で確かめた。所在地が明確であっても人工物（都市など）を使わなかったのは循環論を避けるためである。そこで1000里67kmを概数値から確定値にした。

さらにこのような極端な短里が用いられた背景も考察した。周の時代に井田制度があり、1尺は15.8cm、6尺が1歩であった。面積の畝(ほ)（100×歩×歩）の50倍（＝5反）の面積は4494m^{2}であり、水田地域であるならば、一家（5人程度）が租（11%）を払ってもなんとか生活できる面積（いわゆる5反百姓）でもあり、身近な尺度単位となっている。これは正方形に換算すれば67.0m×67.0mの面積（方1里）であり、この一辺の長さが1里であろう。これは井田制からの推定である。当時の朝鮮半島と倭国（九州）以外でこの尺度が使われていたかどうかは調べていない。文献学的な検討も全くしていないので、専門家の検討を待ちたいところである。

魏志倉人伝の陸上距離の記述は前述の500里の他には、伊都国—奴国—不弥国の間の100里だけである。これくらいの距離だと、高台に昇れば遠望できるので、100里（6.7km）という距離は目測値だと思っている。奴国・不弥国については見学観察記事がないので、実際には行っていないと判断している。

地標間距離の測定：　三角網測量が行われていたと推定している。三角測量に必須の基線測量は、陸地で間縄を用いて直接距離を測量するか（比較的短距離の場合）、天文測量によっていた、と予想している。天文測量の場合でも、

地球の大きさを知らないので、同じ子午線上の2点で天体の高度を観測し、2点間の距離で比例定数を予め知っておく必要がある。例えば1寸千里法などである。これは一定の長さのノーモンの影の長さを測る方法で、コタンジェントを用いているので、比例定数が緯度に依存する。角度を用いた場合、天体の高度角の差と距離の比例関係において、比例定数が緯度に依存することはない。紀元前のギリシャ数学の影響か、あるいは独立に、天体の高度を角度で測っていたのではないかと想像している。

利用する天体としては太陽と北極星がある。太陽高度には日変化と年変化がある。比例定数を固定するためには、同時刻と特定季節日という制約が生じる。同時刻はローカルな南中時という制約でクリアーできる。夏至とか冬至とか、春分・秋分などの特定日が使われると思われる。比例定数はそれぞれについて用意しておく必要がある。烽火台が例えば60kmとか120km程度南北線上に並んでいれば（中継可）、時計が無くても、天体観測の同時性確保はできる。

私は実際に行われた古代測量の方法を示したのではない。簡単な器具を使い、測量が可能であることを示せば、それで十分と考えた。実際には別の方法が使われていても、論理的に矛盾はない。ピタゴラスの定理の証明法は百通り以上もあるそうだ。高校生のころ4種類ぐらいはあることに気がついたことを覚えている。しかしピタゴラス自身がどの方法で証明したかはわかっていない。真実は1つでも真実にたどり着く道はいろいろある。これと同じことである。

三角網測量： 地標（現代では三角点）を三角網で連結し、角度の計測から距離を計算で求める方法を三角網測量という。これには当然のこととして三角関数表（角度と辺長比）が必要である。これはほとんど小数値で表現されるので、当時はもちろん存在しなかった。角度についていえば、角度を2分することは容易である。直角（90度）、30度、45度、60度などの角度を作り出すことはエジプトやギリシャで普通に行われていた。これらの角度を内角とする特殊直角三角形は辺長に規則性があるので（$1:1:\sqrt{2}$、$1:\sqrt{3}:2$）、三角関数表がなくても距離計算を行うことができる。さらに辺長比が全て整数になる直角三角形（3：4：5など）も知られていた。直角三角形については直角をなす2辺を南北・東西に当てると、特殊直角三角形では天文測量などで

南北距離を知れば、他の辺の長さは計算で容易に求められる。直角三角形であれば、(特殊直角三角形でなくても) 南北距離の他に他の一辺の長さが知られればもう1つの辺の長さはピタゴラスの定理で計算できる。

魏使の航路について： 魏使の帰路については記述は一切ない。当然同じ道を帰ると思い込んでいるからである。しかし1ヶ所だけ帰路の (はずの) 記述が往路 (来倭) のそれに紛れ込んでいるところがある。壱岐から到着したのは「臨津」として港の状況が記述されている「津」であり、方位の指定はないが距離 (千余里) から見て「那の津」(博多湾) であろうと思われる。しかし帰路は卓越風と潮流の関係から、博多湾ではなくもっと西よりの港から出港しなければならない。すなわち帰路では伊都から陸路五百里西北行 (実はN75W) し、末廬国の港に向かわなければならない。そしてその港から壱岐国への渡海が始まったのである。もちろんこの500里は道路の長さではなく、可也山—大城山の間の直線距離34km (約500里) である。このように末廬国の港と伊都国との陸上距離は帰路の里数である。港付近の倭人の潜水観察記事も帰路の時のものである。陳寿が帰路の記述を省略したために誤解を与える結果となってしまった。

12000里問題： 魏志倭人伝の行程距離が全て地標間の直線距離であることがわかったので、帯方郡から女王国までの行程の里数の合計が12000里になるはずだ、という多くの書で疑いなく採用されている前提は無用な議論となった。この12000里という数値は行程の里数とは関係なく、天文学的な方法で測った距離であろう。帯方郡からみて邪馬壱国は南 (N150E、子午線に対して30度) であるので、$1 : \sqrt{3} : 2$ の直角三角形をなしている。帯方と邪馬壱国で天文測量を行い、仮に緯度差6度と分かったとしよう。この南北距離は 6×111km であるので、斜辺の距離 (帯方から邪馬壱国) は $666 \times 2/\sqrt{3} = 769$km となる。1000里67kmで換算すると、この距離は11480里となる。この事例で行ったことは、帯方から博多方向に向かう線 (南：N150E) をそのまま国見 (真来通る線の延長) によって南に延ばすこと、女王国で緯度観測を行うことの2つである。もちろんこれは仮定の観測値 (緯度差6度) を用

いた試算であるが、帯方郡が 38N 付近、女王国が 32N 付近であるので、かなり現実的な値を用いた試算であると言えよう。

　季節は問わず同時刻（南中時）のノーモン（例えば 8 尺の棒）の影の長さが等しければ、この 2 点は同一緯度線上にあることがわかる。したがって女王国での緯度観測はこのように簡単に済ませ、他の点（大陸のどこか）で、夏至とか春分の日などに詳しい観測と距離の計算を行えばよい。魏志倭人伝の道里の「里」とは以上述べたような理屈のことを意味していると想像できる。

　旁国 20 国の位置：　官（役職名）を順序よく記述するとき「次…次」としているので、旁国 20 国についても南から順序よく並んでいると理解した。選択の幅が狭まるので、漢字音表記の旁国の位置を探すのが容易になり、全ての国を一応配置することができた。

　旁国だけなく、国の名称は漢字で表記されているが、全て和語であり、和語としての意味があると考えた。例えば「奴国」は「濡れる、ぬかる、ぬかるみ、沼」などの和語から沼田の国あるいは水田の国とした。蘇は出入りの少ない（山襞のない）山すその意味の地形用語であるので、火山の山麓が適合すると考えた。そのほかキは出っ張り（岬）、コッは凹み（湾）などとした。倭は最も古い地名であるが、発音はヰであると考えた。古事記で天孫族がその征服にこだわっている葦原中国からの発想である。外交権が近畿に移ってからは、中国側の呼称は倭となり、更に日本という自称が認められた。

　この本で、方位・距離・測量法以外の記事は、もとより私の専門からかなり離れた分野のことであり、読者の皆さんはそのまま信用しない方が良い、と思われる。そういう考えもあるか、という程度にしていただけるとありがたい。もちろん誤りの指摘は歓迎である。この本は地理や歴史の専門書ではないので、そのような書き方（文献の引用など）にはなっていない。へたくそな科学随筆だと思っていただけるとありがたい。

　なお、本書は編集者関田伸雄氏の多大な助力によって完成した。とくに記して感謝の意を表したい。

参考文献

植松安（1920）假名日本書紀（上巻）．大同館書店，560p.
石原道博編訳（1951，2010）魏志倭人伝・後漢書倭伝・宋書倭国伝・随書倭国伝．岩波文庫，167p.
秋本吉郎校注（1958）風土記．日本古典文学大系2，岩波書店，529p.
倉野憲司校注（1963）古事記．岩波文庫，382p.
長谷川修（1974）古代史推理．新潮社，221p.
上原和（1975）聖徳太子論斑鳩の白い道のうえに．朝日新聞社，303p.
谷本茂（1978）中国最古の天文算術書「周髀算経」之事．数理科学，No. 177, 52-56
安本美典（1978）邪馬台国論争と古代中国の「里」．数理科学，No. 177, 56-59
徳川宗賢編（1979）日本の方言地図．中公新書，250p.
中本正智（1981）図説琉球語辞典．金鶏社，463p.
山田修三（1984）北海道の地名．北海道新聞社，586p.
関口武（1985）風の事典．原書房，961p.
水野祐（1987）評釈 魏志倭人伝．雄山閣出版，664p.
藤本強（1988）もう二つの日本文化．東大出版会，129p.
安田喜憲（1990）気候と文明の衰勢．朝倉書店，358p.
上田雄・孫栄健（1990）日本渤海交渉史．六興出版，249p.
工楽善通（1991）水田の考古学．東大出版会，138p.
大林彪（1991）記紀神話と王権の祭り．岩波書店，554p.
網野善彦・森浩一・他（1991）海のむこうから見た吉野ヶ里遺跡．社会思想社，199p.
野上道男・大場秀章（1991）暖かさの指数からみた日本の植生．科学（岩波），1月号，36-49
野上道男（1992）地球温暖化が農業的土地利用に与える影響の予測．地学雑誌，101, 506-513
上田篤（1993）海辺の聖地―日本人の信仰空間―新潮選書，245p.
藤間生大（1968，1993）倭の五王．岩波新書，204p.
上原和（1994）わが回想の聖徳太子．中央公論社，230p.
野上道男（1994）森林植生帯分布の温度条件と潜在分布の推定．地学雑誌，103, 886-897
澤田洋太郎（1994）天皇家と卑弥呼の系図．新泉社，278p.
澤田洋太郎（1994）伽耶は日本のルーツ．新泉社，236p.
坂本太郎他校注（1994）日本書紀（一）（二）（三）岩波文庫，528p., 571p., 542p.
大野晋（1994）日本語の起源．岩波新書，251p.
谷川健一（1994）海神の贈物．小学館，
中西進編（1995）南方神話と古代の日本．角川選書，239p.
諏訪春雄・川村湊（1996）アジア稲作文化と日本．雄山閣出版，237p.

上田篤（1996）日本の都市は海からつくられた．中公新書，227p.
新井宏（1997）「考工記」の尺度について．計量史研究，19（20）
谷川健一（1997）日本の地名．岩波新書，226p.
佐々木高明（1997）日本文化の多重構造．小学館，334p.
久保田譲（1997）邪馬台国はどこにあったか．プレジデント社，253p.
植垣節也校注（1997）風土記．日本古典文学全集，小学館，629p.
デーヴァ・ソベル著・藤井留美訳（1997）経度への挑戦．翔泳社，205p.
矢野健一（1998）杖．法政大学出版局，296p.
谷川健一（1999）日本の神々．岩波新書，225p.
白石太一郎（1999）古墳とヤマト政権．文春新書，196p.
中村俊夫（1999）放射線炭素法．長友恒人編：考古学のための年代測定学入門．古今書院
伊波普猷（2000）古琉球．岩波文庫，487p.
内倉武久（2000）太宰府は日本の首都だった．ミネルヴァ書房，266p.
李鐘恒著・兼川晋（2000）韓半島からきた倭国．新泉社，322p.
本間雅彦（2000）縄文の地名を探る．高志書院，216p.
畔上司訳：ディビィット・キーズ著（2000）西暦535年の大噴火．文芸春秋社，399p.
中村俊夫（2001）放射性炭素年代とその高精度化．第四紀研究，40，445-459
設楽博巳編（2001）三国志がみた倭人たち―魏志倭人伝の考古学．山川出版社，297p.
木下良（2001）古代日本の計画道路―世界の古代道路とも比較して―．地学雑誌，110，115-120
鳥越憲三郎（2002）女王卑弥呼の国．中央公論社，299p.
山田吉彦（2003）天気図で読む日本地図．各地に伝わる風・雲・雨の言い伝え．PHP新書，224p.
吉野正敏・福岡義隆（編）（2003）環境気候学．東大出版会，392p.
武光誠（2004）邪馬台国と大和朝廷．平凡社新書，301p.
吉野正敏（2006）歴史に気候を読む．学生社，197p.
吉田金彦編（2006）日本語の語源を学ぶ人のために．世界思想社，336p.
佐竹靖彦（2006）中国古代の田制と邑制．岩波書店，538p.
岡村道雄（2008）縄文の生活誌．講談社学術文庫，329p.
寺沢薫（2008）王権誕生．講談社学術文庫，395p
熊谷公男（2008）大王から天皇へ．講談社学術文庫，395p.
稲田倍穂（2008）日本列島渡来民族．文芸社，168p.
直木孝次郎（2008）邪馬台国と卑弥呼．吉川弘文館，196p.
仁藤敦史（2009）卑弥呼と台与．山川出版社，087p.
島方洸一編（2009）地図でみる西日本の古代．平凡社，294p.
前田晴人（2009）倭の五王と二つの王家．同成社，263p.
上垣外憲一（2009）富士山―聖と美の山．中公新書，247p.
若井敏明（2010）邪馬台国の滅亡．吉川弘文館，196p.
保立道久（2010）かぐや姫と王権神話．洋泉社，254p.
前田速夫・前田憲二・川上隆志（2010）渡来の原郷．現代書館，23p.
藤堂明保・竹田晃・景山照国（2010）倭国伝．講談社学術文庫，525p.
田家康（2010）気候文明史．日経新聞社出版社，370p.

新井宏（2010）科学から見た邪馬台国問題.
　　http://members3.jcom.home.ne.jp/arai-hiroshi/lecture/10.06.21.pdf
井上寛司（2011）「神道」の虚像と実像. 講談社現代新書，270p.
高城修三（2011）日出づる国の古代史. 現代書館，335p.
半沢英一（2011）邪馬台国の数学と歴史学. ビレッジプレス社，190p.
片岡宏二（2011）邪馬台国―論争の新視点. 雄山閣，188p.
藤井理行・本山秀明（2011）アイスコア―地球環境のタイムカプセル. 成山堂書店，236p.
渡邉義浩（2011）魏志倭人伝の謎を解く. 中公新書，210p.
石野博信・千田稔ほか5（2011）邪馬台国と纒向遺跡. 学生社，187p.
土生田純之（2011）古墳. 吉川弘文館，214p.
古田武彦（2011）卑弥呼. ミネルヴァ書房，414p.
武光誠（2011）古事記・日本書紀を知る事典（第8版）. 東京堂，336p.
原田実（2011）つくられる古代史. 新人物往来社，206p.
石澤一由（2011）古代天皇の実年代を探る. 新人物往来社，219p.
石原幸男（2012）暦はエレガントな科学. PHP研究所，182p.
谷川健一・金達寿（2012）地名の古代史. 河出書房新社，317p.
足利健亮（2012）地図から読む歴史. 講談社学術文庫，292p.
Wilson, C. J. N. and Walker, G. P. L.（1985）The Taupo eruption, New Zealand I. General aspects. Philosophical Transactions of the Royal Society of London, A314: 199-228
Hogg, A., Lowe, D. L., Palmer, J., Bowswijk, G. and Ramsey, C. G.（03-14-2012）Revised calendar date for Taupo eruption derived by C-14 wiggle-matching using a New Zealand kauri C-14 calibration data set. SAGE journals, at http://hol.sagepub.com/content/early2011/11/19/
Taupo Volcano, Volcano Fact Sheet at http:// www.gns.cri.nz

索引

数字

100 里は 6.7km　*145*
181 年　*35*
12000 余里　*136, 149*
12000 里問題　*294*

あ

亜鉛　*2*
浅間山　*1*
葦　*228*
葦原中国　*103, 163, 228*
アソ　*84*
暖かさの指数　*72*
アニミズムの神　*277*
アマ，アメ，海女　*58, 118*
アマテラス　*105*
天の岩戸神話　*66*
有明海，南下コース　*85, 166*

い

倭　*227, 229*
鋳型　*4*
壱岐　*60, 80, 137, 142*
イグサ　*228*
為吾国　*243*
イザナギ，イザナミ　*215*
夷人里数を知らず　*165*
出雲　*128*
磯浜　*47*
一大国　*64, 80, 119, 137, 152, 214*
一大卒　*83, 155, 215*
1 寸千里法　*172, 293*
伊斗　*223*
怡土　*86, 223*
伊都国　*8, 44, 83, 105, 153, 159, 223*
伊都国王　*38, 46*
糸田町　*83*
イネ　*262*
伊能忠敬　*176*
倭の国古道　*53*
巳百支国　*236*

伊邪国　*236*
允恭天皇　*22, 24*

う

鬱陵島　*250*
海原族　*47, 94*
烏奴国　*245*
海のナ　*261*

え

干支（十干十二支）　*14, 21*
干支一巡　*15*
干支コード　*14, 15*
榎一雄説　*81, 161*
沿海州　*133*

お

応神天皇，東遷　*22, 260*
黄銅　*2*
往路　*153, 157*
大城山　*160*
オキナガタラシヒメ　*89*
尾根道　*49, 77*
織物　*282*

か

会稽の東　*119*
火焔式土器　*48*
家系図による持続性　*75*
笠　*117, 182, 184*
火山砕屑物　*3*
数の数え方　*267*
華奴蘇奴国　*241*
カマ（ガマ）　*228*
可也山　*160*
唐津　*88*
川のない道　*99*
香春　*2, 83*
漢音　*5, 256*
神武天皇，東征　*5, 38*

き

鬼国　242
魏使の帰路　294
魏使来倭　8
魏志倭人伝　5, 8
季節移住　49
基線　191
鬼道　107
鬼奴国　243
貴船　162
躬臣国　243
九州山地　48, 50
九州縦断　99
旧唐書，倭国伝　8, 231
距離　110, 291
キルビメーター　136
帰路　153, 157

く

空中写真　7
郡（都）支国　237
国見　47
狗奴国　9, 45, 247
熊の川温泉　86
熊本県の県境　248
熊本平野　54
狗邪韓国　8, 43, 80, 131, 142, 148, 150
クラカタウの大噴火　67
黒潮　66

け

景初3年　27
継体天皇　25
夏至の太陽　123
夏至の日の出　124
県境　77
遣隋使　231
遣唐使　231

こ

興　28
高句麗　141, 145, 249
考古遺物　13
皇国史観　7
公転周期　169
黄道12星座　174
後背湿地　59
航路距離　131
呼邑国　240

呉音　5, 256
後漢書　229
古気候　66
好古都国　238
巨済　43, 148, 152
古事記　10, 24, 255
古代史　7
古代測量　293
5反（百姓）　283
国境　77
コノハナサクヤ姫　270
古墳，時代　12, 275
古墳神社説　277
暦　169

さ

済　28
歳差運動　174
最短航路　96
賽神　266
樟舟（船）　60, 65
佐賀城跡　88
サリウォン（沙里院）　147, 192
讃　28
山岳集落　50
三角州（帯）　59, 91
三角網測量　191, 292, 293

し

CIA　144
シイ・カシ萌芽林　72
C-14年代測定法　33
支惟国　245
時間距離　93, 132
磁石　113
自然堤防　59, 91
自然と人間の関係　7
湿地族　47
斯馬国　236
姐奴国　240
10進法　21
循環論　138
女王国　9, 44
照葉樹林　72
辰韓　141, 249
神功39, 52, 66年　27, 28
神功皇后　12, 26, 89, 289
秦国　129
神社の神　277
真鍮　2
新唐書，日本伝　8, 232

索引　301

神武天皇即位　15
神話時代　30

す

水行　81, 93, 132
随書，倭国伝　8, 229
随書流求国　252
水田分布　57
垂仁天皇　31, 38
須玖岡本遺跡　159
崇神5年，天変地異　30, 32, 35
崇神天皇　24, 31, 35, 289, 304
錫　2
砂浜　47
相撲の四股　287
諏訪神社，大社　68, 284

せ

瀬戸内海航行説　97
脊振山地　50
浅間神社　1
戦争　279
扇端湧き水帯　58
前方後円墳　11, 12

そ

蘇　235
惣座・肥前国府跡　88, 89
宋書　28, 229
ソウル　192
蘇奴国　240

た

大東亜共栄圏　7
対比　7
帯方郡　43, 83, 131, 135, 145, 147, 192, 249
Taupo（タウポ）火山　9, 30, 67
タウポ噴火232年説　36
鐸　283
竹島　250
竹取物語　87
太宰府跡　99, 160
たたり　276
棚田　50, 57
田のタ　261
タヒラ　263
壇山　138
短里　292

ち

筑後川デルタ　55
筑後平野　55
竹斯　129
地図測量　135
千早振る　255
地標　47, 112, 161
地標間の直線距離　8
地名　267
地文航海，航法　47, 113, 189
中華思想　75
沖積低地の分布　56
潮差　59, 97, 166
直線距離　110, 137, 291
直角三角形　16
地理が乱れている　101
千栗　90
地理情報　13
地理屋　6
珍（弥）　28
陳寿　46, 199

つ

対海国　64, 80, 119, 137, 152, 208
月からの距離方法　198
月の盈ち虧け　170
月平均気温5℃　73
筑紫　226
筑紫国の伊斗村　85
筑紫の末羅縣　85
筑紫平野　55
対馬　60, 80, 137, 142
津島神社　285
対蘇国　240
釣り鉤　282

て

堤間湿地帯　91
梯田　263
電子国土ポータル　7, 82
伝聞　119
天変地異　31
天文測量　176, 292

と

東夷　249
陶器の焼成温度　2
冬至の日の入り　124
東征　101, 234

東遷　11, 76, 106
東鯷人　222
銅の融点　2
投馬国　9, 44, 165, 207
東沃沮　68, 133, 249
渡海船　94
特殊直角三角形　175, 192, 293
凸包　96
烽　196
鳥居　180

な

中津平野　55
名護屋城　66, 153
七枝刀　28
那の津　154, 156
奈良盆地　61
奈良盆地縄目　11
南中時刻　169
男弟　46
南方ルート　253

に

2進法　21
日食　66
2年暦　16
2年暦問題　171
日本　229, 231
日本書紀　10, 24
日本書紀の編纂者　20
仁賢天皇　25
仁徳天皇　22, 36

ぬ

奴　235
奴国　9, 44, 211

ね

年代操作　19
年代測定法　32
年輪生長曲線　34
年輪編年法　34

は

ハイテク国　106
ハエ　66
南風之波瀬　116
馬韓　141, 249
白山神社　284

箸墓　30
針　282
巴利国　244
板木　282
反正天皇　22

ひ

ピタゴラス　196
ピタゴラス三角形　175
ピタゴラスの定理　175
比定　7
日時計　170
肥国　247
卑弥呼　27, 38, 289
標準時　169
平壌　147

ふ

武　28
風向　65
風鐸　283
風鈴　283
福岡平野　55
フクチ　2, 3
冨知神社　2
不呼国　238
富士山　1, 185
藤原不比等　20
風土記の方位系　126
不弥国　9, 44, 161, 202
扶余　249
フラクタル　136
プリニー式　3, 31, 67
武烈天皇　25
青銅　2
文献　13
分水嶺　248
分水嶺道路　99, 132, 168

へ

裏秀　199
弁韓　141, 249
弁辰狗邪国　148
弁辰瀆盧国　142
変則方位系　121
変則方位系の東西線　124

ほ

方位　110, 112, 290
旁国　9, 235

索　引

旁国20国の位置　295
奉祝國民歌　19
北西季節風　69
北沃沮　48
鉾　284
鉾立て　285
鉾と測量　284
鉾持ち　285
歩測　115, 136
北極星　174
ポラリス　175

ま

真来通る　102, 138, 182
真来向かう　182
纒向宮　30
纒向山　183
末廬国　80, 152, 209

み

緑の国勢調査データ　72
南はN150E　145
弥奴国　238
任那　194
宮崎平野　53

む

無垢　1

め

メッシュ気候値データ　72

も

目視の範囲　132
モンスーン　124

や

焼き畑　48, 70, 263, 270
安来節のどじょうすくい　287
安萬侶　255
谷戸　260
山あて，山だて　11, 114, 188, 189
邪馬壱（台）国　9, 44, 98, 165, 219
邪馬国　243
邪馬台国，ヤマト近畿説　8, 97, 134
邪馬台国論争　8
ヤマト　227
山戸　260
ヤマトタケル　39

倭迹迹日百襲姫　36, 289
弥生時代　12
弥生時代は寒冷期　69

ゆ

雄略天皇　22
挹婁　133, 249
雪国の縄文人　48, 70

よ

溶岩，温度　2, 3
吉野ヶ里遺跡　90, 162, 188

ら

洛陽　195
楽浪郡　145, 249
羅針盤　113
ラスタ型地理情報　199

り

陸行　81, 93
陸行一月　95
流氷　69
旅行　180

れ

冷温帯林　72
歴史家　6
歴史情報　13

ろ

60進法　14
艪（ろ）船　60, 64

わ

倭　229
濊　249
倭王卑弥呼　12
和語　254
倭国9ヶ国　83
倭国王帥升　15
倭国近畿説　8, 28
倭国見聞録　44
倭国の北岸　43
倭国乱　35
倭種　74
倭人，習俗　227, 251
倭の五王　12, 19, 29

著者紹介

野上道男 のがみ みちお

1937年新潟県生まれ，東京大学大学院理学研究科博士課程修了，東京都立大学理学部教授，日本大学教授を経て現在，東京都立大学名誉教授。理学博士。
地理情報学，自然地理学，地球温暖化問題，地形発達シミュレーションが専門。日本地理学会会長，地理情報システム学会会長，日本地形学連合会長，東京地学協会副会長を歴任。
おもな著書：『パソコンによる数理地理学演習』（共著，古今書院1986），『環境と生態（地理学講座）』（共著，古今書院1990），『日本の自然地域編4中部』（共編，岩波書店1994），『地理情報学入門』（共著，東大出版会2001），『日本の地形1総説，2北海道』（共編，東大出版会2001, 2003），『環境理学―太陽から人まで』（編著，古今書院2006），『アトラス日本列島の環境変化』（共編，朝倉書店2009），『日本列島の地形学』（共編，東大出版会2010）

書　名	魏志倭人伝・卑弥呼・日本書紀をつなぐ糸
コード	ISBN978-4-7722-3145-9　C1021
発行日	2012（平成24）年8月25日　初版第1刷発行
著　者	**野上道男**
	Copyright ©2012 Nogami Michio
発行者	株式会社古今書院　橋本寿資
印刷所	三美印刷株式会社
製本所	三美印刷株式会社
発行所	**古今書院**
	〒101-0062　東京都千代田区神田駿河台2-10
電　話	03-3291-2757
ＦＡＸ	03-3233-0303
振　替	00100-8-35340
ホームページ	http://www.kokon.co.jp/

検印省略・Printed in Japan